Helga und Jürgen Bertram

Sehnsucht Australien

Helga und Jürgen Bertram

Sehnsucht

Australien

Vom Abenteuer des Auswanderns

Osburg Verlag

Erste Auflage 2009

www.osburgverlag.de

Lektorat: Clemens Brunn, Hirschberg
Herstellung: Prill Partners producing, Berlin
Umschlaggestaltung: Toreros, Lüneburg
Druck und Bindung: GGP Media GmbH, Pößneck
Printed in Germany
ISBN 978-3-940731-19-7

Inhaltsverzeichnis

Vorwort

Im Obsthain leuchteten pralle Äpfel und Birnen in der Vorabendsonne. Von den Ästen eines Eukalyptusbaumes beäugten uns, in einer Mischung aus Argwohn und Neugier, weiße Kakadus. Von einer Koppel wehte heiteres Wiehern herüber. An der Hauswand rankten sich, als Sinfonie aus Farben und Düften, die Blumen des späten Sommers empor.

Es war einer dieser Momente, in denen man sich in Australien verlieben kann. Und da das ein paar Hundert Kilometer westlich von Sydney gelegene Grundstück, auf dem uns dieses Land während einer Drehreise für ein Fernsehfeature wieder einmal bezirzte, preiswert zu haben war, dachten wir: Hier könnte man sich ein Domizil einrichten – zunächst für die Ferien und später für den Lebensabend.

Es siegten, typisch deutsch, die Bedenken. Ist unser Journalistenberuf, so fragten wir uns, nicht zu stark an unsere Heimat und ihre Sprache gebunden? Und würden die durch unsere lange Korrespondentenzeit in Asien ohnehin schon brüchigen Bande zu unseren deutschen Freunden nicht endgültig zerrissen? So blieben wir Auswanderer im Geiste, verbrachten aber auch, zählt man alle Reisen zusammen, insgesamt etwa zwei Jahre auf der größten Insel der Welt. Die Ergebnisse sind, außer einem unbezahlbaren Schatz an Erinnerungen, vier Bücher und sechs filmische Dokumentationen.

Unser neuester Report würdigt jene Deutschen, die mutiger waren als wir und sich der Herausforderung Australien konsequent stellten. Manche stöberten wir in der ständig von Dürre und Fluten bedrohten Wildnis des Outbacks auf oder in den Regenwäldern im Hinterland der grandiosen Küsten.

Mit anderen dinierten wir in den Restaurants der kosmopolitischen Metropolen. Oft half uns der gezielte Blick in die Branchenadressbücher, in denen zum Beispiel deutsche Handwerksbetriebe auffallend häufig vertreten sind.

Als immenser Vorteil erwies es sich, dass Menschen, die das Wagnis der Auswanderung eingehen, automatisch spannende Geschichten zu erzählen haben und dass ihr Mitteilungsbedürfnis offenbar mit der geografischen Distanz zu ihrer Heimat wächst. Zu mehr als hundert Stunden summieren sich auf unseren Tonbändern die Interviews, die wir auf unserer dreieinhalb Monate und 14000 Autokilometer langen Reise führten.

Eine unserer wichtigsten Erkenntnisse: Der enorme Einfluss, den deutsche Immigranten auf die australische Gesellschaft hatten und noch immer haben, wird hierzulande, vermutlich wegen der Fixierung auf Amerika, noch viel zu wenig gewürdigt. Dies nachhaltig zu ändern, ist eines der Ziele unseres Buches.

Hamburg, Anfang 2009
Helga und Jürgen Bertram

I Taifune und Träume
Die Pioniere des Nordens

1 »Wenn man in Not ist, dann kommen die Engel« Eine deutsche Karriere in Darwin

Darwins Erkennungsmelodie sind die Geräusche seiner abertausend Palmen: Ein Säuseln, wenn – piano – nur ein Lüftchen geht, ein Rascheln im Allegro eines tropischen Windes, ein Knistern und Knarzen im Fortissimo der Stürme, die sich wie aus dem Nichts über der Timor Sea aufbauen und das beschwingte Fächerspiel der Zweige im Nu zum Veitstanz peitschen. Dazu trommelt dann – plopp, plopp, plopp – der dumpfe Rhythmus der zu Boden fallenden Kokosnüsse.

So muss es in dem Hain an der Meerespromenade geklungen haben, bevor ein Taifun namens »Tracy« in der Nacht nach Heiligabend 1974 mit einer Spitzengeschwindigkeit von 280 Kilometern in der Stunde fast die komplette Hauptstadt des australischen Northern Territory flachlegte. 66 Menschen starben, 36 000 wurden evakuiert. Nach den japanischen Bombenangriffen von 1942 war es der zweite Schock in Darwins gerade mal hundertjährigen Geschichte.

Harry Maschke, geboren am 6. Juni 1936 in Groß-Bölkau bei Danzig, hat die Katastrophe miterlebt. »Ich lag gerade in der Badewanne, als das Dach wegflog«, erinnert er sich. »Mir fiel sofort das deutsche Paar ein, das bei mir zu Gast war. Die Frau hielt sich an einem Pfeiler auf der Empore im oberen Stockwerk fest und schrie um Hilfe. Die Treppe war bereits eingestürzt. ›Spring!‹, befahl ich ihr. ›Spring!‹ Sie sprang – und landete in meinen Armen. Danach habe ich mein Gedächtnis verloren. Aufgewacht bin ich drei Tage später in meinem Wochenendhaus am Adelaide River. Wie ich die mehr als hundert Kilometer mit dem Auto geschafft habe, das ist mir bis heute ein Rätsel.«

Turbulenzen, heftige wie moderate, prägen die Lebensgeschichte des Auswanderers, der im feuchtheißen Norden Australiens eine neue Heimat fand. Das Temperament, mit dem er uns in der künstlich gekühlten Lobby unseres Hotels die ersten Kapitel dieser Lebensgeschichte erzählt, ist das beste Mittel gegen den Jetlag, der uns nach siebzehnstündigem Flug zusetzt.

Die filmreife Story beginnt nach dem Ende des Zweiten Weltkriegs in Hassendorf, einem Flecken im Osten Schleswig-Holsteins. Dorthin hat es die Familie Maschke nach ihrer Flucht aus Westpreußen verschlagen. Der Vater, vom Landwirt zum Waldarbeiter abgestiegen, wird eines Tages vom Klassenlehrer seines Sohnes mit einer Auffälligkeit konfrontiert, die den Pädagogen mehr stört als begeistert. »Ich habe nichts gegen Neugier«, klagt er. »Aber Harry ist mir *zu* neugierig. Der will wirklich alles wissen. Mir geht das allmählich auf die Nerven.«

Als der Vierzehnjährige die Volksschule verlässt, weiß er vor allem eins: Eine Perspektive kann ihm Hassendorf nicht bieten. Ein Gymnasium mit anschließendem Studium kommt für ein Kind aus der Unterschicht, und sei es noch so begabt und wissbegierig, auch nicht in Frage. Da er sich nicht als Hilfskraft auf einem der Bauernhöfe verdingen will, setzt sich Harry Maschke in den Zug und fährt nach Dortmund, in eines der Zentren des Ruhrgebiets. Im industriellen Herzen der Bundesrepublik zeichnen sich die ersten Konturen des Wirtschaftswunders ab. »Ja, und da stand ich nun auf dem Dortmunder Bahnhof. Ich hatte ein paar Mark in der Tasche, aber kein konkretes Ziel. Mir war nur klar: Irgendwo in dieser Stadt wartet eine Chance auf dich. Während ich den nächsten Schritt überlegte, kam eine ältere Frau auf mich zu. ›Dir sieht man an‹, sagte sie, ›dass du nicht von hier bist. Komm, ich bring' dich in ein Lehrlingsheim.‹«

Weil er sofort eine Lehrstelle als Klempner und Feinblechner findet, kann er in der Herberge bleiben. Schon kurz nach der Abschlussprüfung befördert ihn sein Betrieb, der 300 Leute beschäftigt, zum Vorarbeiter. Auf Baustellen in Bayern und in Holland bekommt der blutjunge Aufsteiger die damals noch rigiden Gesetze der Hierarchie zu spüren: An der Basis hält man zusammen, an der Spitze hat man Entscheidungsfreiheit. Wer dazwischen agiert, bekommt Druck von beiden Seiten.

Ein junger Mann von gut zwanzig, der sich mit dem Platz zwischen den Stühlen nicht zufriedengibt und auch etwas von der Welt sehen will, ist anfällig für Angebote. Das attraktivste kommt aus Australien, das in den fünfziger Jahren noch immer unter dem Schock des Zweiten Weltkriegs steht, in dem es an der Seite Großbritanniens kämpfte. Mit ihren nur sieben Millionen Einwohnern, so die Befürchtung, könnte eine Insel, die geografisch gut zwanzigmal größer ist als die Bundesrepublik, neuen Angriffen nicht trotzen. Und da man gleichzeitig Arbeitskräfte für die Industrialisierung des Landes benötigt, lenkt man das Augenmerk auch auf das Potenzial des ehemaligen Feindes Deutschland. Zunächst gibt man den Opfern eine Chance, die den Naziterror in den Gefangenenlagern überstanden haben. Wenig später wirbt man, Pragmatismus über moralischen Rigorismus stellend, auch um das Volk der Täter. »Australien ruft!«, heißt es in großflächigen Zeitungsannoncen.

Harry Maschke entschließt sich 1959, dem Lockruf zu folgen. »Wenn ich jetzt nicht gehe«, sagt er sich, »gehe ich nie.« Der australische Staat checkt seine Gesundheit, verpflichtet ihn für ein Jahr und finanziert ihm die Überfahrt. Am 23. Dezember, dem Geburtstag seiner Mutter, legt sein Schiff, das den verheißungsvollen Namen »Castel Felice« trägt, mit mehr als tausend Passagieren in Bremerhaven ab. »Nicht nur der Himmel«, erinnert er sich, »hat an diesem Tag geweint.«

Die sechswöchige Seereise endet in Fremantle, einem Immigrantenhafen an der australischen Westküste. Auf der mehr als 3000 Kilometer langen Zugfahrt in Richtung Melbourne, die tage- und nächtelang durch Wüste führt, begreift der Facharbeiter aus Hassendorf die Dimensionen des Kontinents, von dem er sich, wie Millionen Auswanderer vor und mit ihm, den Durchbruch zu einem Leben im Wohlstand erhofft.

Ziel des Transports ist Bonegilla, ein Kaff nordwestlich von Melbourne. Der Staat hat dort ein ehemaliges Armeecamp für seine neuen Bürger aus Europa geräumt. Dass sein erstes Zuhause in Australien aus Wellblech besteht, steckt der in bescheidenen Verhältnissen aufgewachsene Waldarbeitersohn weg – die berufliche Offerte der Lagerverwaltung nicht. Weintrauben pflücken oder Bahnschwellen verlegen, lautet sie. »Deswegen«, sagt er sich, »bin ich nicht nach Australien gekommen.«

Mit vierzehn setzte er sich in den Zug nach Dortmund, mit 23 stellt er sich an den Highway und trampt nach Melbourne. Der Autofahrer, der ihn die 500 Kilometer lange Strecke bis in die Hauptstadt des Bundesstaates Victoria mitnimmt, ist Einwanderer wie er. Er stammt aus der Ukraine und war als Kriegsgefangener in einem deutschen Lager interniert. Man kommt ins Gespräch, findet sich sympathisch, und am Ende hat der Anhalter eine Empfehlung für eine Firma in der Tasche, die mit Feinblech arbeitet. Tatsächlich erhält er den Job, der exakt seinen Fähigkeiten entspricht. »Wenn man in Not ist«, philosophiert Harry Maschke in den schwülen Morgen hinein, »dann kommen die Engel.«

Wir sind aus der Hotellobby, in die zunehmend das Geplapper und Geklapper aus dem Frühstücksraum drang, in Harry Maschkes Auto gewechselt, einen Geländewagen mit Vierradantrieb. Solche bulligen Vehikel braucht man am nördlichen Ende des Kontinents. Denn gleich hinter Darwin, wo 80 000 Menschen leben, beginnt der unwegsame Busch.

Allmählich formt sich für uns ein Bild von unserem ersten Interviewpartner auf australischem Boden. Es zeigt, noch etwas klischeehaft, einen Einzelgänger, der sich von Rückschlägen nicht unterkriegen lässt und der etwas unternimmt, wenn er mit seiner Lage nicht zufrieden ist, der also, in der einfachsten Bedeutung des Wortes, das Zeug zum »Unternehmer« hat. Die Stadt, durch die er uns führt, bleibt dagegen seltsam konturlos. Kein Kern ist zu erkennen, kein ruhender Pol. Weite Lücken klaffen zwischen den Häusern, breite Straßen zerschneiden tropisches Grün. Als fürchte es sich vor einem neuen Taifun, wirkt Darwin wie eine Stadt auf dem Sprung.

Ein Ort, an dem man vor Anker geht, war Darwin nie. Der Transit, das Provisorische, das Flüchtige prägen seinen Charakter. Chinesische Goldsucher brachen im 19. und 20. Jahrhundert von hier zu den nahe gelegenen Minen auf. Die Schiffe, die heute Erze und Rindvieh nach Asien transportieren, nehmen den umgekehrten Weg. Für die meisten Touristen ist Darwin nur die Durchgangsstation zu den krokodilreichen Nationalparks des Northern Territory. So richtet sich unser Augenmerk, mangels urbaner Reize, schnell wieder auf Harry Maschke. Die Neugier darauf, wie es mit ihm weiterging in Australien, hat unsere Müdigkeit endgültig vertrieben.

Die Melbourner Fabrik, in der Harry Maschke einen angemessenen Job findet, liegt fünf Kilometer von seiner Behausung, einer Arbeiterunterkunft, entfernt. Also ersteht er für fünf australische Pfund ein gebrauchtes Fahrrad. Ein Kollege, der vor dem gleichen Transportproblem steht, kauft es ihm für zwölf Pfund ab. Der Auswanderer aus Hassendorf hat eine Marktlücke entdeckt. Er kauft so viele alte Fahrräder wie möglich auf und zieht damit nach Dienstschluss und vor allem an den Wochenenden in seinem Viertel von Haus zu Haus. »Bis zu zehn habe ich samstags abgesetzt, die Leute waren ganz verrückt nach den Dingern.«

Drei Monate nach seiner Ankunft in Melbourne erwirbt Harry Maschke in einem Vorort sein erstes Stück Land. Fünf Jahre später bezieht er sein eigenes Haus. 1966 heiratet er die Australierin Lynette Joan Carrodus, eine Bibliothekarin. Schon bald bekommt sie zu spüren, dass sie an einen unruhigen Geist geraten ist. Ihr Mann will endlich etwas von dem Land sehen, dessen Sprache er mittlerweile beherrscht. Und er hat gehört, dass man im tropischen Norden gutes Geld verdienen kann. Also setzen sich die beiden in ihren Volkswagen und juckeln über Stein und Schotter in Richtung Darwin. Etwa 4000 Kilometer lang ist die Strecke, die mitten durch den Kontinent führt. »Tagelang«, erinnert sich Harry Maschke, »sind wir nur gefahren, gefahren, gefahren.«

Tatsächlich ist es kein Problem, in Darwin zunächst einen Job in der Blechverarbeitung zu finden und sich schon nach einem Vierteljahr mit einer Werkstatt selbstständig zu machen. »Natürlich ging das nicht ohne einen Kredit. Aber schwierig war das, ehrlich gesagt, nicht. Wenn man sich versteht und vertraut, besiegelt man das mit einem Handschlag, ohne große Formalitäten. In Australien ist das so, auch heute noch.«

Das Ehepaar hat sich in Darwin gerade eingerichtet, als Harry Maschke ein Schlag trifft, gegen den auch die stärkste Natur machtlos ist. Nierenkoliken plagen ihn. Er muss operiert werden. Der wilde Norden Australiens bietet alle Freiheiten – solange man gesund ist. Was die medizinische Versorgung betrifft, so vertraut der Auswanderer mehr den deutschen Hospitälern. Also begibt er sich, ständig unter Morphium stehend, mit seiner Frau per Schiff zurück nach Bremerhaven. Nach seiner Heilung arbeitet er so lange in der Bundesrepublik, bis er sich ein Auto kaufen kann. Er schickt es als Fracht nach Australien – und damit steht endgültig fest: Dort ist sein Zuhause.

Seine Abenteuerlust und seine Neugier haben unter dem gesundheitlichen Rückschlag nicht gelitten. Per Bus und per Bahn bestreitet das Ehepaar den größten Teil der Heimreise. Türkei, Persien, Afghanistan, Pakistan, Indien … Auch mit dem einen oder anderen Kriegsschauplatz werden die beiden auf dieser brisanten Strecke konfrontiert. »Aber Angst«, sagt Harry Maschke, »war nie meine Schwäche. Wenn ich mir etwas in den Kopf gesetzt habe, kann ich ziemlich stur sein.«

Zu stur, findet irgendwann seine Frau. Sie leidet zunehmend unter der erfolgsorientierten, risikoreichen Dynamik ihres Mannes und konsultiert einen Psychotherapeuten. »Der hat ihr klipp und klar gesagt, dass ich das Problem bin. Und daraus hat sie dann ihre Konsequenzen gezogen.«

Die Bibliothekarin verlässt die Gegend, in der noch immer das eindimensionale Denken der Goldgräber herrscht, und begibt sich in die südaustralische Universitätsstadt Adelaide, eines der intellektuellen Zentren des Landes. Dort nimmt sie ein Stipendium an. Die Scheidung, die der Trennung folgt, ist nach der schweren Krankheit die zweite Zäsur in der Vita das Auswanderers und Tatmenschen Harry Maschke. Das psychische Loch, in das er fällt, füllt er zunächst mit sinnlosem Aktionismus. »Ich habe mich«, blickt er zurück, »in meinen VW gesetzt und bin kreuz und quer durch die Gegend gefahren.« So reagiert ein Mensch, der nach einem Schock nicht mehr ein noch aus weiß und der die eheliche Katastrophe ja nicht durch seine Rücksichtslosigkeit herbeigeführt hat, sondern durch eine Passion, die als rücksichtslos begriffen wurde.

Erst als er im Hafen von Darwin ein beschädigtes Schiff entdeckt, erwacht wieder der Unternehmer in ihm. Er bietet sich an, den Generator zu reparieren, bekommt den Auftrag und erhält dafür die stattliche Summe von 1200 Dollar. Es ist das Startkapital für einen beispiellosen wirtschaftlichen und sozialen Aufstieg.

1970 kauft er, mit Hilfe eines neuen Kredits, das Feinblechunternehmen, in dem er jahrelang als Facharbeiter tätig war. Er gründet regionale Zeitungen, beteiligt sich an einem Shopping-Center, hat bei Grundstücksgeschäften eine glückliche Hand. Vor allem mit seiner Fabrik gehört Harry Maschke zu den Gewinnern der Globalisierung. Australien, so der ökonomische Mechanismus, klinkt sich ein in die südpazifische Wachstumsregion, und die Indonesien vorgelagerte Hafenstadt Darwin avanciert zu einem wichtigen Vorposten. Wo es boomt, wird gebaut. Und wo neue Gebäude entstehen, braucht man Klimaanlagen. Exakt darauf hat sich Harry Maschke spezialisiert. Er war mit dem richtigen Produkt rechtzeitig am richtigen Ort.

Das Anwesen der Firma »Action Sheetmetal« fügt sich nahtlos in das unwirtliche Industriegebiet, durch das ein noch tristerer, fast ausschließlich von röhrenden Lastwagen befahrener Highway führt. Auch das Allerweltsbüro des Inhabers, der praktischen Safari-Stil trägt statt repräsentativen Zwirn, passt zu dieser grauen Umgebung. Alle Faszination geht in diesem Betrieb von dessen Produkt und einer Betriebsphilosophie aus, die auf Kooperation und Transparenz baut und in einem ebenso einfachen wie seltenen Charakterzug wurzelt Der Chef hat nicht vergessen, woher er kommt.

»Meine Tür ist immer offen«, sagt Harry Maschke, dessen zwanzig Mitarbeiter aus den unterschiedlichsten, politisch und kulturell zum Teil miteinander verfeindeten Nationen stammen: Australien, Kambodscha, China, Vietnam, Taiwan, Indien, Deutschland ... »Auch politische Flüchtlinge sind darunter«, betont der Auswanderer, der sich als Kind selbst auf der Flucht befand. Bei Kommunalwahlen hat er für die Labor Party, die australischen Sozialdemokraten, kandidiert. Auch der Gewerkschaft gehört er noch immer an. »Ich bin Unternehmer, aber auch Arbeiter«, sagt er, die These ignorierend, dass dies ein unüberbrückbarer Gegensatz sei. »Und diese Hierarchie, diese Frontstellung, wie ich sie aus Deutschland kenne«, fügt er hinzu, »gibt es in Australien sowieso nicht. Hier geht man lockerer miteinander um.«

Der Besitzer umtriebig und innovativ, die Belegschaft loyal und motiviert: Es ist eine Kombination, die diese mittelständische Fabrik an die internationale Spitze katapultiert. Sie sei auf ihrem Gebiet, heißt es in einer anlässlich einer Fachmesse in Chicago verliehenen Urkunde, »das technologisch am weitesten fortgeschrittene Unternehmen der Welt.«

Eine junge Frau in Arbeitsmontur betritt das Büro. Sie bittet ihren Chef um einen technischen Rat und spricht dabei Deutsch mit badischem Akzent. »Das ist Sandra aus Offenburg«, stellt Harry Maschke sie uns vor. »Sie lebt seit zweieinhalb Jahren in Australien und macht bei mir ein Praktikum als Elektrikerin. Danach will sie ihr Ingenieurstudium fortsetzen.«

Unternehmer wie Harry Maschke sind manisch auf die Marktlücke fixiert – wir als Journalisten auf die Story. In dieser Sucht nach dem Effekt und dem Erfolg und der Angst, etwas zu verpassen, gleichen sich unsere Berufe. Also lassen wir Sandra aus Offenburg nicht gehen, ohne ihr eine Frage zu stellen, von der wir uns eine emotionsgeladene, möglichst überschriftsreife Antwort erhoffen. »Was«, so wollen wir mit pathetischem Unterton wissen, »vermissen Sie als Deutsche in Australien?«

»Die Leberwurst.«

»Sonst nichts?«

»Eigentlich nicht.«

»Und was schätzen Sie an Australien besonders?«

»Das Leben ist hier weitaus entspannter. Die Menschen sind höflicher und unbeschwerter als in Deutschland.«

Möglichst viele junge Landsleute in die Wachstumszone an der Timor Sea zu locken, gehört zu den Prioritäten des Auswanderers. Er fördert, neben lokalen Bildungs- und Umweltprojekten, einen Austausch zwischen Gymnasiasten aus Nordrhein-Westfalen und dem Northern Territory und pflegt einen engen Kontakt zur Industrie und den Technischen Hochschulen der Bundesrepublik. Dabei kommt ihm ein Amt zugute, das die Karriere dieses Immigranten vorerst krönt: Seit 1988 ist er der regionale Ehrenkonsul der Bundesrepublik.

1500 Deutsche residieren mittlerweile im Northern Terri-

Erfolgreicher Unternehmer und Ehrenkonsul: Harry Maschke in Darwin

tory, das viermal größer ist als die Bundesrepublik, in dem insgesamt aber nur etwa 150000 Menschen leben. Auf den ersten Blick ist das ein relativ kleiner Anteil, aber wenn man bedenkt, in welch ein abgelegenes Gebiet sich diese Menschen begeben, handelt es sich um eine beachtliche Zahl.

Auch die Ziffer der deutschen Urlauber, besonders der Rucksacktouristen, steigt ständig. Geht einem von ihnen das Geld aus oder wird jemand mit Rauschgift aufgegriffen, ist der Konsul die erste Anlaufstelle. »Das Schlimmste, was bisher passiert ist«, berichtet er, »war der Fall einer jungen Deutschen, die nachts während einer Party in einen Fluss stieg und von einem Krokodil getötet wurde. Klar: Es war auch Leichtsinn im Spiel, aber das ändert ja nichts an der Tragik.«

Die äußeren Kennzeichen des Ehrenamtes beschränken sich in Harry Maschkes Büro auf die schwarz-rot-goldene Fahne und Fotos der wichtigsten Repräsentanten des Staates. Auf seinen Habitus strahlt der Posten nicht aus. Es sei ihm eher peinlich, sagt er, »wenn deutsche Besucher vor mir fast auf die Knie fallen. Die denken: Konsul – das ist etwas ganz Besonderes. Diese Fixierung auf die Obrigkeit und die Bürokratie – nicht zu fassen. In Australien sind die Beamten wirklich *servants*, und die Bürger empfinden sich nicht als Bittsteller. Diese Mentalität habe ich übernommen.«

Vor einem solchen Hintergrund wundert es nicht, dass der Diplomat nicht vor Ehrfurcht erstarrt, als er uns von seiner Begegnung mit dem Australienbesucher Helmut Kohl erzählt. Am meisten hat ihn an dem damaligen Kanzler ein anatomisches Merkmal beeindruckt: »Der hat Hände wie Schaufeln.«

In unser Lachen mischt sich, wie aus heiterem Himmel, ein metallenes Kichern. Es entfährt einer Puppe, die einen Chinesen darstellt und bei Harry Maschke auf dem Schreibtisch steht. Automatisch springt sie an, wenn die Tonlage im Raum eine bestimmte Frequenz erreicht. Infantil, denkt man zunächst. Doch dann spürt man, dass die Witzfigur aus dieser Amtsstube den letzten Rest an leerer Konvention vertreibt.

Am Abend, bei einem Essen in einem Restaurant an einer traumhaften Bucht, stellt uns Harry Maschke seine zweite Frau vor. In Sydney, der Weltstadt an der Südostküste, hat er sie kennengelernt. Jannice Murdoch ist mit ihrer scheuen Noblesse und ihrer zarten Figur der optische Gegenpol zu dem vor Optimismus strotzenden Unternehmer, der hochtourige Autos und Boote schätzt. Vor kurzem, erzählt er, hat er seine Frau nach Hassendorf geführt, ihr die kleine Kirche gezeigt, die Behausung, in der er einen Teil seiner Kindheit verbrachte, die Schule, in der er den Klassenlehrer mit seiner Neugier nervte.

Es ist die Souveränität des Großbürgers, auf der das Bekenntnis zur ärmlichen Herkunft basiert. Dass Harry Maschke diesen gewaltigen gesellschaftlichen Sprung geschafft hat, belegt er, als er in der belebenden Kühle der Dämmerstunde über seine Rolle als Mäzen sinniert. Er unterstütze, verrät er, eine Universität für klassische Musik und die schönen Künste.

»Und an die«, bemerkt er eher beiläufig, »geht eines Tages auch mein Erbe.« Hat er ein Vorbild?

Harry Maschke beantwortet die Frage, indem er uns eine Abhandlung über einen anderen Deutschen reicht, der in dieser Gegend gewirkt hat. Paul Heinrich Matthias Foelsche heißt er – und obwohl er einer ganz anderen Generation angehört, sind Parallelen in der Vita, vor allem aber in der Lebensphilosophie, unverkennbar.

Foelsche, am 30. März 1831 in dem Dorf Moorburg bei Hamburg als Sohn eines Seilmachers geboren, tritt mit achtzehn als einfacher Soldat in ein Husarenregiment ein. Er ist, wie Harry Maschke, 23 Jahre alt, als er sich entschließt, nach Australien auszuwandern. Sein Ziel ist Adelaide an der Südküste, wo sich während dieser Ära Tausende von Deutschen ansiedeln: Angehörige einer christlichen Gemeinschaft, die vor religiösen Repressionen in Preußen flohen, oder Intellektuelle, die ihrer Heimat aus Enttäuschung über die mageren Resultate der Revolution von 1848 den Rücken kehrten.

Der Auswanderer aus Moorburg macht, nachdem er als Goldsucher glücklos geblieben ist, Karriere bei der berittenen Polizei und steigt in kurzer Zeit zum Unteroffizier auf. 1869 wird er beauftragt, im fernen Norden des Landes, dem heutigen Northern Territory, eine Polizeistaffel aufzubauen. 44 Jahre verbringt er in Darwin. In diesen Dekaden entfaltet er Fähigkeiten, die ihm, weil sie vom Pioniergeist der Gründerjahre zeugen, einen Platz in den australischen Geschichtsbüchern sichern. Er agiert als Friedens- und Untersuchungsrichter, betätigt sich als Zahnarzt und Büchsenmacher, engagiert sich in der methodistischen Kirche, in der Kommunalpolitik und bei den Freimaurern.

Vor allem aber: Der Kommissar ist ein begnadeter Fotograf. Die Bilder, die er auf seinen Inspektionsreisen durch das weite, wilde Land macht, gehören heute zu den Schätzen der australischen Archive. Auch liebevolle Porträts von Aborigines, den australischen Ureinwohnern, sind darunter.

Weil er auch ihre Sitten und Gesetze achtete und sogar ihre Sprache lernte, gehört der deutsche Polizeioffizier zu den wenigen weißen Einwanderern, die von den Aborigines verehrt werden.

Den Namen des Autodidakten, der sowohl vom britischen König als auch vom deutschen Kaiser einen Orden erhielt, tragen ein Berg, ein Fluss, ein Baum, eine Blume und eine Straße von Darwin. »Er war«, sagt der Fabrikant und Konsul Harry Maschke in einer Gedenkrede, »ein Mann, der Visionen hatte und der von einer grenzenlosen Energie und Leidenschaft beseelt war. Er glaubte fest an den Frieden und die menschliche Einsicht.«

Ein Porträt von Paul Heinrich Matthias Foelsche hängt im Chefzimmer der Firma »Action Sheetmetal« an der Wand.

2 »Es hat mich einfach gepackt« Mit dem Fahrrad in ein neues Leben

An dem Morgen, als wir uns zum ersten Mal trafen, hatte uns der Frühaufsteher Harry Maschke mit seinem Anruf aus dem Tiefschlaf geholt. Am Abend, als wir uns mit einem Essen voneinander verabschiedeten, reichte er telefonisch einen »wichtigen Tipp« nach. Er kenne da noch jemanden in Darwin, der für uns interessant sein könnte. Wir sollten mit unserem Mietauto am nächsten Vormittag bei seiner Fabrik vorbeikommen, dann lotse er uns mit seinem Geländewagen zu »Helmut«, den im ganzen Northern Territory bekannten Gärtner.

Wir fahren von der Firma »Action Sheetmetal« keine drei, vier Kilometer in Richtung Süden, als das unwirtliche Industriegebiet abrupt von einer Landschaft abgelöst wird, die uns eine Ahnung von der wilden Schönheit des Buschs vermittelt. Von Eukalyptusbäumen flattern, durch den Lärm unserer Motoren verscheucht, kreischende Kakadus auf. An den Gestaden einer mit weißer Blütenpracht besprenkelten Lagune putzen sich Pulks von Reihern und Wildgänsen.

Doch dann herrscht plötzlich Ordnung im Outback. Namensschilder markieren die tropischen Pflanzen. Auf keinem der wie mit dem Lineal gezogenen Beete wuchert unnützes Grün. Die Brunnen und die Miniaturmühlen, die chinesischen Terrakottafiguren und die modernen Skulpturen, die das nach Hibiskus, Bougainvilleen und Rosen duftende Areal dekorieren, verstärken den Eindruck von einer domestizierten Natur. Aber wo ist Helmut, der Gärtner? »On the radio«, sagt Hardy, sein Sohn.

»On the Radio?"

Sein Vater, klärt uns der Sohn auf, habe eine feste Ratgebersendung im Regionalprogramm. Wir sollten warten, er käme gleich zurück.

Und dann steht er plötzlich vor uns, der Experte für Blumenerde, Zimmerpalmen, Blattläuse, Kakteen. Er trägt, zum Schutz gegen die von Tag zu Tag stärker werdende Frühlingssonne, einen breitkrempigen Hut, die für australische Männer typische dreiviertellange Hose und jene ledernen Stiefel, die als Bollwerk gegen die auch in dieser Region weit verbreiteten Giftschlangen dienen. Die Souveränität, die ihm den Job beim Hörfunk einbrachte, steht ihm im kantigen Gesicht geschrieben. Im Gegensatz zu Harry Maschke, der seine Pointen mit temperamentvoller Gestik untermalt, bevorzugt er einen eher ruhigen, fast stoischen Erzählstil. Der Humor, mit dem er manche Sätze würzt und der in seinen Augen immer mal wieder den Schalk aufblitzen lässt, wirkt durch dieses Understatement umso intensiver.

Helmut Schimmel, 68

Wenn ich den Leuten hier in Australien von meiner Heimat erzähle, dann sage ich immer: Ich komme aus einem Dorf, das damals wohl das rückständigste in ganz Deutschland war. Tatsächlich gehörten wir zu den Letzten, die Elektrizität, fließendes Wasser und gepflasterte Straßen bekamen, und bei uns wurde auch einer der letzten Wilderer auf deutschem Boden erschossen. Das Dorf heißt Schnellbach, und es liegt mitten im Hunsrück. Zu meiner Zeit waren die Leute dort sehr arm. Es gab nur wenige Bauern, die mehr als zwei Kühe hatten und von der Landwirtschaft leben konnten. Die meisten verdienten ihren Lebensunterhalt, indem sie Musik machten. Sie zogen von einer Kirmes zur nächsten und machten Musik.

Meine Mutter war Kriegerwitwe, sie hatte es nicht leicht damals mit drei kleinen Kindern. Wir waren Flüchtlinge, ursprünglich stammt meine Familie aus Schlesien. Ich wurde 1939 in Hermannsdorf bei Breslau geboren. Meine Mutter hat uns durchgebracht, indem sie für die Bauern im Hunsrück arbeitete. Sie hat auf den Feldern gearbeitet oder die Wäsche gemacht, es war harte Arbeit, sehr hart. Aber das weiß man natürlich erst zu schätzen, wenn man älter ist.

1989 war ich zum letzten Mal in Deutschland und habe auch meine alte Heimat besucht. Schnellbach nennt sich jetzt Höhenluftkurort. Viele neue Häuser wurden gebaut, aber die

Aus dem Hunsrück ins Northern Territory: Helmut Schimmel, Gärtnereibesitzer und Farmer

meisten stehen leer, weil die Bewohner nur die Ferien dort verbringen. Alles hat sich total verändert, und wenn du aus Australien kommst, dann fällt dir besonders die Beengtheit auf. Ein Dorf am anderen, und so vieles ist verboten. Ich weiß noch, dass ich mit einem meiner alten Schulfreunde angeln gehen wollte. Ich hab' zu ihm gesagt: Los, komm, lass uns fischen gehen. Forellen aus dem Bach, so wie früher. Der Mann hat fast einen Herzinfarkt bekommen und mir klargemacht, dass man dafür ins Gefängnis kommen kann.

Nein, ich könnte heute nicht mehr in Deutschland leben, ich würde da nicht mehr hinpassen. Hier ist vieles viel einfacher, man findet leichter Zugang. Ich kann hier einen Minister anrufen, und ich weiß, dass ich einen Termin bekomme. Unseren Ministerpräsidenten habe ich mehrfach getroffen, so etwas ist kein Problem in Australien. In Deutschland würde man nicht mal auf die Idee kommen, oder?

Ob ich mich als richtiger Aussie fühle? Schwer zu sagen. Ich weiß nur: Ich träume in Englisch. Und ich denke, ich werde hier sterben. Australien war gut zu mir. Ich sage immer: Um das zu erreichen, was ich hier erreicht habe, hätte ich in Deutschland viel mehr investieren müssen, in jeder Beziehung.

Dabei wollte ich eigentlich gar nicht nach Australien, ich bin eher per Zufall hier gelandet. Nachdem ich in Bad Kreuznach am Max-Planck-Institut Gartenbau studiert hatte, wollte ich die Welt sehen. Und ich wollte dabei auch Japan besuchen. Ich dachte, in meinem Beruf könnte ich davon profitieren. Also habe ich mich auf den Weg gemacht, per Fahrrad. Soweit es irgend ging, habe ich mich über Land vorwärtsbewegt. Italien, Türkei, über den Bosporus, Iran, Irak, Pakistan, Indien, Ceylon, schließlich per Schiff nach Indonesien. Wenn ich mich recht erinnere, habe ich insgesamt zwei Jahre gebraucht, um nach Japan zu gelangen. Ich habe dort weiterstudiert, bis ich erfuhr, dass in Melbourne und in den USA große internationale Pfadfindertreffen stattfinden würden. Ich war damals begeisterter Pfadfinder, bin es heute noch, und natürlich musste ich da unbedingt hin.

1964 bin ich in Darwin angekommen, per Schiff. Ich mochte die Gegend hier auf Anhieb. Ob es die Weite war, die Freundlichkeit der Leute – ich weiß es nicht, es hat mich einfach gepackt. Sicher, die Menschen hier sind auch heute noch freundlich – aber damals, das war einfach überwältigend. Diese Offenheit, die Gastfreundschaft, ständig wurde man zu Barbecues eingeladen. Darwin hatte in den Sechzigern gerade mal 24000 Einwohner, verglichen mit heute eine Kleinstadt. Um Geld für meine Weiterreise zu verdienen, habe ich mir erst mal einen Job gesucht, und abends habe ich Englischkurse belegt. Zum Unterricht bin ich mit dem Rad in die Stadt gefahren, das waren ungefähr zwanzig Kilometer, und ich erinnere mich bis heute, dass mir einmal sieben Autos auf dieser Strecke entgegenkamen. Mein Gott, habe ich damals gedacht, was für ein Verkehr.

Als ich dann schließlich zusammen mit den Boyscouts aus Darwin nach Melbourne und Amerika gereist bin, wusste ich: Eines Tages komme ich zurück. Ein Jahr lang bin ich noch durch Südamerika geradelt, von Caracas bis an den Amazonas, und danach habe ich in Deutschland meine Sachen geordnet. Ich bin zu meiner Mutter in den Hunsrück gefahren und habe ihr gesagt: Ich mache hier klar Schiff und gehe nach Australien. Begeistert war sie nicht, aber was konnte sie tun? Da war nichts in Deutschland, was mich gehalten hätte. Schon unterwegs hatte ich immer, wenn ich an zu Hause dachte, Darwin vor Augen.

Meine englische Freundin hatte auf mich gewartet, und 1967 haben wir unser gemeinsames Leben begonnen. Zunächst habe ich für die Fluggesellschaft Quantas gearbeitet, aber schon 1969 habe ich mich mit einem Betrieb für Gartenarchitektur selbstständig gemacht. Mit Schubkarre und Schaufeln ging es los, aber schon bald hatten wir dreißig Angestellte. Fast alles, was heute im Stadtbild von Darwin an

Gartenarchitektur zu sehen ist, stammt von unserer Firma. Natürlich war es nicht so einfach, wie es sich jetzt hier darstellt, der Anfang ist immer schwer. Aber ich denke, auch heute noch kann man es in Australien zu etwas bringen, wenn man bereit ist, hart zu arbeiten.

Das Gelände hier ist an die hundert Hektar groß, aber wir bewirtschaften nur fünfzig. Wir haben das Land ringsum vor allem deshalb gekauft, um die Lagune zu schützen, die sich hinter der Gärtnerei ausbreitet. Noch sind nur wenige hier, aber in den nächsten drei Wochen werden Tausende von Gänsen einfliegen, um an der Lagune zu brüten. Sie wissen inzwischen, dass dort nicht geschossen wird.

Meine Frau und ich, wir lieben die Natur, das ist auch etwas, was uns an diese Gegend bindet. Wir sind das, was man in Australien *bush people* nennt, wir mögen die Einsamkeit. Wir haben schon unsere Flitterwochen im Busch verbracht, und als wir ein bisschen Geld übrig hatten, haben wir eine *station* gekauft: Diese Farm war mehr als 700 Kilometer entfernt, im Barkly Tableland, irgendwo im Nirgendwo. Mit dem Auto fuhr man achteinhalb Stunden von Darwin bis zur Farm, und was mich dabei am meisten beeindruckt hat: Auf der gesamten Strecke gab es nur einen Abbieger. Du fuhrst endlos geradeaus, und einmal ging's links ab. Das ist auch Australien, das ist das Outback.

Die Farm war riesig, wir hatten schließlich 13 000 Stück Rindvieh. Dafür brauchte man natürlich Personal, und das wurde uns eines Tages zu viel. Nach zehn Jahren haben wir die Farm verkauft, schweren Herzens. Wir haben es geliebt, da draußen. Drei Jahre lang haben wir uns umgeschaut, dann haben wir wieder ein Stück Land im Outback gekauft. Dieses Areal ist nur anderthalb Autostunden von Darwin entfernt, liegt in der Nähe vom Kakadu-Nationalpark. Eigentlich wollten wir nur eine Hütte draufsetzen, aber wie es so geht: Erst baut man eine Veranda, dann ein Schlafzimmer, schließlich noch die Küche – und plötzlich hat man ein vollständiges Anwesen.

Einen Teil des Landes haben wir verpachtet. Wir haben nur eine 27 Quadratkilometer große Koppel behalten, auf der wir Rinder züchten. Bantengs, die bringen gutes Fleisch, und mir macht das Spaß. Natürlich ist nicht alles vergnüglich da draußen, der Busch ist immer eine Herausforderung. Wir haben zum Beispiel Stechakazien auf unserem Land, ein furchtbares Zeug mit Dornen. Die Dinger wuchern wie verrückt, und die Saat bleibt dreißig Jahre lang im Boden. Ich denke, ich werde noch zwanzig Jahre damit beschäftigt sein, Stechakazien zu vernichten.

Unser Haus steht auf einem Hügel, man kann von dort die Wasserstellen überblicken. In den Lagunen sind etliche Krokodile, aber normalerweise greifen sie nicht an. Am Ende der Trockenzeit sind sie manchmal sehr hungrig, dann sollte man allerdings aufpassen. Im vergangenen Jahr habe ich zwei männliche Tiere miteinander kämpfen sehen, ein grandioses Spektakel. Ich habe geschrien, aber ich hätte vermutlich direkt neben ihnen stehen können, ohne dass sie voneinander abgelassen hätten.

Eines der Krokodile ist der Boss, wir nennen es Walter. Ich schätze, dass es an die fünf Meter lang ist. Wenn ein fremdes Auto aufs Gelände fährt, dann schlägt Walter Wellen im Wasser. Krokodile stecken auf diese Weise ihr Gebiet ab. Sie wollen dir damit klarmachen: Hier bin ich, und hier habe ich das Sagen. Unsere Autos kennt Walter. Wenn wir kommen, bleibt die Lagune ruhig. Meine Frau hat Angst, sie geht nicht mehr schwimmen. Mir macht das nichts aus. Wenn's mir zu warm wird, steige ich ins Wasser. Allerdings: Ich schwimme nicht in der Nacht, das wäre tatsächlich zu gefährlich.

Wir leben zur Hälfte auf der Farm, zur anderen Hälfte in Darwin. Völlig aus dem Geschäft zurückziehen möchte ich mich noch nicht, auch wenn ich merke, dass ich älter werde. Früher konnte ich einen zwanzig Gallonen schweren Benzinkanister mit einem Ruck auf einen Pritschenwagen hieven – das geht jetzt nicht mehr. Meine Ratgebersendung im Radio habe ich seit zwanzig Jahren. Früher habe ich auch Fernsehen gemacht, aber das wurde mir zu viel. Da müsste ich samstags und sonntags auf Sendung sein, und das sind genau die Tage, an denen hier in der Gärtnerei am meisten los ist.

Zurzeit verkaufen sich Bougainvilleen am besten, eine sogenannte Bambino-Variante. Sie ist kompakter und hat auch mehr Blüten als der normale Strauch. Wissen Sie, Pflanzen sind auch Modesache. Man verkauft, was die Leute wollen. Wir haben sogar Rosen im Angebot, und sie machen sich gar nicht mal so schlecht, trotz des tropischen Klimas. Wenn's nach mir ginge: Ich würde keine Rosen pflanzen. Aber die Leute, die aus kühleren Gegenden hierherkommen, wollen ihre Rosen, und dann sollen sie Rosen haben.

Ich weiß nicht, ob unser Sohn den Betrieb übernehmen wird. Gärtnereien sind sehr arbeitsintensiv, und man kann sich auch verspekulieren. Wir sind eine Partnerschaft mit einem Unternehmen in Saudi-Arabien eingegangen und haben für den Markt dort drüben Pflanzen im Wert von 150000 Dollar gezogen. Aber die Saudis kommen mit dem Geld nicht rüber, und jetzt sitzen wir auf dem Grünzeug. Natürlich wäre es schön, wenn der Laden in der Familie bleiben würde. Aber wenn es zu schwer wird für Hardy – auch okay. Wir zwingen ihn zu nichts.

3 »Nie wieder Bellenberg!« Ein schwäbisch-australischer Überlebenskampf

Ein Gurren ist es nicht, was aus dem Dunkel der Wildnis tönt. Zwitschern, Trällern oder Krähen kann man es auch nicht nennen. Irgendwo dazwischen bewegt sich der Ton, der, so viel steht fest, unheimlich klingt.

»Geistervögel«, klärt uns Regina Wiebelskircher auf. »Die heißen so«, fügt ihr Mann Udo hinzu, »weil man sie zwar hören kann, aber nie zu sehen bekommt. Sie sind nachtaktiv.

Das sind die Kängurus, die auf unserem Grundstück grasen, zwar auch, aber die zeigen sich wenigstens morgens und abends in der Dämmerung.«

In Howard Springs, einem der ausufernden, sich in der zaunlosen Weite verlierenden Vororte von Darwin, liegt das 10000 Quadratmeter große Anwesen. Das Einfamilienhaus in seiner Mitte dient als Wohnung und als Büro und taugt auch zum Refugium. Das gilt besonders für die riesige Veranda, von der man direkt in den vor tropischer Vitalität strotzenden Busch blickt.

Es dauert eine Weile, bis man sich in diesem Ambiente an Begriffe wie »atomare Bedrohung«, »Baader-Meinhof-Hysterie« oder »Nato-Doppelbeschluss« gewöhnt. Wie verbale Irrläufer schwirren sie durch den Raum und verlangen doch gespannte Aufmerksamkeit. Schließlich markieren sie den Anfang einer Auswandererkarriere, die nach der Dramaturgie der Achterbahn verlief.

»Wenn man Ende der siebziger, Anfang der achtziger Jahre die Fernsehnachrichten eingeschaltet hat«, blickt Udo Wiebelskircher zurück, »dann gab es doch fast nur Gewalt und Bedrohung. *Gloom and doom*, wie es auf Englisch heißt. Na ja, und irgendwann haben wir es mit der Angst bekommen und beschlossen, Deutschland zu verlassen. Wirtschaftliche Gründe waren es jedenfalls nicht. Wir waren beide um die dreißig. Ich hatte einen guten Job in der Computerbranche. Und ein Haus besaßen wir auch schon. Eigentlich hätten wir glücklich sein können in Bellenberg – wenn da nicht diese pessimistische Grundstimmung gewesen wäre.«

Der Schwabe Udo Wiebelskircher spricht bedächtig, legt zwischen den Sätzen Denkpausen ein, die der Ruf der Geistervögel füllt. Für Spontaneität und Emotion sorgt seine aus der norddeutschen Elbniederung stammende Frau. »Die Atmosphäre war es nicht allein«, relativiert sie, »ich wollte auch unbedingt was sehen von der Welt. Tag für Tag Bellenberg – bis zum Lebensende? Das kann's doch nicht sein. Mit achtzehn bin ich schon mal nach Südafrika abgehauen. Toll war das. Ich war die treibende Kraft hinter unserem Entschluss. Der Udo ist mehr ein Familienmensch, dem ist die Entscheidung schwerer gefallen als mir. Sie müssen wissen: Ich hab' Zigeunerblut in den Adern.«

Udo Wiebelskircher nimmt einen kräftigen Schluck aus seinem Bierglas, wendet den Blick in die schwarze Nacht, lässt die Worte seiner Frau erst einmal sacken. Er selbst, das spürt man, würde sich nicht dazu durchringen können, wildfremde Besucher mit persönlichen Bekenntnissen zu konfrontieren. Eine paralysierende Pause entsteht. Regina Wiebelskircher befreit uns mit einem Temperamentsausbruch von der zwanghaften Vorstellung, die Stille mit einer womöglich unpassenden Frage überbrücken zu müssen. »Und dann«, schimpft sie, »war da noch diese Ungeheuerlichkeit mit unserer Tochter. Als sie fünf war, haben wir sie für die Schule angemeldet. Dabei kam heraus, dass sie nicht getauft ist. Und da hat's dann geheißen: Die Getauften kommen in die katholische Klasse, die Nichtgetauften in die Ausländerklasse. Das hat das Fass endgültig zum Überlaufen gebracht. Ich kann nur sagen: Nie wieder zurück nach Bellenberg!«

Es gibt also eine Reihe von Gründen, die dieses in einer schwäbischen Kleinstadt etablierte Ehepaar 1981 veranlassen, das Wagnis einer Auswanderung einzugehen: politische, atmosphärische und individuelle. Zur Wahl stehen damals Kanada und Australien. Dass die beiden sich für Australien entscheiden, liegt an einem Bekannten, der sich in den Bundesstaat New South Wales absetzte und ihnen Fotos von der faszinierenden Landschaft dort schickt. Weiße Strände, blauer Himmel, üppige Vegetation … Regina Wiebelskircher würde am liebsten sofort ihre Koffer packen. Doch ihr Mann wählt den sicheren Weg. Er formuliert eine fristgerechte Kündigung, vergattert seine Frau aber, das Schreiben erst mal zu Hause aufzubewahren. Dann setzt er sich in ein Flugzeug und lotet an der Südostküste, einem der wirtschaftlichen Zentren Australiens, die Arbeitsmöglichkeiten aus. Sie gestalten sich erfolgversprechend. Also signalisiert er nach Bellenberg: Kündigung abschicken!

Die Entscheidung zahlt sich aus – zunächst. Als eine technologische Revolution die Computerbranche erfasst und die Firma, für die der deutsche Auswanderer arbeitet, mit der übermächtigen Konkurrenz nicht mehr mithalten kann, steht das Ehepaar vor dem Nichts.

Zurück in die Heimat, sich wieder einrichten im schwäbischen Idyll und nie mehr ein solches Risiko eingehen – das wäre eine typisch deutsche Reaktion. Flexibel und mobil sein, unkonventionell handeln und ein neues Wagnis eingehen – das ist die australische Variante. Udo und Regina Wiebelskircher entscheiden sich für den australischen Weg. Sie verkaufen ihr Haus in Melbourne und investieren den Erlös in einen Caravanpark, den sie zusammen mit einem anderen Auswandererpaar in einer reizvollen Flusslandschaft in der Nähe der Ostküste betreiben.

Eine vielversprechende Perspektive ist das auf einem Kontinent, den in zunehmendem Maße die »grauen Nomaden« erobern. So nennt man die Pensionäre, die, statt nach Bali oder auf die Fidschi-Inseln zu jetten, monate- oder jahrelang mit ihren Wohnwagen durch Australien reisen, um die wilde Schönheit und die historischen Wurzeln ihres eigenen Landes zu entdecken.

Die Zielgruppe stimmt, aber die Chemie unter den Geschäftspartnern nicht. »Irgendwann hat es dann echt geknallt«, erinnert sich Regina Wiebelskircher. »70 000 Dollar haben wir bei diesem Geschäft in den Sand gesetzt. Also, wir hatten in Australien wirklich unsere *ups and downs*.«

Rauf, runter, rauf: Das bleibt für das Ehepaar aus Bellenberg noch über Jahre der Lebenstakt. Die Rückkehr nach Melbourne in die noch immer von Turbulenzen geschüttelte Computerbranche – gescheitert. Das Angebot, in Darwin, ausgerechnet in Darwin, für die Finanzbehörde die Wartung der Computer zu übernehmen – ein Hoffnungsschimmer. Udo Wiebelskircher sagt zu, zieht mit seiner Frau in den gottverlassenen Norden. Doch schon bald entledigt sich das Amt seines alten Systems – und seines deutschen Spezialisten. »Das geht alles ganz schnell hier. Da gehst du morgens auf die Arbeit und nach dem zweiten Frühstück bist du wieder zu Hause.«

Es ist die Kehrseite einer Flexibilität, die auch der Arbeitgeber für sich in Anspruch nimmt. Udo Wiebelskircher macht sich selbstständig, will sein eigener Herr sein. Ein letztes Mal versucht er es mit Computern – und scheitert. Doch statt aufzugeben, trifft das Ehepaar eine ebenso mutige wie weitsichtige unternehmerische Entscheidung. Es betreibt, wie es in der Fachsprache heißt, Diversifikation. Man stellt sich, einfacher ausgedrückt, wirtschaftlich auf mehrere Beine.

Der erste Schritt: Die beiden verkaufen ihr Haus in Darwin und ziehen in eine Mietwohnung. So zu existieren, ist die Ausnahme in Australien, wo Hausbesitz oft als einzige Absicherung für das Alter dient. Mit dem Gewinn erwirbt das Ehepaar einen Imbiss, den Regina Wiebelskircher, die mit jungen Jahren bereits Erfahrungen in der Gastronomie sammelte, in der Fußgängerzone der aufstrebenden Stadt betreibt. Der Laden wirft immerhin so viel ab, dass es »für das Brot und die Butter reicht.«

Udo Wiebelskircher, der seit 1988 die australische Staatsbürgerschaft besitzt, profitiert nun endlich von einer Beobachtung, die er seinerzeit auf dem Gelände des Caravanparks machte. »Viele der Besucher«, erinnert er sich, »hatten ihr Boot dabei und Schwierigkeiten damit, es am Ufer festzumachen. Solide und flexible Bootsstege, hab' ich mir damals schon gesagt, das könnte mal was sein.«

1993, gut zehn Jahre nach seiner Ankunft in Australien, gründet Udo Wiebelskircher eine Firma, die sich auf dieses Gebiet spezialisiert – und diesmal gewinnt er. Überall an den

Ein Leben im Takt der Achterbahn: Regina und Udo Wiebelskircher

prosperierenden Küsten siedelt sich eine kaufkräftige und bootsbesessene Mittelschicht an. Auch in Darwin werden innerhalb weniger Jahre drei neue Anlegestellen, *marinas*, errichtet. »Achtzig Prozent der Anlagen«, betont Udo Wiebelskircher, »habe ich installiert. Die Lehre als Elektromechaniker, die ich in Deutschland gemacht habe, kommt mir bei der Lösung der elektrischen Probleme natürlich sehr entgegen. Im Moment laufen bei mir so viele Anfragen ein, dass ich Tag und Nacht arbeiten könnte.«

»Ist es ein gefährlicher Job?«

»Nur in krokodilreichen Gegenden. Aber wenn ich an den Flussmündungen im Norden tätig bin, steht immer jemand mit dem Gewehr neben mir. Der würde sofort schießen, wenn mir ein Krokodil zu nahe käme.«

Auch für Regina Wiebelskircher hat sich die Geduld, die sie im Existenzkampf bewiesen hat, am Ende gelohnt. Sie arbeitet jetzt selbstständig für einen Grundstücksmakler, vermietet Immobilien für ihn. In einer Gesellschaft, zu deren

Merkmalen seit jeher Mobilität und Fluktuation gehören, ist das ein blühender und auch angesehener Geschäftszweig.

»War es schwer, in diesen Beruf einzusteigen?«

»Überhaupt nicht. Man absolviert einen vierwöchigen Kurs, bezahlt dafür 1200 Dollar – und dann heißt es nur noch: ›Off you go!‹ In Deutschland könnte ich einen solchen Job nicht ohne Lehre ausüben. Da musst du doch schon eine Prüfung ablegen, wenn du den Rasen betreten willst.«

»Wie oft reisen Sie nach Deutschland?«

»Alle zwei Jahre.«

»Welchen Eindruck haben Sie, nachdem Sie dort gelandet sind?«

»Es ist furchtbar. Du bist kaum aus dem Flugzeug raus, da wirst du schon von irgendwelchen Beamten belehrt. Dann willst du morgens um fünf auf dem Bahnhof ein Ticket kaufen und hast nur einen großen Schein dabei, weil du ja gerade aus Australien kommst. Aber da heißt es gleich: ›Also, Kleingeld muss man immer bei sich haben!‹ Wenn man etwas falsch macht, dann ist gleich immer großes Theater, dann wird man von oben bis unten angeguckt.«

»Und wie ist das in Australien?«

»Da will man dir immer helfen. Ich bin mal in Melbourne direkt unter einer Autobahnbrücke mit einem Achsbruch liegen geblieben und habe Udo angerufen. Es ist unglaublich, wie viele Autofahrer in der Stunde, die ich auf ihn gewartet habe, anhielten und mir ihre Hilfe anboten. In Deutschland hätte man mich nur angeglotzt.«

Die Variationen des Lächelns, mit denen Udo Wiebelskircher die Suada seiner Frau begleitet, verraten Einverständnis mit dem Trend, aber Abweichung im Detail. »Ja, es stimmt, der Service ist miserabel in Deutschland. Aber wenn ich an die Kneipen denke, die alten Städtchen, die Kultur – das gefällt mir bei unseren Besuchen immer wieder. Und das vermisse ich in Australien.«

»Gibt es etwas, was Ihnen in Australien besonders missfällt?«

»Die Verherrlichung der Gewalt im Sport. Rugby, Football – da geht es wirklich brutal zu. Und irgendwie durchzieht das die gesamte Gesellschaft. Ich habe den Eindruck, dass jemand, der in eine Schlägerei verwickelt ist, besser wegkommt, als einer, der bei Rot über die Kreuzung fährt.«

Darwin, am nächsten Abend. Wir sind zu Gast im »Night Cliffs Sports Club«. Das Ehepaar Wiebelskircher hat uns eingeladen. »Ordentliche Kleidung« verlangt die Vereinsordnung. Das bedeutet: »Nach 19 Uhr keine Schlappen, zu keiner Zeit schmutzige Arbeitskleidung.« Das ist kein antiquierter Dresscode, sondern die Festlegung auf ein Minimum.

An einem Ecktisch des mit geldfressenden Spielautomaten ausgestatteten Saales tagt der harte Kern des »Deutschen Clubs«. Udo Wiebelskircher steht ihm vor. Harry Maschke, der Unternehmer und Konsul, hatte das Amt auch schon mal inne. Die Herren spielen Skat, die Damen Canasta. In den Kommentaren, ohne die keine solche Runde auskommt, vermischen sich Deutsch und Englisch. »Ick hab' nur *rubbish*«, schimpft Vera aus Berlin. Sie ist mit Jürgen verheiratet, einem Maschinenschlosser aus Harry Maschkes Betrieb. Eine Partie später klagt Vera: »Ick hab' noch immer keenen *jolly* jezogen!«

Der »Deutsche Club« war mal eines der gesellschaftlichen Zentren Darwins. Heute ist er auf sechzig Mitglieder geschrumpft – obwohl die Zahl der Deutschen zugenommen hat. »Darwin«, erläutert Udo Wiebelskircher, »hat sich zu einer multikulturellen Stadt entwickelt. Menschen aus sechzig Nationen leben hier mittlerweile zusammen. Die Deutschen sind dafür bekannt, dass sie auf die anderen zugehen. Ich glaube, keine Nation integriert sich schneller in die Gesellschaft. Auch wir im Club sind keine Vereinsmeier, sondern offen für alle.«

»Demnächst«, ergänzt Regina Wiebelskircher, »gründen wir in Darwin einen europäischen Club. Das ist zeitgemäßer. Aber unsere Tochter wird auch daran kaum Interesse haben.

Sie ist jetzt 32 und arbeitet als Laborantin in einem Krankenhaus. Die versteht sich als waschechte Aussie.«

Es ist unser letzter Tag in Darwin. Die Chance, diesen Kreis nach deutschen Auswanderern zu fragen, die an unserer Reiseroute residieren, lassen wir uns nicht entgehen. So viele Namen werden uns wie auf Startschuss serviert, dass wir Mühe haben, sie zu sortieren.

»Also die Frauke, die hat 'nen Schmuckladen in Kununurra, gleich gegenüber von Woolworth.«

»Der Bernie Ostermeier ist ein interessanter Typ. Der hat einen Lastwagen konstruiert, dessen Ladefläche sich beim Kippen zur Seite dreht. Millionär ist der mit dem Patent geworden.«

»In Bathurst, da gibt's eine Tankstelle, die einem Deutschen gehört. Kein Wort Englisch konnte der, als er nach Australien kam. Läuft prima, der Laden.«

»Den Werner in Katharine, den müsst ihr auch unbedingt besuchen. Der betreibt dort ein Reisebüro. ›The king of Katherine‹, nennen sie den.«

Katherine? In diese Richtung fahren wir morgen.

4 »Und plötzlich war ich Metzger«
Der König von Katherine

Ameisen kennen keine Mittagspause. Auch wenn es »High Noon« ist in Katharine, herrscht Hochbetrieb auf ihren Straßen. Als seien sie zu ewigem Gerenne verdammt, streben sie, im Zickzack zumeist, irgendwelchen Zielen zu. Manche transportieren Material für den Ausbau ihrer Nester. Andere wieseln um ihre Königin, ein Prachtexemplar mit silbernen Flügeln. Ein kurzes Stampfen mit dem Fuß genügt, und schon sprudeln Hunderte neuer Leiber aus den Löchern der rostroten Erde. Keine Minute dauert es, bis sich alles wieder in die hergebrachte Ordnung fügt.

Wendet man seinen an mitteleuropäische Hektik gewohnten und auf ständige Abwechslung gepolten Blick zurück auf die Nationalstraße Nummer eins, die das 315 Kilometer südlich von Darwin gelegene Städtchen durchschneidet, glaubt man für einen Moment, die Hitze habe das Leben erstarren lassen. Ein Zischen beim Öffnen einer Bierdose, ein Gurren aus dem Grün hinter dem Fluss, der auch Katherine heißt, sind zu dieser Stunde seine einzigen Signale.

Am Nachmittag haben wir einen Termin mit dem Reiseunternehmer, den uns die Skatspieler in Darwin als den »König von Katharine« avisierten. Bei unserem ersten Rundgang durch sein Reich, mit dem wir, keinerlei Systematik folgend, die Zeit überbrücken, bleibt uns auch das Elend der Aborigines, der Nachfahren der australischen Ureinwohner, nicht verborgen. Eine Großfamilie döst, von Schnapsflaschen eingekreist, im Schatten eines riesigen Eukalyptusbaumes. Eine Gruppe von Frauen, in deren Gesichtern sich die Härte des Alltags abbildet, wartet vor einer Sozialstation ungeduldig auf Einlass. Das therapeutische Angebot, das man in fetten Buchstaben auf deren Frontscheibe gepinselt hat, beschreibt zugleich einen gesellschaftlichen Teufelskreis: »Arbeitslosigkeit«, »Häusliche Gewalt«, »Kindesmissbrauch«.

Neben dem Eingang zum Freizeitzentrum für Jugendliche hängt ein Hinweis, der mit dem Begriff »Regeln« überschrieben ist und den Duktus der desperaten Klientel zu treffen versucht: »Hey, ihr Typen! Seid ihr wieder besoffen? Wenn ihr hierherkommt, habt ihr euch dem Boss unterzuordnen. Wenn ihr euch prügelt und dabei Sachen zu Bruch gehen, dann ruft der Boss die Polizei, und ihr landet im Knast. Für alles, was ihr demoliert, müsst ihr selbst blechen. Ist das klar?«

Die hautnahe Konfrontation mit der Realität ruft jene beklemmenden Fakten ins Bewusstsein, die man aus den Medien kennt: Die Lebenserwartung ist bei den Aborigines um zwanzig Jahre niedriger als bei der übrigen Bevölkerung, das Risiko, ermordet zu werden, achtmal höher. In vielen ihrer Siedlungen gelten Mädchen, die mit zehn Jahren noch Jungfrau sind, als die absolute Ausnahme.

Das australische Northern Territory, in dessen Herzen wir uns befinden, gehört zu den Zentren der etwa 350 000 in Australien lebenden Aborigines. Auch wenn man ein Buch über deutsche Auswanderer schreibt, also einen ganz anderen Schwerpunkt setzt, kann man diese Randgruppe, das wird uns in Katherine schnell klar, thematisch nicht ausgrenzen. Und so dreht sich auch in unserem Gespräch mit dem Inhaber der Firma »Travel North« zunächst alles um dieses größte soziale Problem der australischen Gesellschaft.

Werner Sarny, geboren am 7. Juli 1938 in Bad Godesberg am Rhein, hat einige Jahrzehnte mit Aborigines zusammengearbeitet und ihren Niedergang aus nächster Nähe verfolgt. Immer wieder breitet er, in einer Mischung aus persönlicher Betroffenheit und politischer Resignation, achselzuckend die Arme aus, als wir in seinem Büro um Erklärungen für den selbstzerstörerischen Umgang dieser Minorität mit sich selbst ringen.

Die Tragödie, so der Kern unserer Analyse, beginnt bereits ihren Lauf zu nehmen, als die ersten britischen Siedler vor gut zwei Jahrhunderten den Boden der Insel betreten, auf der seit etwa 40 000 Jahren die Ureinwohner als Jäger und Sammler leben. Zwei völlig konträre Welten prallen aufeinander: hier die spirituellen Nomaden, denen die lebensspendende Natur heilig ist, dort die extrem materialistisch eingestellten Eindringlinge, die Sesshaftigkeit anstreben, die Natur rücksichtslos ausbeuten und ihre Interessen mit Waffengewalt durchsetzen.

Seine auch durch andere Brutalitäten angehäufte Schuld versucht der Staat später zu kompensieren, indem er die Aborigines großzügig mit Geld ausstattet, ohne eine angemessene Gegenleistung von ihnen zu verlangen. Er stellt sie also ruhig, statt sie zu aktivieren. Die Folge ist eine Phlegmatisierung, an der später die mannigfachen Integrationsversuche scheitern. Nicht alle, aber viel zu viele und immer mehr Aborigines entziehen sich der auf den Konsens bedachten Gesellschaft. Ihr wichtigster Fluchthelfer ist der Alkohol.

Der Sog der Isolation hat, wie das Beispiel Katherine zeigt, längst die Kinder erfasst. »Nur dreißig Prozent von ihnen besuchen in dieser Region eine Schule, und das zumeist auch nur unregelmäßig«, weiß Werner Sarny. »Es macht mich traurig, wenn ich an ihre Zukunft denke.«

»Gab es auch bessere Zeiten?«

»Ja. Das war, als viele Aborigines als Viehtreiber auf den Farmen arbeiteten. Dieser Job, bei dem man sich Hunderte von Kilometern durch das Land bewegen musste, entsprach ihrem Naturell, und weil er existenziell wichtig war, genoss er auch hohes Ansehen. Bezahlt wurden die Viehtreiber teils mit Geld, teils mit Verpflegung und Unterkunft. Oft gehörten sie zur Familie. Aber dann gab der Staat den Gewerkschaften nach, die für die Aborigines mehr Rechte, vor allem aber weitaus höhere Löhne verlangten. Weil sich das viele Farmer vor allem in Krisenzeiten nicht leisten konnten, stellten sie auf technische Mittel um und entließen ihre Viehtreiber.«

»Aber für mehr soziale Gerechtigkeit zu sorgen, ist die Aufgabe von Gewerkschaften …«

»Natürlich. Gegen eine bessere Bezahlung ist ja auch nichts einzuwenden. Aber in diesem Fall hätte der Staat vor allem den finanzschwachen Farmern einen Ausgleich für die höheren Löhne anbieten müssen. Das wäre die Lösung gewesen und hätte uns vieles von dem erspart, was wir heute beklagen. Als die Aborigines noch eine vernünftige Arbeit hatten, waren das vitale Menschen, die sich auch mit kulturellen Beiträgen an den Festen in dieser Gegend beteiligten. Heute leben sie in Ghettos.«

Werner Sarny spricht voller Sympathie über die Aborigines, unter denen er, wie er betont, »viele Freunde« hatte. Dass dieser Minderheit durch einen staatlichen Akt ein Teil seines Grundbesitzes zugeschlagen wurde, stört ihn weniger – so lässt sich aus seinen behutsamen Formulierungen heraushören – als das Unvermögen der neuen Eigentümer, damit konstruktiv umzugehen. Aus den Telefonaten, die er während unseres Besuches führt, kann man schließen, dass er ihnen als jederzeit ansprechbarer Berater zur Verfügung steht.

Mit seiner kurzen Leinenhose, den weißen Kniestrümpfen und seinem weder durch List noch Argwohn entstellten Blick sieht der Sohn einer Deutschen und eines Österreichers eher aus wie ein in die Jahre gekommener Führer einer Pfadfinderschar als der Eigentümer und Generaldirektor eines boomenden Unternehmens, das fast 200 Mitarbeiter beschäftigt. Wollte ein Bildhauer der Gutwilligkeit eine Gestalt geben – dieser Großvater mit den wasserblauen Augen und den noch immer jungenhaft blonden Haaren könnte ihm Modell sitzen.

Zwar blitzt bei uns, den mit ewigem Misstrauen geschlagenen Journalisten, der Gedanke auf, der biedere Habitus könnte die Tarnung eines knallharten Geschäftssinnes sein. Doch dann wären die Wände in diesem bescheidenen Büro

Früher Schuhmacher, heute erfolgreich in der Touristikbranche: Werner Sarny

wohl mit Erfolgsstatistiken drapiert und nicht mit gerahmter Lebensphilosophie: »Respect yourself, respect your culture.« Das entspricht exakt dem Appell, den der noch nicht resignierte Teil der australischen Gesellschaft gegenwärtig an die Aborigines richtet – wohl wissend, dass ihnen genau dieser Respekt über Jahrhunderte versagt blieb, aber auch in der Überzeugung, dass die ständige Fixierung auf die Sünden der Vergangenheit die Perspektive endgültig verstellt.

Werner Sarny stammt, wie er sagt, aus »sehr, sehr armen Verhältnissen«. Bevor er 1959 nach Australien auswandert, lernt er Schuhmacher, das Handwerk seines Vaters. Er übt diesen Beruf auch für einige Jahre in einer Fabrik in Melbourne aus und stößt dabei auf eine Mangelerscheinung der Landesmode: Es gibt in diesem damals sehr prüden Land keine Frauenschuhe mit hohen Absätzen. Ihre Produktion anzustoßen, ist Werner Sarnys erste innovatorische Tat auf australischem Boden.

1963 setzt er sich in seinen VW-Käfer und startet eine Reise rund um den Kontinent. Anschließend will er nach Europa zurückkehren. In Cairns, einer von Melbourne etwa 3500 Kilometer entfernten Küstenstadt im Norden des Bundesstaates Queensland, geht ihm das Geld aus. Wie er sich aus dieser Notlage befreit, schildert er später einem Chronisten: »Nun gab's dort keine Schuhfabrik, also suchte ich mir den nächstbesten Job. Den fand ich in einer Fleischfabrik. Man fragte uns Bewerber, ob jemand mit dem Messer umgehen könne. Klar doch, dass ich die Hand hob, alle Schuhmacher benutzten Messer. Und plötzlich war ich Metzger.«

Es ist eine Tätigkeit, die Werner Sarny auch auf der Weiterreise über Wasser hält und die er schließlich über einen längeren Zeitraum in Katherine ausübt, damals ein Zentrum der australischen Fleischfabrikation. Als er seine Tour in Richtung Westen fortsetzen will, bleibt sein Auto rund hundert Kilometer hinter Katherine liegen. Es dauert zwei Monate, bis Ersatzteile eintreffen. Um sie bezahlen zu können, heuert

Werner Sarny wieder als Metzger an. Er steigt schnell zum Vorarbeiter auf, lernt eine Australierin kennen, heiratet sie – und so wird zur neuen Heimat, was als Transitstation gedacht war. Einen Nebenverdienst erwirbt er sich, indem er ausgestopfte Krokodile an die ersten Touristen verkauft, die diese abgelegene Region ansteuern. Die gefährlichen Reptilien fängt er selbst.

Mit dem Kauf eines Motels legt das Paar 1966 den Grundstein für eines der renommiertesten Reiseunternehmen des Kontinents. Es folgen, unter anderem, eine Tankstelle, eine Backpacker-Unterkunft, ein Touristikbüro, ein Busunternehmen, eine Farm. Und: Werner Sarny erkennt und nutzt die wilde Schönheit einer Sandsteinschlucht, durch die, von Wasserfällen gespeist, der Katherine-Fluss gurgelt. Bootsausflüge durch die dramatische Felslandschaft des Katherine Gorge gehören heute zu den touristischen Höhepunkten Australiens und sind auch eines der Ziele, zu denen die Passagiere des neuen transkontinentalen Zuges »The Ghan« während ihres vierstündigen Aufenthalts in Katherine geführt werden.

Der Fluss, der sich so lange als Segen erwies, wird für den Ort und seinen Ehrenbürger Werner Sarny 1998 zum Fluch. Zwei Meter tritt er in der Regenzeit über die Ufer und setzt die 7000-Einwohner-Gemeinde komplett unter Wasser. Zwei Menschen kommen ums Leben, Dutzende werden verletzt. Bilder von der Flut gehen um die ganze Welt. Der materielle Schaden treibt viele Familien in den Ruin.

Auch Werner Sarny erleidet durch das Hochwasser einen Verlust in Millionenhöhe. In einer Gegend, in der man Geschäfte noch per Handschlag besiegelt, vergisst man schnell, so der Unternehmer, »in Versicherungsverträgen das Kleingedruckte zu lesen«. Dass seine Firma dieses Desaster verkraftet, lässt ahnen, welch ein Vermögen sie in drei Jahrzehnten erwirtschaftet hat und warum man ihren Eigentümer den »König von Katherine« nennt.

Ein Taifun, der, wie in Darwin, eine Stadt in eine einzige Ruine verwandelt, eine Flut, die, siehe Katherine, ein Gebiet von der Größe der Bundesrepublik von der Außenwelt abschneidet – überall im tropischen Norden ist die Konfrontation mit den Urgewalten der Natur ein Bestandteil der Existenz. Fotos von Bürgern, die sich in Schlauchbooten durch die Landschaft bewegen, oder von Viehherden, von denen nur noch die Köpfe aus dem Wasser ragen, gehören in den Kneipen, Krämerläden oder Tankstellen zum Standarddekor. Im Zentrum von Katharine informiert seit 1998 ein Schaukasten darüber, wie man sich bei einer Flut angemessen verhält: »Halten Sie jederzeit Schlafsäcke, Zelte, warme Kleidung und batteriebetriebene Taschenlampen bereit. Überlegen Sie als Erstes, ob Sie jemanden in höher gelegenen Gegenden kennen. Und denken Sie daran, dass auch Ihr Haustier nach einer solchen Katastrophe unter Verwirrung und Angstzuständen leidet.«

Trotz allem: Werner Sarny zieht die gefährdete Weite Australiens der sicheren Enge Europas vor. Auch für diesen Auswanderer hat sich der Traum erfüllt, selbstständig zu werden, statt abhängig zu bleiben. Und so fürchtet er den Stillstand mehr als die nächste Flut. Mit 54 Jahren in Frührente zu gehen, wie seine in Österreich lebende Schwester, das wäre für ihn, wie er sagt, »der reinste Horror« gewesen. »In diesem Alter habe ich noch neunzig Stunden in der Woche für mein Unternehmen gearbeitet.«

Seine markantesten Erinnerungen an einen Besuch in Wien kreisen um ein sehr alltägliches Problem: die ewige Suche nach einem Parkplatz. »In der Innenstadt hieß es dauernd: ›Hier können Sie nicht stehenbleiben!‹. Als ich mein Auto mal am Flughafen abstellen wollte, bin ich mehr als zwei Stunden vor meinem Flug losgefahren. Aber das Parkhaus, für das man fünfzig Euro pro Tag bezahlen musste, lag zwei Kilometer von der Abflughalle entfernt. Meinen Flug habe ich verpasst.«

Werner Sarnys neueste Errungenschaft sind zehn Schulbusse, die jeden Tag Kinder in einem Umkreis von hundert Kilometern transportieren. Als er sie uns mit dem Stolz des Patriarchen präsentiert, verlieren sich die Fahrzeuge auf einem mehrere Fußballfelder großen Areal in der Nähe seines Bungalows. Probleme mit Parkplätzen gibt es nicht in Katharine – es sei denn, das Städtchen steht mal wieder unter Wasser.

5 »Hier ist einfach gar nichts« Als Köchin in den Kimberleys

Warum, so fragt man sich auf der Fahrt von Katherine in Richtung Westen, hat man Termiten nicht längst einen Architekturpreis verliehen? Mühelos kombinieren ihre bis zum Horizont reichenden, in einem feurigen Rot leuchtenden Siedlungen das Eckige mit dem Runden, das Filigrane mit dem Wuchtigen, das Gestreckte mit dem Steilen. Einige der meist mannshohen Bauten erinnern mit ihren Türmen, Erkern und Simsen an kunstvolle Kathedralen. Da es wohl kaum ein religiöser Impuls war, der die Insekten zu dieser Meisterleistung trieb, belegt ihr Werk, dass Erhabenes auch dem Instinkt entspringen kann.

Sogar dem Feuer, das plötzlich überall in der Hügellandschaft an unserem Highway lodert, halten die Behausungen stand. Wo der Wind in den ausgetrockneten Busch fährt, sprühen Funken auf, die wie irre gewordene Glühwürmchen vor uns her hüpfen. Die schwarzen Rauchschwaden, die in der Ferne aufsteigen, lassen auch unsere Fantasie schwarzmalen. Ist die Tatsache, dass uns seit einer halben Stunde nicht ein einziges Auto entgegenkam, eine Indiz für die Sperrung der Strecke? Auch die beiden Kolosse, die sich röhrend aus dem Rauch schälen, verschaffen keine Entspannung. Na klar, solche gigantischen Lastzüge packen das – aber wir?

Erst als wir die Trupps entdecken, die immer wieder ordnend

an den Brandherden eingreifen, wird uns klar: Es handelt sich um gezieltes »Backburning«, eine von den Aborigines erfundene Methode, die verhindern soll, dass ein Feuer in der Hitze des Hochsommers vom Unterholz auf größere Flächen überspringt.

Ein paar Dutzend gedrungene Häuser und Hütten mit Parabolspiegeln auf den Dächern, ein »Bottle Shop«, auf dessen Parkplatz Aboriginefamilien die Alkoholration für den Abend verstauen, hier und da der rührende Versuch, einem Beet ein paar Blümchen abzuringen – das also ist Halls Creek, jenes Kaff, in dem die Temperatur im Sommer auf 52 Grad klettern kann und das seine Bewohner in sarkastischer Selbstverachtung »Hell's Crack« nennen. »Höllenloch«, bedeutet das frei übersetzt.

Die Nationalstraße Nummer eins, auf den ersten 5000 Kilometern unserer Recherchenreise unsere wichtigste Leitlinie, wird in diesem Abschnitt von einem Rudel streunender Köter beherrscht. Dringt, was nicht häufig vorkommt, ein fremdes Fahrzeug in ihr Revier, verwandeln sie sich in kläffende Furien.

Der Kampfhund, der sich vor dem Eingang unseres Motels ausgestreckt hat, befindet sich, gottlob, im Welpenalter. Tapsig schlägt er mit der Pfote immer mal wieder nach Kakerlaken, die seinen Attacken allesamt entkommen und selbst dann nicht in Gefahr geraten, wenn sie auf ihrer Flucht in den Swimmingpool fallen. Dessen Oberfläche deckt das faulige Laub eines ganzen Herbstes.

Mit Vierradantrieb ausgestattete Pritschenwagen vor den Zimmertüren verweisen auf die Stammgäste dieser Herberge: Handwerker, die in den nördlichen Randzonen des Bundesstaates Western Australia defekte Zäune, Stromleitungen, Kühlschränke oder Fernseher reparieren. Hin und wieder nächtigen hier auch Sozialarbeiter, die sich tagsüber abmühen, Aborigines bei der Gründung kleiner Betriebe zu unterstützen, und die abends beim Barbecue ihren Frust im

Gesöff aus dem Sixpack und in Sturzbächen des Sarkasmus ertränken.

Nirgendwo anders in Australien, so ist aktuellen Medienreporten zu entnehmen, offenbart sich das Elend der Aborigines so drastisch wie in dieser Region. Als der Staat den Hilfeschrei der drangsalierten Frauen erhört und ein Alkoholverbot über die Siedlungen verhängt, formieren sich die Männer zu einer bizarren Demonstration. Auf Transparenten, die sie mitführen, heißt es: »Wir wollen trinken – jetzt!«

Soll man am Fuße des Kimberley-Plateaus an seinem journalistischen Ritual festhalten und sich beim Manager des Motels erkundigen, ob hier deutsche Auswanderer leben? Man befürchtet, dass man sich lächerlich macht mit einer solchen Frage – und stellt sie, wie die Goldsucher in dieser Gegend auf das unverhoffte Glück bauend, dann doch. »Unsere Küchenchefin ist Deutsche«, antwortet der Mann an der Rezeption. »Katja heißt sie. Heute hat sie frei. Aber morgen zum Frühstück ist sie wieder im Dienst.«

Die Küchenfee von Halls Creek trägt Schnürstiefel und hat einen Händedruck, der sie als gradlinig und durchsetzungsfähig ausweist. Die Botschaft, die von ihrem offenen Gesicht ausgeht, lautet: Ich kann ein Kumpel sein – aber wehe, das wird ausgenutzt! Ein Kurzhaarschnitt bändigt ihre dichten Locken. Das verleiht ihrer kräftigen Statur etwas Sportives. Man kann sie sich gut als Steuerfrau einer Rudermannschaft vorstellen, zunächst als lautstarke Antreiberin und dann mit Glückstränen auf dem Treppchen stehend – natürlich dem obersten.

Katja Pfetzing, 30

Hier ist einfach grad mal gar nichts. Meine Leute zu Hause, die können sich das nicht vorstellen. Als ich meiner Mutter erzählt habe, dass ich 400 Kilometer fahren muss, wenn ich mir einen Knopf kaufen will, da war sie sauer. Du bist ja betrunken, hat sie gesagt. Sie versteht nicht, was das für Entfernungen sind hier in Australien. Neulich hat sie mich angerufen und gemeint: Wir haben doch diesen Onkel da in Esperance, schau doch mal vorbei bei dem. Mama, hab' ich gesagt, weißt du, wie weit das ist von hier? Das sind mehr als 3000 Kilometer. Am anderen Ende der Leitung hörst du dann: Ach so, ja. Aber du weißt genau, sie kapieren es nicht richtig. Ich will nicht, dass mich jemand aus Deutschland hier besucht. Ich glaube, Halls Creek wäre ein zu großer Schock für sie. Später sollen sie kommen. Später, wenn ich woanders wohne, vielleicht an der Ostküste.

Ich bin als Backpacker hier gelandet, als Rucksacktourist. Ich war schon fast ein Jahr lang unterwegs in Australien, als ich in einer Zeitung die Anzeige fand: Arbeiten in den Kimberleys – Küchenchef für Halls Creek gesucht. Die Gegend stand ohnehin auf meinem Reiseplan, und da hab' ich mir gedacht: Schau'n wir uns den Laden doch mal an.

Ich komme aus Spangenberg, bei Kassel liegt das, und auf Schloss Spangenberg habe ich auch meine Ausbildung zur Köchin gemacht. Später habe ich an der Nordsee gearbeitet, in Sankt Peter-Ording, in Österreich und schließlich in der Schweiz. Zehn Jahre Saisonarbeit – irgendwann hatte ich genug davon. Ich weiß noch, dass ich da am Thuner See saß und dachte: Ich muss mal raus aus dem ganzen Schlamassel. Es wird Zeit, mal was ganz anderes zu machen. Und da ich Wein mag, hab' ich mir überlegt: Ich geh nach Australien. Ich nehme mir die Freiheit, einfach mal zu machen, was ich will.

Ich habe mir ein »Working Holiday«-Visum besorgt, das gilt ein Jahr lang und erlaubt dir, zwischendurch auch mal Geld zu verdienen in Australien. Eigentlich wollte ich nur drei Monate in Halls Creek bleiben, aber dann habe ich hier meinen Partner kennengelernt, und jetzt bin ich schon fast ein Jahr in diesem Kaff. Mein Visum war irgendwann abgelaufen, aber da die Motelbesitzer mich unbedingt halten wollten als Köchin, haben sie sich als Sponsoren angeboten. Wenn wir nachweisen können, dass wir ein Jahr zusammen waren, kann Wayne diese Funktion übernehmen, und dann sind wir frei, woanders hinzugehen. Wir haben vor, uns einen Camper zu kaufen und durch Australien zu reisen. Und irgendwo werden wir dann sicher ein Plätzchen finden, wo wir bleiben können.

Nach Deutschland zurück – das kommt für mich nicht infrage. Du kannst arbeiten wie ein Tier, und alles, was du kriegst, ist ein feuchter Händedruck. Ich hab' schon gut verdient an der Nordsee, aber wenn man sieht, was da alles abgezogen wird ... Ich weiß nicht, ich mag es einfach hier in Australien. Das Leben ist irgendwie leichter, nicht so hektisch. Bei uns will immer einer den anderen übertrumpfen, du hast immer irgendwie Stress, und das brauch' ich nicht wirklich.

Ich finde auch, dass die Leute hier hilfsbereiter sind. Als ich mich entschieden hatte, in Halls Creek zu arbeiten, habe ich meine letzten 300 Dollar zusammengekratzt und bin von Perth nach Kununurra geflogen. Am Flughafen hat man mir dann erzählt, dass ich noch lange nicht am Ziel bin. Ich müsste weiter mit dem Bus fahren, und das nicht mal eben zehn Minuten, sondern vier Stunden lang. Ich dachte, um Gottes willen – aber na ja, was soll man machen. Und dann hat mich eine Familie aufgegriffen, die ihren Sohn am Flughafen abgesetzt hatte. Die haben wohl gesehen, dass ich mich nicht auskannte und sich rührend um mich gekümmert. Weil der letzte Bus schon weg war, durfte ich bei ihnen übernachten, sie haben mir die Gegend gezeigt und sogar in Halls Creek angerufen, damit mich jemand von der Busstation abholt. So etwas habe ich in Deutschland noch nicht erlebt.

Als ich angefangen hab' im Motel, da hatten wir jeden Tag zehn Essen, und das war's auch schon. Im letzten halben Jahr hat sich das hochgeschraubt auf achtzig Leute pro Tag, und die hab' ich ganz allein gefüttert. Das Personal, das hier aufläuft, ist eine Katastrophe. Viele Backpacker sind dabei, aber die meisten kennen die Uhrzeit nicht. Sie kommen Stunden zu spät, oder sie sind sturzbetrunken. Im vergangenen Sommer hat man mir zehn Leute für die Küche geschickt, aber ich musste sie alle entlassen. Ich kann mir das nicht erlauben, mit unzuverlässigem Personal zu arbeiten. Bei uns essen viele Touristen, meistens Camper, auch Bustouren kommen und vor allem die Monteure, die hier in der Einöde stationiert sind. Zurzeit wohnen bei uns fünfzig Arbeiter, die ein neues Elektrizitätswerk bauen. Die brauchen morgens um sechs pünktlich ihr Frühstück, und abends haben sie am liebsten ein Steak oder ein Stück Lamm.

Dass man auch Gemüse essen kann, musste ich den Leuten hier erst beibringen. Am Anfang waren die Jungs total irritiert, wenn ich Blumenkohl oder Zucchini aufgetischt hab'. Ich hab' ihnen dann gesagt: Ich esse das auch, und ich lebe noch. Wenn's jetzt frisches Gemüse gibt, meldet sich das gesamte Polizeikorps des Ortes zum Essen an. Manche bestellen sogar nur Gemüse. Auch verschiedene Soßen haben wir jetzt im Angebot. Früher wurde hier alles mit derselben Käsesoße übergossen. Mir wurde schon übel, wenn ich das Zeug nur roch.

Manchmal wochenlang abgeschnitten von der Welt: Katja Pfetzing mit ihrem australischen Freund Wayne

Meine Vorräte kommen aus Perth, das ist 2800 Kilometer entfernt. Wir bestellen per Telefon oder Internet, und einmal die Woche fährt ein Riesentruck vor. Zuerst war es nicht einfach für mich, sich an diese Art der Organisation zu gewöhnen. Vor allem während der Regenzeit kann es kritisch werden, wenn du nicht rechtzeitig aufgestockt hast. Meist beginnt die Regenzeit im Januar, und wenn du Pech hast, bist du wochenlang abgeschnitten von der Welt. Da steht das Wasser so hoch auf den Straßen, dass hier nichts mehr rein und raus geht.

Am Anfang konnte ich mir das gar nicht vorstellen, als man mir davon erzählt hat. Hier ist doch Flachland, hab' ich gesagt. Wie, bitte schön, soll denn das gehen, zwei Meter Wasser auf den Straßen. Mein Partner meinte: Du wirst dich wundern, und so war es denn auch. Wir wohnen zwei Kilometer außerhalb des Ortes, mitten im Busch. Nicht weit von unserem Haus fließt ein Creek, ein kleiner Bach, total unscheinbar. Aber im letzten Sommer hat es drei Stunden volles Programm geregnet, und aus dem Bächlein war ein reißender Fluss geworden. Ich hab' dagestanden und gedacht: Wie komme ich jetzt zur Arbeit? Ich werde ganz gewiss nicht durch das Wasser waten. Was weiß denn ich, was für ein Getier da rumschwimmt. Schlangen womöglich, vielleicht auch Krokodile.

Unheimlich finde ich es nicht, wenn man von der Welt abgeschnitten ist. Man gewöhnt sich daran, wir genießen es sogar. Unser Haus ist auf Stelzen gebaut, das Wasser kann nicht reinlaufen. Wir finden es wunderbar, mal unsere Ruhe zu haben. Normalerweise habe ich nicht viel Freizeit. Ich arbeite viel, sechs Tage die Woche, jeweils zwölf bis dreizehn Stunden. Wenn wir es doch mal schaffen, ein Wochenende abzuzwacken, dann geht es raus in den Busch. Das gefällt mir, das mag ich. Du kannst hier noch nach Gold suchen, und wenn du Glück hast, findest du was. Ich habe neulich fünf Stunden mit einem Detektor auf den Knien gelegen und am Ende tatsächlich ein paar Gramm in der Hand gehalten.

Von dem Nugget habe ich einen Ring machen lassen. Den nehme ich mit heim, wenn meine Mutter ihren fünfzigsten Geburtstag feiert.

Die Aborigines – ja, das ist hier ein Riesenproblem und auch nicht zu übersehen, oder? Aber Wayne arbeitet mit einem zusammen, der ist ein richtig netter Kerl. Er wurde unter einem Baum geboren, und keiner weiß genau, wann das war. Er hat uns schon ein paarmal mit in den Busch genommen und vieles erklärt. Zum Beispiel, an welchen Bäumen du nach Wasser graben kannst, welche Beeren du essen darfst und welche auf gar keinen Fall. Wunderschöne Beeren, sehen toll aus, aber fass sie besser nicht an. Er kennt Gegenden, in denen wilde Melonen wachsen, es ist echt interessant mit ihm, du lernst eine Menge.

Etwa 180 Kilometer von hier, Richtung Springvale, ist ein wunderschöner Platz mit Wasserlöchern. Ideal zum Campen und Fischen. Als wir dort zum ersten Mal ein Wochenende verbracht haben, wollte ich natürlich gleich ins Wasser springen, es war furchtbar heiß. Aber Wayne meinte: Tu das lieber nicht, hier gibt's Krokodile. Ich hab' keins entdecken können und gesagt: Du spinnst. Nachts hat Wayne dann mit seiner Taschenlampe das Wasser ausgeleuchtet, und ich sah überall diese roten Augen – unheimlich. Unser Freund hat uns erklärt, wie die Aborigines das machen. Sie werfen zunächst einen Hund ins Wasser, und wenn der nach zehn Minuten noch munter planscht, schicken sie die Kinder zum Schwimmen hinterher.

Konsumansprüche darfst du hier nicht haben. In Halls Creek gibt es wirklich nur das Allernötigste, und auch das nicht immer. Bei uns ist mal ein Japaner gelandet, der mit dem Fahrrad unterwegs war in den Kimberleys. Sein Schlauch war kaputt, und es hat vierzehn Tage gedauert, bis die Werkstatt einen neuen besorgt hatte. Der Junge hat in der Zwischenzeit bei mir in der Küche gearbeitet. Er war der beste Spüler, den ich je hatte.

Die meiste Angst habe ich davor, mal ernsthaft krank zu werden. Dann kannst du nur darauf hoffen, dass dich die Flying Doctors rechtzeitig rausholen. Schwangere werden grundsätzlich vierzehn Tage vor dem Geburtstermin nach Perth geflogen. Wir haben hier auch eine kleine Krankenstation, aber das ist nichts Verlässliches. Als ich mir die Rippen angebrochen hatte, haben sie mich dort geröntgt. Aber der Apparat war so uralt, dass man kaum was sehen konnte auf den Bildern. Ich kann nur hoffen, dass uns hier nie etwas Schlimmeres passiert. Was soll man machen, mit dieser Angst muss man leben.

Zurzeit sind die Temperaturen noch einigermaßen erträglich, es ist ja erst September. Aber schon innerhalb der nächsten Wochen wird es richtig heiß, und zu Weihnachten werden wir furchtbar schwitzen. Ich weiß noch, dass wir im vergangenen Jahr unter unserem mickrigen Eukalyptusbäumchen saßen, wir hatten den mit Kugeln behängt, als meine Mutter anrief. Sie hat erzählt, dass es zu Hause zehn Grad hat, minus. Ich konnte nur stöhnen: Bei uns sind es 42 Grad plus.

6 »Im Goldrausch hat Claudia die Zeit vergessen« Ein neues Leben am Indischen Ozean

In Broome kann man mondsüchtig werden. Das liegt an einem seltenen Schauspiel, das die Natur an einem der vielen Strände dieses Städtchens am nördlichen Ende der australischen Westküste inszeniert. Wenn Ebbe herrscht am Indischen Ozean und sich der Mond in seiner ganzen Fülle in den zurückgebliebenen Wasserlachen spiegelt, dann hat man für ein paar Minuten den Eindruck, als führe eine Leiter aus Licht zu der goldgelben Scheibe hinauf. In diesem magischen Moment geht ein Raunen durch die Reihen der Zuschauer. Dass man ihn lediglich dreimal im Monat und dies auch nur zwischen März und Oktober erleben kann, erhöht seinen Reiz.

Die Magie des schönen Scheins – nichts könnte die Antriebskraft Broomes besser symbolisieren als der abendliche Zauber am Meer. Schon ein kurzer Spaziergang durch die Fußgängerzone genügt, um zu begreifen, dass Perlen das Elixier dieses Ortes sind. Fast jedes zweite Geschäft bietet Originale oder Imitate an. Ein 1999 enthülltes Denkmal erinnert an »all jene, die bei der Suche nach Muscheln ihr Leben ließen und ihren Beitrag zu Broomes Blüte leisteten«. Zwischen Bars und Boutiquen angebrachte Schautafeln dokumentieren, was Menschen alles auf sich nahmen, um an die erbsengroßen, in aller Welt begehrten Kugeln zu kommen, und welche Dramen ihre oft tödlichen Anstrengungen begleiteten.

1890, kurz nach dem ersten Perlenrausch, wirft eine wirtschaftliche Depression den Ort in die Armut zurück. Elf Jahre später, nach einer Phase der Erholung, wetteifern – wie der Chronist mit buchhalterischer Akribie festhält – 699 Malaien, 307 Filipinos, 280 Japaner und 132 Europäer um die vor der Küste eingekapselten Schätze. 1914 ersticken 33 Taucher, die sich zu weit in die Tiefe gewagt haben, unter ihren Hauben. Broome hat sich kaum von den Folgen der Weltwirtschaftskrise erholt, als es 1935 von dem schlimmsten Taifun seiner Geschichte heimgesucht wird. 142 Menschen kommen ums Leben. Zwanzig Schiffe werden zerstört.

Viele der Opfer sind Japaner, die mittlerweile das Perlengewerbe dominieren und für die man einen eigenen Friedhof einrichtet. Den Grabsteinen ist zu entnehmen, dass so manchem der wagemutigen Taucher die Konfrontation mit einem Hai zum Verhängnis wurde.

Der Rezession, die der Zweite Weltkrieg mit sich bringt, folgt der Siegeszug der billigeren Plastikperlen. Broome, das auf die Zucht in künstlich angelegten Kolonien umstellt, schafft sich ein zweites ökonomisches Standbein: den Tourismus. Der 23 Kilometer lange Cable Beach gehört mit seinem fast schneeweißen Sand und seinen bizarren Felsformationen zu den schönsten Stränden der Welt. Am Abend, wenn die glutrote Sonne mit dem Grau des Ozeans verschmilzt, ziehen Kamelkarawanen mit verzückten Urlaubern am Saum der See entlang.

In einem Städtchen, in dem knapp 7000 Menschen leben und das so viel zu bieten hat, residieren, da sind wir uns sicher, auch Deutsche. Aber wie und wo findet man sie? Der Wirt in unserem Motel kennt keinen, die Frau hinterm Tresen der Tankstelle auch nicht. Dutzende von Familiennamen und Orten hat man uns in Darwin, wo wir vor gut einer Woche unsere Recherchen begannen, genannt. Aber Broome war nicht dabei. 2500 Kilometer sind wir bis hierher gefahren. Ohne einen deutschen Auswanderer zu interviewen, das schwören wir uns, werden wir diesen Ort nicht verlassen.

Auf dem Nachttisch in unserem Zimmer liegt, in leuchtendem Weiß, das Branchenadressbuch für diese Region. Noch nie haben wir uns mit so viel Verve auf einen dermaßen faden Text gestürzt. »Möchten Sie, dass Ihre Buchhaltung in Ordnung kommt? Dann rufen Sie Connie Grohmann an!« – Zu langweilig, finden wir. »Für Entertainment aller Art sorgt Oliver Vogelgsang.« – Zu exotisch, lautet unser Urteil. »Ihre Hochzeit arrangiert Elisabeth Lucke.« – Das könnte eine Option sein. »Kompletter Service, auch in abgelegenen Gegenden, Lothar Oppermann, Malermeister.« – Deutsche Handwerker sind begehrt in Australien. Das würde thematische Relevanz garantieren. Also: anrufen!

0428 452006 – eine Handynummer. In das Brummen des Motors, das schneidende Geräusch des Fahrtwindes und die Musikfetzen aus dem Autoradio mischt sich die freundliche, aber kaum vernehmbare Stimme des Malers Lothar Oppermann. Er sei, so viel kann man heraushören, gerade im Outback unterwegs. Wir sollten es in zwei Stunden nochmal versuchen. Dann sei er zu Hause zu erreichen.

91 92 1814 – der Festnetzanschluss. Er gehöre, sagt der Handwerker, der »zweiten Generation« an, die bereits in Australien geboren wurde. Aber sein in Perth lebender Vater, der

sei in den fünfziger Jahren von Deutschland ausgewandert und habe bei mehreren australischen Großprojekten Pionierarbeit geleistet. Wir notieren uns seine Telefonnummer und haben einen weiteren, hochinteressanten Kandidaten – in der 2400 Kilometer entfernten Hauptstadt des Bundesstaates Western Australia, aber noch immer nicht in Broome. Der Telefonhörer fällt schon fast auf die Gabel, als vom anderen Ende doch noch der rettende Tipp kommt. »Ach, mir fällt gerade ein, dass meine Nachbarn Deutsche sind: Andreas und Claudia Billiau. Nette Leute sind das.«

Das sind sie. Claudia Billiau, Jahrgang 1961, berichtet am Telefon, obwohl in wenigen Stunden ihr Flug nach Perth geht, mit Engelsgeduld von der Perlenkollektion, die sie entworfen habe und über deren Vermarktung sie in Perth mit einem Agenten verhandeln werde. Eine Kombination aus echten Perlen, edlem böhmischen Glas und Goldverzierungen sei das – »wirklich wunderschön«.

Ihr Mann Andreas, Jahrgang 1956, empfängt uns, während seine Frau mit dem Musterkoffer in Richtung Süden unterwegs ist, auf der Terrasse eines Grundstücks, für das der Begriff »Paradies« durchaus angemessen scheint. Die schlanke Eleganz der Palmen korrespondiert mit der sakralen Würde burmesischer Buddhafiguren. Über der das ganze Areal entflammenden Blütenpracht flattern die schönsten Schmetterlinge. Selbst die Tauben, eigentlich ziemlich ordinäre Vögel, tragen in diesem Garten Eden Krönchen auf ihren Köpfen. Über dem Saum des Buschs, der gleich hinter dem Anwesen beginnt, leuchten die Dünen des Indischen Ozeans in der Abendsonne.

Seinen Redefluss, der ein ungewöhnliches Auswandererschicksal beschreibt, unterbricht unser Gastgeber immer wieder durch ein dunkles, aus der Tiefe der Brust hervorquellendes Lachen. Wie ein Tusch auf jede Etappe seines Erfolgs wirkt es – und wie eine spöttische Bestrafung derer, die ihn vor acht Jahren, als er sich mit seiner Frau für Australien ent-

Spektakel im Abendlicht: Kamelkarawane am Strand von Broome

schied, warnten: Mensch bleib hier, Andreas; sei nicht so verrückt, alles aufzugeben, was du dir in Deutschland aufgebaut hast!

Andreas und Claudia Billiau – und das unterscheidet sie von der Mehrzahl unserer bisherigen Interviewpartner – setzen sich mit ihrem Schritt nicht aus der Armut ab, sondern sie wollen dem Stress entfliehen, den für sie der Wohlstand mit sich bringt. Erst das gutgehende Geschäft für Zeitschriften und Schreibwaren in ihrem Geburtsort Berlin, dann ein neuer Laden in bester Lage im Ostseebad Dahme, schließlich die prosperierende Zimmervermittlung an der Strandpromenade – das alles bringt eine Menge Geld ein, doch es fehlen die Zeit und die Muße, es auszugeben, das Leben zu genießen. »Achtzig Arbeitsstunden in der Woche«, erinnert sich Andreas Billiau, »waren für uns beide die Regel.«

Als das Paar aus einem Australienurlaub an die Ostsee zurückkehrt, wird es mit einer schockierenden Nachricht konfrontiert. Der beste Freund, mit dem man vor wenigen Monaten noch an der nächsten Geschäftsidee bastelte, ist tot. Herzinfarkt. Mit fünfzig. »Das«, so Andreas Billiau, »war der Wendepunkt in unserem Leben. Ich habe mir gesagt: Wenn du so weitermachst, passiert dir das auch. Und damit stand fest: Wir kehren in das Land, in dem wir gerade unsere Ferien verbracht haben, zurück – für immer.«

»War es schwer, nach Australien auszuwandern?«

»Ich muss sagen, der Beamte in der australischen Botschaft hat uns sehr geholfen. Ganz unbürokratisch lief das ab. Wir konnten nachweisen, dass wir bereits in Deutschland als Geschäftsleute erfolgreich waren und unser Geld nicht im Lotto gewonnen hatten. Das war sehr hilfreich. Und ein solides Startkapital hatten wir durch den Verkauf unseres Besitzes auch.«

»Und wie hätte das ohne Startkapital ausgesehen?«

»Also, wenn du zum Beispiel Elektriker, Klempner oder Zimmermann bist, ist das kein Problem. 250 000 Handwerker werden in Australien gerade gesucht, vor allem in Gegenden mit Bergwerken. Die boomen nämlich wie verrückt, weil die Chinesen alles an Rohstoffen aufkaufen, was die Minen hergeben. Eine Menge Geld kann man da verdienen. Man muss natürlich bereit sein, eine Zeit lang fern von jeder Zivilisation zu leben.«

»Was hat Sie an Broome gereizt?«

»Da lief in Deutschland im Fernsehen so eine Sendung mit Malcolm Douglas, der in Broome eine Krokodilfarm betreibt. Dieser Typ brachte auch die herrliche Natur und den lockeren Lebensstil so gut rüber, dass wir gesagt haben: Broome, das wär was für uns. Außerdem liegt die Stadt wirklich am Ende der Welt. Und wir wollten so weit weg vom Stress wie möglich. Vor allem wollten wir ›draußen‹ leben und nicht ›drinnen‹ wie in Deutschland.«

Die Billiaus wissen, welches Risiko es bedeutet, sich mit drei Kindern, die so gut wie kein Wort Englisch sprechen, in eine der Randzonen des Fünften Kontinents zu begeben. Doch

Michelle (5), Marcel (6) und Pascal (7) bekommen sofort nach der Einschulung eine deutsche Pädagogin zur Seite gestellt, die ihnen jeden Tag von 8 bis 14 Uhr, also praktisch während des gesamten Unterrichts, bei der sprachlichen Eingliederung hilft. »Das hat uns sehr beeindruckt«, sagt der Vater. »Allen ethnischen Minderheiten steht dieser Service zu. Das fördert die Integration immens. Ich glaube, in Australien funktioniert das Prinzip Multikulti. ›Ausländer raus‹, habe ich hier jedenfalls noch nicht gehört.«

Etwa zwei Jahre lebt das Paar von der finanziellen Substanz, die es sich in Deutschland erarbeitet hat. Dann gerät es unvermittelt in den Sog eines Aufschwungs, den die Region vor allem ihrer attraktiven Lage und einer weltpolitischen Zäsur verdankt. In Broome spannt nämlich nicht nur die wachsende australische Mittelschicht aus, sondern zunehmend auch eine spezifische Klientel aus Europa: Russen, die der Kapitalismus, der in ihrem Heimatland mit der eruptiven Gewalt eines Vulkans ausbrach, zu Millionären machte. Für eine Werkstatt, die mit Perlen und Gold arbeitet, ist das eine ideale Zielgruppe. »Wir hatten hier zwei Russinnen«, berichtet Andreas Billiau, »die hatten sich für eines der teuersten Arrangements entschieden, bestanden aber darauf, dass es mit noch mehr Perlen bestückt wurde. Die konnten gar nicht genug bekommen davon. Wir haben jetzt sogar Agenten in Russland. Und die bestellen und bestellen …«

Der Wert der Grundstücke, die das Paar nach der Ankunft in Broome erwarb, steigert sich innerhalb weniger Jahre um ein Vielfaches. Auf einem der Areale betreibt Andreas Billiau eine exklusive, in der Nähe des Strandes liegende »Bed and Breakfast«-Herberge. Musste er sich in Berlin und an der Ostsee noch um jede Kleinigkeit selbst kümmern, so kann er es sich in Broome leisten, einen Manager zu beschäftigen. Der Plan, in Australien die Arbeit mit Muße zu verbinden, ist aufgegangen. »Das liegt aber auch daran, dass die Leute hier nicht diesen No-Future-Blick haben wie in Deutschland. Sie machen es dir einfach, deinen Tag relaxed anzugehen.«

Toll. Fantastisch. Wahnsinnig. Unglaublich. Unserem Gastgeber galoppieren die Superlative davon, wenn er über das Abenteuer spricht, das er sich mit seiner Frau immer mal wieder an verlängerten Wochenenden gönnt. Die beiden kämpfen sich dann mit ihrem Geländewagen in die unwegsame Einsamkeit der einige hundert Kilometer von Broome entfernten Gebirgszüge vor, breiten dort ihre Schlafsäcke aus und suchen nach Gold. »Wenn du in dieser Gegend einen anderen Menschen triffst, dann ist das Zufall. Irgendwann mal war auch Claudia verschwunden. Ich habe nach ihr gesucht und gesucht … nichts. Es wurde Nachmittag, Abend – von Claudia keine Spur. Dann tauchte sie plötzlich aus dem Dunkel auf, mit einem Klumpen von einem Kilo. Im Goldrausch hat sie völlig die Zeit vergessen. Später wollen wir in dieser Abgeschiedenheit mal ein paar Wochen oder Monate am Stück verbringen. Ja, das ist unser Traum.«

»Gibt es auch etwas, wovor Sie Angst haben?«

»Vor der Küste in der Nähe von Broome ist man auf gewaltige Gasvorkommen gestoßen. Also, wenn die erst ausgebeutet werden, dann …«

»Dann?«

»… weiß ich nicht, ob der Tourismus das überlebt.«

Der Blick, mit dem Andreas Billiau uns fixiert, lässt darauf schließen, dass er sich von uns, den weit gereisten Journalisten, eine tröstliche Einschätzung erhofft. Es gibt, so viel wissen wir, ein kapitalistisches Naturgesetz: Der größere Profit schlägt den kleineren Profit. Und in der Zeitung haben wir gelesen, dass Malcolm Douglas, der von unserem Gastgeber so geschätzte Besitzer der Krokodilfarm, geweint hat, als er von dem Gasvorkommen erfuhr.

Aber das behalten wir für uns an diesem wunderbaren tropischen Abend, an dem eine Leiter aus Licht wieder von der Magie des schönen Scheins kündet.

7 »Die Götter brauchen manchen guten Mann«
Ein Preuße im Busch

Die Sonne scheint. Mehr ist über sie nicht zu sagen. Kein Wölkchen schwebt am Himmel, das sich in ihrem Licht verfärbte. Keine Bergkette wächst aus der kargen Ebene, an deren Hängen sie ihre Schattenspiele inszenieren könnte. So bleibt das auf Abwechslung erpichte Auge dem Diktat der Monotonie ausgesetzt: Steine und Büsche links, Steine und Büsche rechts, Büsche und Steine hinten, Büsche und Steine vorn. Hundert Kilometer, zweihundert Kilometer, dreihundert Kilometer, vierhundert Kilometer … Friss sie, befiehlt das Gaspedal dem Motor. Friss sie!

Die Kängurus, vor denen Schilder warnen, liegen, die Pfoten bizarr von sich gestreckt, als Opfer nächtlicher Lastwagengewalt im Straßengraben. Krähen, Elstern, Bussarde, manchmal auch Adler, zerren an ihren Kadavern. Mit Plastikblumen bekränzte Kreuze erinnern daran, welche Konsequenzen es haben kann, wenn einen Fahrer auf dem Highway zwischen Broome und Perth die Müdigkeit übermannt. Wie gut, dass irgendwo an dieser Piste, die als eine der ödesten der Welt gilt, das Sandfire Roadhouse liegt. Bereits auf einer Drehreise, die uns vor acht Jahren schon einmal in diese Gegend führte, hatte es auf uns, trotz seines spärlichen Angebots, die beglückende Wirkung einer Oase.

Da leuchtet sie wieder, die grasgrüne Zapfsäule. Auch der Wassertank, die einsame Palme, die Voliere mit den kreischenden Papageien und der auf diesem staubigen Areal ziemlich deplatziert wirkende Pfau kommen uns bekannt vor. Aber wo ist die Raststätte? Stand sie nicht exakt zwischen den beiden Eukalyptusbäumen? Oder geistert sie als gedankliche Fata Morgana, als Trugbild, durch unsere Erinnerung?

»Abgebrannt«, klärt uns ein vierschrötiger Typ auf, der seinen Lebensmitteltransporter wohl regelmäßig über diese Strecke lenkt. »Kurzschluss«, fügt er hinzu.

»Und die Feuerwehr?«

»Mein Gott, die Feuerwehr … Die braucht ein paar Stunden zum Sandfire Roadhouse. In dieser Zeit brennt jeder Laden bis auf die Grundmauern ab. Ist doch sowieso alles Plunder, wie die hier bauen.«

Abgebrannt. Dann existiert auch das Wandgemälde nicht mehr, das einen deutschen Australienforscher würdigte. Während der Durchquerung einer Wüste, hieß es in einer Erläuterung zu dem Porträt, habe er in seinem Tagebuch notiert: »Der Sand glüht, als ob er brennt.« Deswegen heiße die Raststätte »Sandfire Roadhouse«.

Friedrich Wilhelm Ludwig Leichhardt wird am 23. Oktober 1813 in dem Dorf Trebatsch in Brandenburg als sechstes von neun Kindern geboren. Sein Vater ist preußischer Torfinspektor in der Moorlandschaft bei Cottbus, seine Mutter, die Fabeln, Märchen und Sagen liebt, infiziert ihn schon während seiner Kindheit mit ihrem Hang zum Romantischen. Gleichzeitig erschließt sich ihm die Wunderwelt der

Wo der deutsche Forscher Ludwig Leichhardt verschwand: Szenario im australischen Busch

Natur. In der Grundschule, die er besucht, erhält jedes Kind ein Stück Land, auf dem es Gemüse, Gewürze und Blumen züchten muss und das ihm gleichzeitig die Vielfalt an Käfern, Schmetterlingen oder Ameisen offenbart. Zu Hause legt sich der Schüler Leichhardt ein Herbarium und eine Sammlung von Insekten an, die er akribisch klassifiziert.

Am Ende eines Studiums, das sich zunächst den Geisteswissenschaften und später den Naturwissenschaften widmet, ist ein junger Mann herangereift, der den welterfahrenen Forscher Alexander von Humboldt bewundert, selbst von Fernweh gepackt wird und, in einem Anflug von missionarischem Hochmut, eine Erkenntnis aus Johann Wolfgang von Goethes Dichtung *Iphigenie auf Tauris* zu seinem Lebensmotto macht: »Die Götter brauchen manchen guten Mann zu ihrem Dienst auf dieser weiten Erde.«

In dem brandenburgischen Fürsten Hermann Pückler, Schöpfer genialer Parks und ein populärer Reiseschriftsteller, findet der tatendurstige Jüngling einen einflussreichen Förderer. Studienaufenthalte in London und Paris und der inspirierende Umgang mit einem britischen Freund vervollständigen eine Entwicklung, der zwangsläufig die erste große Herausforderung folgt. Leichhardt strebt nichts Geringeres an, als den »geheimnisvollen Schleier« der australischen Flora und Fauna zu lüften. »Dieses Innere, dieser Kern der dunklen Masse, ist mein Ziel«, schreibt er kryptisch an einen seiner Schwäger. »Und ich werde nicht eher nachlassen, als bis ich es erreiche.«

1. Oktober 1844. Zusammen mit neun Begleitern, 17 Pferden, 16 Ochsen und fünf Hunden bricht Ludwig Leichhardt im Moreton Distrikt an der australischen Ostküste zu seiner ersten bedeutenden Forschungsreise auf. Ziel ist die 4828 Kilometer entfernte Siedlung Port Essington, das heutige Darwin. Um es wohlbehalten zu erreichen, hat der Trupp 550 Kilo Mehl, 90 Kilo Zucker, 40 Kilo Tee und 10 Kilo Gelatine geladen – viel zu wenig, wie sich schon bald herausstellt.

»Es herrschte eine ständige Knappheit an Nahrung«, heißt es in einer australischen Chronik. »So war man gezwungen, alle möglichen einheimischen Tiere zu verzehren, einschließlich von Flughunden und Eidechsen. Als ein Sack Mehl zu Boden fiel und aufplatzte, vermischte man den Inhalt mit vertrockneten Blättern und Staub und verrührte das ganze zu einem Brei.« Im Übrigen, so die Chronik, »war die Gruppe ständig in Gefahr, die Orientierung zu verlieren«. Denn: »Mit den Bedingungen des Buschs war Leichhardt nur unzureichend vertraut.«

Zwei der Begleiter steigen schon bald nach dem Start des Unternehmens aus. Einen dritten, einen Naturkundler, bringen am 28. Juni 1845 Aborigines um. Zwei andere Teilnehmer der Expedition werden bei dem Überfall verletzt.

Den Ureinwohnern begegnet der preußische Forscher, wie der Leichhardt-Experte Christian Jungblut schreibt, »mit der Neugier eines Kindes, das im Zoo vor einem Elefanten steht«. Und: »Wie die meisten Weißen seiner Zeit hielt Leichhardt den Busch für Niemandsland.« Diese Ahnungslosigkeit führt, da ihr auch etwas Überhebliches innewohnt, zu unberechenbaren Reaktionen. Mal verbrüdert man sich mit den Ureinwohnern und tauscht mit ihnen Geschenke aus, mal erregt man ihren Zorn, weil man bei einer Begegnung in landsknechthaftem Überschwang Gewehrsalven in die Luft ballert, nicht ahnend, dass man damit sowohl die Grenzen als auch die Würde eines Stammes verletzt.

Entsprechend ambivalent und weitgehend am Erscheinungsbild ausgerichtet fallen Ludwig Leichhardts Urteile über die Aborigines aus. In einer Tagebuchnotiz vom 2. Dezember 1845 entzückt er sich im Stil eines bildungsbürgerlichen, womöglich von homoerotischen Fantasien beflügelten Ästheten: »Als wir auf die Rückkehr eines unserer Ochsen warteten, trat ein bildschöner Eingeborener mit der Leichtigkeit und der Anmut eines Apollos aus dem Wald.« An einer anderen Stelle setzt sich wieder der Missionar in ihm durch: »Könnte man die Kinder von dem Stamm entfernen und in der Ferne regelmäßig erziehen, ließe sich wohl etwas hoffen.«

Doch die alles überragende Triebfeder bleibt auch während dieser an die physische und psychische Substanz gehenden Expedition die wissenschaftliche Neugier, die Besessenheit des Forschers. Er führt detailliert Buch über Pflanzen und Tiere, Weggabelungen und Witterungsbedingungen. Und indem er Australiens größtes Kohlelager entdeckt, legt er den Grundstein für die wirtschaftliche Prosperität des Kontinents. »Der Wissenschaft«, heißt es in einer australischen Biografie, »ordnete er alles in seinem Leben unter. Dass er dafür die größten Unbequemlichkeiten in Kauf nehmen musste, war ihm völlig egal.«

Doch je länger die Expedition dauert, desto häufiger mischen sich Eintragungen über die Strapazen in Leichhardts Tagebuch. »Zu diesem Zeitpunkt«, protokolliert er am 7. Dezember 1845, »litten wir alle schlimm unter Geschwüren und einer stechenden Hitze. Die Schnittwunden und die Entzündungen an den Händen faulten schnell … Aber unser größter Feind war die wachsende Ungeduld, endlich zum Ziel zu gelangen.«

Am 17. Dezember 1845 erreicht der auf sieben Personen geschrumpfte, völlig ausgebrannte und abgerissene Trupp Port Essington. Fünfzehn Monate hat die Expedition gedauert. »Ich war unbeschreiblich froh«, notiert Ludwig Leichhardt, »mich wieder unter civilisierten Menschen zu befinden.«

In Sydney, wo er am 25. März 1846 mit einem Segelschiff eintrifft, wird der aus einem brandenburgischen Dorf stammende Forscher wie ein Nationalheld gefeiert. Seine bahnbrechenden Erkenntnisse bringen ihm Geld, Ehrungen und eine Begnadigung durch den preußischen König ein. Leichhardt hätte, während er sich seinen Weg durch den australischen Busch bahnte, eigentlich seinen Militärdienst antreten müssen.

5. April 1848. Der Mann, der die Wissenschaft sogar über seine vaterländische Pflicht stellte, bricht zu einer zweiten

historischen Expedition auf. Von einer Viehstation im Osten Australiens will er sich bis an die Westküste vorkämpfen, den Kontinent also in seiner ganzen Breite durchqueren. Diesmal gehören zu den sieben Mitgliedern der Gruppe auch zwei Aborigines, die mit den Bedingungen des Buschs vertraut sind. Doch Leichhardt begeht wieder einen schwerwiegenden Fehler. Er nimmt nur sieben Pferde mit, ein Tier für jeden Teilnehmer. »Wahrscheinlich«, wundert sich noch heute eine australische Publikation, »hat er überhaupt nicht daran gedacht, dass Pferde auch mal lahmen, abhauen oder sogar krepieren können.«

Von Ludwig Leichhardt und seinen Begleitern fehlt seither jede verwertbare Spur. Die Berichte der neun großen Expeditionen, die sich auf die Suche nach Leichhardts Gebeinen machen, nähren lediglich die Spekulation. Eine Version lautet, seine eigenen Gefolgsleute hätten Leichhardt ermordet und seien dann selbst von Aborigines getötet worden. Nach einer anderen Lesart fiel der Trupp einer plötzlichen Flut zum Opfer. Auch von Verhungern und Verdursten ist die Rede.

Fest steht, dass die Legenden, die sich um ihn ranken, Leichhardt endgültig in den Rang einer nationalen Institution erhoben haben. Jedem australischen Schulkind ist der Name des großen Forschers geläufig, den in seiner deutschen Heimat kaum jemand kennt. Nach ihm benannt wurden auf dem Fünften Kontinent: ein Gebirgszug, Stadtteile in den Metropolen Sydney und Brisbane, ein Wasserfall, eine Ortschaft im Bundesstaat Victoria, ein Berg im Northern Territory, mehrere Flüsse und Bäche, ein Bergwerk, ein Highway, etliche Farmen und ein Wahlkreis im Bundesstaat Queensland. Und auf eine Leichhardt Street stößt man in Australien selbst in den kleinsten Gemeinden.

Perth hieß das Ziel von Ludwig Leichhardts letzter Reise. Auch wir schlagen, nachdem wir am Sandfire Roadhouse unseren Leihwagen vollgetankt haben, diese Richtung ein. Solange man auf der meist schnurgeraden, durchgehend befestigten Nationalstraße bleibt, kann einem kaum etwas passieren. Doch wenn man sich auf das Abenteuer einer landschaftlich attraktiveren Alternativroute einlässt, dann läuft man noch immer Gefahr, an der Wildnis zu scheitern. In den »Anweisungen zur Sicherheit und zum Überleben«, die in unserem Handschuhfach deponiert sind, heißt es: »Zu oft liest man von Menschen, die verdursten, nachdem sie mit ihrem Auto liegengeblieben sind. Viele dieser Fälle sind auf mangelnde Überlebenstechniken zurückzuführen.«

Dem Reisenden, dem nach einer Panne die Wasservorräte ausgehen, wird ein ganzer Katalog von Alternativen angeboten. Sie reichen vom Bohren eines Brunnens bis zum Genuss von destilliertem Kühlwasser und bieten für den Fall, dass diese herkömmlichen Quellen versiegen, auch ungewöhnliche Methoden an. Einige Beispiele: Man gräbt in einem ausgetrockneten Flussbett die Wurzeln von Bäumen und Büschen aus und sammelt das darin gespeicherte Wasser in einem Gefäß. Oder man trinkt, nachdem man ihn entgiftet hat, seinen eigenen Urin. Auch auf einen Frosch wird verwiesen, der in Höhlen lebt und in einer Blase unter seinem Bauch für den Notfall Wasser speichert. Diese Blase könne man auspressen und den Inhalt für einen »durststillenden Drink« nutzen.

Bevor wir das Gelände der Raststätte verlassen, entdecken wir eine handgeschriebene Suchmeldung, die jemand an das Skelett eines Eukalyptusbaums geheftet hat. Sie lautet: »Joseph Leo Bodkin aus Wagga Wagga – wo bist du? Joe ist 35 Jahre alt, etwa 1,80 Meter groß und hat blondes Haar. Wahrscheinlich fährt er einen Toyota Landcruiser. Bitte Joe, melde dich bei deiner Mutter! Oder bei deinem Bruder ... Wenn Ihnen Joseph begegnen sollte, rufen Sie bitte sofort unter der Nummer 0437 – 416 852 an!«

Wollte Joe die öde Reise durch diese Gegend ein wenig variieren? Wer weiß ... Noch 1700 Kilometer sind es bis Perth, der Hauptstadt des Bundesstaates Western Australia. Wir bleiben auf dem Highway. Garantiert.

II Kopf und Kuckucksuhr
Die Handwerker des Westens

8 »Gott sei Dank bin ich keine Spielernatur« Der späte Aufstieg des Heinz Oppermann

Die Qual der Wahl hat man nicht, wenn man an der Strecke, die vom Norden des australischen Bundesstaates Western Australia senkrecht nach Perth führt, ein Quartier sucht. Bett, Nachttisch, Stuhl, Schrank, muffige Auslegeware – darauf reduziert sich fast überall die Ausstattung in den wenigen Motels. In Port Hedland, unserer ersten Station nach dem Sandfire Roadhouse, liegt als zusätzlicher Service eine Informationsmappe in unserem Zimmer aus. Sie gibt auch Auskunft über das Klima im doppelten Wortsinn, das in der kleinen Hafenstadt herrscht, in der die kilometerlangen Güterzüge mit dem Eisenerz aus den prosperierenden Minen der Umgebung enden.

Unter der fettgedruckten Überschrift »Taifunwarnung« heißt es: »Leuchtet die Alarmlampe gelb auf, sofort alle losen Gegenstände befestigen und beim Wirt das Erste-Hilfe-Päckchen anfordern! Bei ›Rot‹ umgehend den Sammelplatz für den Katastrophenfall aufsuchen!« Ein anderes Merkblatt verkündet: »Organisiertes Glücksspiel, Prostitution sowie der Besitz von Feuerwaffen und Drogen sind auf diesem Grundstück strengstens untersagt.«

In dem 50-Einwohner-Kaff Mount Magnet, unserem letzten Stopp vor unserem Ziel, übernachtet man im Container. Was dem Bergmann oder dem Monteur in der nahe gelegenen, gerade wiederbelebten Goldgrube recht ist, muss auch dem Touristen, den es hierher verschlägt, genügen. »Ein leichtes europäisches Frühstück« sei im Preis inbegriffen, hat uns der brummige Besitzer bei der telefonischen Reservierung stilvoll avisiert. Gleich nach dem Einchecken drückt er es uns, zwecks Verzehrs im Container, in die Hand: ein Tütchen mit Cornflakes, eine Pulle Milch, zwei Scheiben eingeschweißter Toast, zweimal Erdbeermarmelade in Portionsplastik.

Gewiss: Als es dämmert über dem Busch, ziehen Schwärme kreischender Kakadus ihre Kreise und wagt sich das putzige Känguru aus seiner Deckung. Aber nach mehr als 4000 Kilometern Wildnis wächst doch die Sehnsucht nach einer Stadt – mit Kaufhäusern und Kinos, Cafés und Parks, Boulevards und einem Hotel, in dem die Toilettenspülung funktioniert. Und dann füllt am nächsten Nachmittag tatsächlich die Silhouette von Perth fast den gesamten Horizont. Man erkennt sofort: Diese Stadt hat Struktur und Format – Qualitäten, nach denen man in Darwin und Broome vergebens suchte. Einige Wolkenkratzer im Zentrum sind die auffälligsten Symbole ihrer Urbanität. Das Ballett der Kräne, die sich unter dem wolkenlosen Himmel drehen, signalisiert: Hier will man noch höher hinaus.

In Perth wird ein beträchtlicher Teil jenes Reichtums verwaltet, den Australien dem Run auf seine Rohstoffe verdankt. Und so wandelt sich eine Stadt, die wegen ihrer isolierten Lage am Indischen Ozean und ihrer frühen Ladenschlusszeiten noch immer als etwas rückständig gilt, mehr und mehr zu einem Magneten. Auch durch die massive Zuwanderung aus Europa und Asien ist die Zahl der Einwohner der Metropolitan Area Perth innerhalb weniger Jahrzehnte von einer Million auf 1,4 Millionen gestiegen. Von der kosmopolitischen Atmosphäre und den weitläufigen Stränden, mit denen Perth gesegnet ist, profitieren auch etwa 35000 deutschsprachige Bürger. Einer von ihnen ist der Pensionär Heinz Oppermann. Sein Sohn, dessen Namen wir im fernen Broome im Branchenadressbuch entdeckten, stellte den Kontakt her.

Knapp dreißig Minuten braucht man mit dem Taxi aus der City bis zu dem Vorort, in dem Heinz Oppermann wohnt. Für »Yagul«, laut Dienstausweis »Metropolitan Taxi Driver

No. 5419«, ist das Zeit genug, uns seine traurige Geschichte zu erzählen. Als Student sei er in seinem Heimatland Somalia zwischen die Fronten rivalisierender Fraktionen geraten. Um sein Leben zu retten, habe er seine Familie und seine Freunde verlassen und in der australischen Botschaft um Asyl gebeten. »Grauenvoll, dieser Bürgerkrieg – und das alles wegen unserer Bodenschätze.«

Auf den fast 5000 Kilometern, die wir durch die Einsamkeit des Outbacks fuhren, hat man sich dem meditativen Sog anvertraut, der von einer fast immer gleichen Landschaft ausging. Man konnte abschalten. In der großen Stadt, in der die Reize im Minutentakt wechseln, muss man wieder ständig umschalten – in diesem Fall von Somalia auf Duderstadt.

In diesem mittelalterlichen Ort im Süden Niedersachsens, dessen berühmter Dom das Foto und den Stich an der Wand im Wohnzimmer dominiert, kommt Heinz Oppermann 1928 auf die Welt. Damit gehört er zu einem der Jahrgänge, denen der Krieg gleichsam die Jugend und die Zukunft verdunkelt. Von der »verlorenen Generation« spricht man deswegen.

Nach dem Abschluss der Volksschule geht Heinz Oppermann nach Berlin, wo er, während die Bomben der Alliierten vom Untergang des Dritten Reiches künden, bei Daimler-Benz eine Lehre als Schlosser für Flugzeugmotoren absolviert. Im Chaos der letzten Kriegswochen muss er sie abbrechen. Als er sich in die Heimat zurück durchschlägt, kommen ihm die amerikanischen Siegestruppen bereits entgegen. Das Fuhrgeschäft seines Vaters, von dem er sich eine berufliche Perspektive erhoffte, hat der Krieg ruiniert.

Der Vater erliegt den Verletzungen, die er sich an der Front zugezogen hat. Sein Sohn reist per Anhalter nach Frankfurt, wo ihm eine US-Garnison einen zeitlich begrenzten Job als Mechaniker anbietet. Es ist die letzte Station seiner Odyssee durch Deutschland. Da er den ersten vagen Wachstumsverheißungen nicht traut, peilt er 1953 ein Ziel am anderen Ende der Welt an: Australien. »Auf dem Konsulat in Köln hat man mich auch gefragt, ob ich in der deutschen Wehrmacht gedient habe. Aber da ich nachweisen konnte, dass ich bei Kriegsende erst sechzehn war, stellte man mir das Visum aus. Unangenehm in Erinnerung geblieben ist mir eigentlich nur die Entlausung vor dem Ablegen des Schiffes aus Bremerhaven.«

Nach dem üblichen Start in einem Camp in der Nähe von Perth steht dem um seine Jugend betrogenen Mechaniker endlich das Glück zur Seite. Die kleine Autowerkstatt, die ihm eine Chance bietet, hat sich auf die Reparatur von Armeefahrzeugen spezialisiert. Das ist exakt die Tätigkeit, die er in Deutschland zuletzt ausübte.

Was die Wohnverhältnisse betrifft, so hat sich unter den Auswanderern zu diesem Zeitpunkt bereits eine Art Hierarchie etabliert. Ein Ehepaar aus Lettland, das unter den Nazis zu leiden hatte und deswegen schon in der zweiten Hälfte der vierziger Jahre in Australien einreisen durfte, vermietet einen Trakt seines neuen Hauses an deutsche Nachzügler wie Heinz Oppermann, der sein Zimmer mit einem jungen Mann aus Bremen teilt. »Babyface« nennt man den, weil er, obwohl er bereits 23 ist, aussieht wie siebzehn. In der Kneipe, in der man erst ab 21 Alkohol trinken darf und die abends pünktlich um neun schließt, muss er deswegen jedes Mal seinen Ausweis vorlegen.

Es sind puritanische Verhältnisse, in die der Auswanderer aus Duderstadt gerät. In den wenigen Tanzlokalen gibt's nur Limonade, aber keine Stühle. Die Partnerinnen werden mit dem Bus angekarrt und auch wieder abgeholt. Als Heinz Oppermann ein Mädchen fragt, ob es ihn ins Kino begleiten wolle, weist es ihn mit den Worten ab: »Kino? Am heiligen Sonntag? Wenn das meine Mutter erfährt, vertrimmt sie mich.«

Pam, eine Britin mit burmesischer Großmutter, sagt nicht Nein, als der deutsche Einwanderer sie an einem dieser tristen Wochenenden zum Tanz bittet. Ein Flirt mündet in Liebe, die Liebe in eine Ehe. Die beiden sind noch heute verhei-

In Pioniertagen zusammengeschweißt: Pam und Heinz Oppermann in Perth

ratet – und sie wohnen auch noch immer in dem Haus, mit dessen Bau sie 1955, ein Jahr nach ihrer Heirat, begonnen haben. Die ersten drei Jahre leben der Mechaniker und die Krankenschwester, die schon 1952 nach Australien kam, in einer Veranda. »Das war«, erinnert sich Heinz Oppermann, »im Grunde nicht mehr als ein Holzrahmen mit Asbestverkleidung. Es gab weit und breit keinen Laden und am Anfang weder Strom noch Wasser. Viele Deutsche fingen so an.«

Backstein für Backstein wächst zum soliden Heim, was als Provisorium begann. Das Geld, ohne das ein solcher Fortschritt nicht möglich wäre, verdient sich Heinz Oppermann auf Baustellen, die Tausende Kilometer von Perth entfernt liegen. Die gigantischen Projekte, zu deren Gelingen er maßgeblich beiträgt, legen den Grundstein für die Modernisierung eines Landes, das bis dahin zu einseitig auf Ackerbau und Viehzucht setzte.

Auf einem Ölfeld an einem abgelegenen Golf an der Westküste ist Heinz Oppermann als Mechaniker dafür verantwortlich, dass der Bohrturm rund um die Uhr ohne Störung arbeitet. Zwar verdient er dort zweieinhalbmal mehr als zuletzt in Perth, doch die Lebensbedingungen bedeuten einen täglichen Härtetest: im Sommer vierzig Grad im Schatten, Unterkunft in Hütten ohne Aircondition, der Radioempfang meistens gestört, ein paar verspratzte 16-Millimeter-Filme im Kino, ein Leuchtturm als einziges markantes Bauwerk, dazu eine permanente Bedrohung durch Taifune.

Nur die charakterfestesten der rund hundert Arbeiter, die ohne ihre Partnerinnen in diesem Camp leben, entgehen in diesem Umfeld dem Sog der Sucht. »Jeden Abend wurde kräftig gezecht«, erinnert sich Heinz Oppermann. »Und Gott sei Dank bin ich keine Spielernatur. Denn viele Kollegen sind mit hohen Schulden zu ihren Familien zurückgekehrt.«

»Und was haben Sie in der Freizeit gemacht?«

»Das Camp lag in der Nähe der Küste. Also bin ich hin und wieder rausgefahren zum Fischen. Manchmal hatte ich sogar einen kleinen Hai an der Angel. Aber nach drei Jahren spürte ich: Wenn du jetzt nicht gehst, kannst auch du unter die Räder kommen. Und da ich mit dem Geld, das ich auf der Baustelle verdient hatte, mein Haus abzahlen konnte, habe ich gekündigt.«

Die Bequemlichkeit, die ihm ein Job bei einer Landmaschinenfirma in Perth bietet, erträgt Heinz Oppermann allerdings nur dreieinhalb Jahre. Als er vom Bau eines Staudammes im Grenzgebiet zwischen Western Australia und dem Northern Territory hört, kann er dem Reiz, der von solchen Großprojekten offenbar nicht nur finanziell ausgeht, nicht widerstehen. »Wenn ein solcher Damm dann eingeweiht wird und ein Kraftwerk erst mal läuft, ist das einfach ein fantastisches Gefühl. Zu vielen Arbeitskollegen reißt der Kontakt nie ab. Einer von ihnen wurde sogar mein bester Freund. Und eines der am Bau beteiligten Unternehmen hat mich sofort für das nächste Projekt engagiert – die Brücke über den Swan River in Perth.«

Der Brücke folgt die nächste Herausforderung: die Errichtung eines der größten Schiffsanleger der Welt. Im nördlichen Teil der Westküste entsteht er, wo man dringend Häfen für den Transport von Eisenerz benötigt. Unter den 3000 Bewohnern einer aus dem Boden gestampften Siedlung befinden sich zehn Frauen. Eine von ihnen ist Pam Oppermann, die in der Nähe der Baustelle für zwei Jahre als Schwester in einem Hospital unterkommt.

Einen Lebensmittelladen, wie er selbst in den kleinen Zentren des Outbacks zur Grundausstattung gehört, gibt es in dem Camp nicht. »Alle vierzehn Tage«, blickt Pam Oppermann zurück, »kam ein riesiger Truck mit Waren vorbei, die wir vorher bestellt hatten: Eier, Fleisch, Gemüse, Obst … Man musste sich erst daran gewöhnen, alles in großen Mengen zu ordern – zwei Kartons Futter für die Katze, sechs Kartons Gin.«

1972 erhält das Ehepaar Besuch von Heinz Oppermanns in Duderstadt lebender Mutter. Als sie dem Greyhound-Bus entsteigt, herrschen 42 Grad Hitze – eine schweißtreibende Temperatur für eine 75 Jahre alte Dame, die sich in einer frisch gestärkten weißen Bluse und einem adretten Kostüm auf den weiten, weiten Weg gemacht hat. »Na ja, und dann entdeckte sie im Bad die ersten Kakerlaken«, erinnert sich der Sohn. »Da ist sie vor Schreck fast in Ohnmacht gefallen. Aber dann blieb sie doch drei Monate. Auch sie konnte sich der Faszination der grandiosen Landschaft nicht entziehen.«

Heinz Oppermann, der in seiner niedersächsischen Heimat beruflich nicht Fuß fassen konnte, hat zum Zeitpunkt des Besuches eine steile Karriere hinter sich. Bei dem Pionierprojekt an der Westküste ist er als einer von zwei Betriebsleitern für die Wartung sämtlicher Maschinen zuständig. Ein einziger Ausfall kann Kosten in Millionenhöhe verursachen.

»Haben Sie jemals Heimweh gehabt?«

»Nein, nie. Ich glaube, das hängt mit den Erlebnissen während meiner Jugend zusammen. Sie waren so schrecklich, dass ich zu Deutschland und Duderstadt nie eine tiefe Beziehung aufbauen konnte. Und man darf nicht vergessen, dass ich in Australien vom ersten Tag an auf Anerkennung gestoßen bin. Na klar, es gab am Anfang Vorbehalte gegen die Deutschen wegen des Krieges. Aber mit unserer Arbeit haben wir uns schnell Achtung verschafft.«

Dass er den Lebensabend mit seiner Frau in der Gediegenheit einer gutbürgerlichen Existenz verbringen kann, verdankt Heinz Oppermann auch einigen Geschäftsideen, an denen er schon während seiner Pionierzeit auf den Großbaustellen bastelte. Zusammen mit seiner Schwester, die es ebenfalls nach Australien zog, gründete er einen Lesezirkel mit deutschen Zeitschriften und eine Agentur für den Import von Kaffee, Filterpapier oder Backwaren aus der Bundesrepublik. Am besten schlagen bei der Zielgruppe, den deutschen Auswanderern, die Christstollen ein.

Mit einem diskreten Blick auf ihre Uhr leitet Pam Oppermann das Ende unserer Begegnung ein. Bevor wir uns verabschieden, holt sie ein Dirndlkleid aus dem Schrank, hält es sich mit offenkundiger Vorfreude an den Körper und nennt uns den Grund für ihre Euphorie: »Heute Abend gehn wir tanzen!«

»Und wo?«

»Im Rhein-Donau-Club. Der feiert heute sein Oktoberfest.«

9 »Trink, trink, Brüderlein trink!« Oktoberfest am Indischen Ozean

Schuhplattler. Schunkeln. Blasmusik. Bierseligkeit. In München hat man als Norddeutscher, aus Furcht vor einer Mixtur aus Idyll und Kommerz, stets einen großen Bogen um das Oktoberfest gemacht. In Perth, ausgerechnet in Perth, sitzen wir mittendrin im blauweiß geschmückten Saal, in dem nicht nur die Stimmung, sondern auch das Ambiente ganz und gar dem Klischee entspricht.

Der bayerische Löwe ziert das klobige Gestühl. An den Wänden glühen in kräftigsten Farben die Alpen. Das Schnitzwerk über dem Eingang zu den Toiletten zeigt ein Gespann von Brauereigäulen, die einen mit Fässern beladenen Wagen ziehen. Auf einem Querbalken heißt es: »Durst wird durch Bier erst schön.« Im sakralen Schutz einer Vitrine steht eine Nachbildung von Schloss Neuschwanstein – aus Zuckerwürfeln.

Das dominante Symbol ist in dieser Enklave altbackener Folklore das Edelweiß. Es prangt auf den Dirndln der Damen von der Schützensektion »Adlerauge« und findet sich im Wappen des Veranstalters, dem Rhein-Donau-Club, wieder. »Edelweiß« nennt sich die Musikgruppe, die ihren Kuhglocken mit zartem Schwung und verklärten Augen eine süßliche Melodie entlockt. Ihr Titel: »Edelweiß«.

Es fällt schwer, sich auf diesem ungewohnten Terrain vor den Tsunamiwellen des Frohsinns wegzuducken und einen kühlen Kopf zu bewahren. Je mehr dies aber gelingt, desto stärker drängt sich uns der Schluss auf, dass dieser Verein eine ernsthafte Würdigung verdient und dass man das Oktoberfest am Indischen Ozean nicht mit dem Bier- und Brezel-Event auf der Wiesn vergleichen kann.

Als der Club 1958 gegründet wird, erreicht die Auswanderung aus der Bundesrepublik gerade ihren ersten Höhepunkt. Auch in Perth, einem der Immigrationszentren Australiens, stößt so mancher Deutscher auf Vorbehalte. Zu frisch ist die Erinnerung an den Zweiten Weltkrieg, der selbst diesen fernen Kontinent in Mitleidenschaft zog. Eine in den Vereinsnachrichten des Jahrgangs 2007 veröffentlichte Serie macht deutlich, dass sich die Ablehnung bisweilen zum Hass steigerte.

So heißt es über den Wirt einer Kneipe, in der eine aus dem Ruhrgebiet eingewanderte Gruppe junger Leute das erste Bier auf australischem Boden trinken will: »›Raus‹, brüllte er auf einmal los, auf Kommissdeutsch, wie auf dem Kasernenhof. ›Haut ab, ihr verdammten Neu-Australier!‹« Zuvor habe der Mann seine Gäste als »elende Krauts« beschimpft und den ältesten unter ihnen »Führer« genannt.

In einer anderen – fiktiven, aber auf realen Erfahrungen beruhenden – Geschichte wird über einen deutschen Architekten berichtet, der gleich bei seinem Dienstantritt in einer australischen Firma auf eine vor Erregung bebende Sekretärin stößt. »Geh zurück zu deinem verfluchten Vaterland der Massenmörder«, fordert sie ihn auf. Vom Chef des Unternehmens erfährt der Einwanderer den Hintergrund des Wutausbruchs: »Miss Moss hat in einem der letzten Bombenangriffe der Royal Air Force gegen Dresden ihren Verlobten verloren.« Die der Auseinandersetzung innewohnende Tragik wird am Ende der Schilderung deutlich: »Der Deutsche machte passende Bemerkungen, wie zum Beispiel, dass er doch wusste, dass leider viele Australier beim Bomber Command ihr Leben verloren haben. Aber er konnte dem australischen Chef

Beim Oktoberfest in Perth ist Dirndl Pflicht: Fritzi Waters vom Vorstand des Rhein-Donau-Clubs

nicht erzählen, dass seine Familie damals umkam, im Feuersturm der sinnlosen … Vernichtung dieser Stadt.«

Wer solche Erfahrungen macht, klammert sich an alles, was ihm Halt bietet. Und da auch das Freizeitangebot äußerst dürftig ist, kann es nicht verwundern, dass dem identitätsstiftenden Rhein-Donau-Club, der bei der Namensgebung bewusst auf den Begriff »deutsch« verzichtet, innerhalb weniger Jahre 1500 Migranten aus der Bundesrepublik und Österreich beitreten. Die ehemalige Krankenschwester Friederike Johanna Magdalena Waters, die wir Fritzi nennen sollen, gehört zu den Mitgliedern der frühen Jahre.

Fritzi ist zwölf, als Adolf Hitler in ihr Heimatland Österreich einmarschiert und damit die Welt dem Abgrund wieder einen Schritt näherbringt. Als 1945 halb Europa in Schutt und Asche liegt, versorgt sie als blutjunge Rotkreuzhelferin in der Tschechoslowakei, in Ungarn und in Wien die Opfer. Ihre Familie, die von einem angesehenen Malerbetrieb lebt, gerät bei der politischen Aufteilung Wiens in den sowjetischen Sektor. Sie muss mit ansehen, wie ihre Mutter ihren Ehering für Brot, Butter und ein Paar Schuhe hergibt. »Danach«, erinnert sie sich, »wollte ich nur noch weg, weg, weg.«

Das ist nicht einfach, so kurz nach dem Krieg. Fritzi hilft den amerikanischen Besatzern bei der Rückführung von Flüchtlingen, nutzt dies als Chance, ihr Englisch aufzupolieren und setzt sich 1948 – endlich – nach London ab, wo sie sich, nach einem Job als Kindermädchen, zur Krankenschwester ausbilden lässt. Sie heiratet einen britischen Zimmermann, folgt ihm nach Nordrhodesien – und gerät wieder mitten in ein Krisengebiet. Im Hospital eines Camps wird sie mit dem Elend der Menschen konfrontiert, die aus dem Bürgerkriegschaos im Kongo flohen. Als sie von einem fanatisierten Einheimischen, für dessen Volk sie sich Tag und Nacht aufreibt, niedergeschlagen wird, hält sie es auch in Afrika nicht länger aus. »Mein halbes Leben lang«, resümiert sie, »hat mich der Krieg verfolgt.«

Wir haben uns in das Zimmer des Clubvorstands zurückgezogen, dem Fritzi, die zur Feier des Tages ein blaues Dirndl mit Edelweißknöpfen trägt, angehört. Während sie uns ihre dramatische Lebensgeschichte erzählt, intoniert die Blaskapelle draußen im Saal die Hymnen auf die deutsche Gemütlichkeit: »Trink, trink, Brüderlein trink«... »In München steht ein Hofbräuhaus«... »Auf der Heide blüht ein kleines Blümelein«...

Nach monatelangen kriegsbedingten Umwegen kehren Fritzi und ihr Mann zunächst nach Großbritannien zurück. Durch Hilfsarbeiten sparen die beiden das Geld für die Übersiedlung in das Land zusammen, von dem sie sich endlich Frieden erhoffen: Australien. Ostern 1963 macht ihr Schiff in Fremantle fest, der Hafenstadt südlich von Perth. Noch im selben Jahr tritt Fritzi Waters das Amt einer Bezirksschwester an. Sich Zeit nehmen für ältere Bürger, die unter Vereinsamung leiden, oder für Ehepaare, die auf dem fremden Kontinent eine Familie gründen wollen – in einer von Einwanderung geprägten Gegend haben solche Besuche eine existenziell wichtige Funktion. »Für mich war das eines der größten Geschenke meines Lebens«, blickt Fritzi auf eine Tätigkeit zurück, die sie 23 Jahre lang ausübte und für die sie sich so lange weiterbildete, bis sie ein Universitätsdiplom, eine Art Meisterbrief in diesem Beruf, in der Tasche hatte.

Als die noch immer durch ihre Kriegserlebnisse traumatisierte Frau erfährt, dass in ihrer Nähe der Rhein-Donau-Club residiert, zögert sie keinen Augenblick, dem Verein beizutreten, den sie noch heute »meine Heimat« nennt. Sie erteilt den Kindern von Auswanderern Deutschunterricht und öffnet diese Kurse auch für die asiatischen Frauen oder Freundinnen der männlichen Mitglieder. Sie leitet eine Theatergruppe, gestaltet ein deutschsprachiges Programm für den lokalen Rundfunk, engagiert sich in der Schützenabteilung, übernimmt die Funktion einer Zweiten Clubsekretärin und kommt endlich dazu, ihre Kriegserlebnisse niederzuschreiben. »Meine Enkel sollen wissen, was für ein furchtbarer Zustand das ist. Dann lernen sie den Frieden, in dem sie leben, erst richtig schätzen.«

Aber selbst in der Oase des Clubs wird Fritzi anfangs von der deutschen Katastrophe eingeholt. Dem Verein gehören auch jüdische Emigranten an, die auf einige unbelehrbare Nazis stoßen. Es kommt zum Konflikt, der zum Austritt vieler jüdischer Mitglieder führt. »Das hat sehr wehgetan. Deswegen bin ich froh, dass wir uns zu einem Verein entwickelt haben, der für alle Kulturen und Religionen offen ist. Fast jedes dritte unserer Mitglieder hat keinen deutschen oder österreichischen Hintergrund.«

Auch ein Blick in den Festsaal macht deutlich, dass sich die Akzente im Rhein-Donau-Club verschoben haben. Zwar ist die Zahl der Mitglieder auf 500 gesunken, doch wird der Mangel an Nachwuchs durch ein zunehmendes internationales Interesse kompensiert. Die Universität Perth schickt ihre Deutschstudenten zu den Oktoberfesten, große regionale Firmen belohnen ihre Mitarbeiter mit den begehrten Tickets. 5000 Besucher zählt der Club 2007 bei seinen insgesamt neun Veranstaltungen, zu deren Auftakt die Bezirksbürgermeisterin und der Ehrenkonsul in ihren Reden übereinstimmend »die wichtige gesellschaftliche Rolle« dieser Institution unterstreichen. Die Deutschen sind von argwöhnisch betrachteten Außenseitern zu respektierten Bürgern aufgestiegen, und von ihrer eigenwilligen, längst unverdächtigen Folklore geht ein großer Reiz aus.

Unser Tischnachbar, der sich mit »Fred« vorstellt, stammt aus der nordenglischen Stadt Newcastle, wo er sein Arbeitsleben im Kohlebergbau verbrachte. In seiner neuen Heimat Western Australia vergnügt er sich, wann immer es geht, bei den gesellschaftlichen Ereignissen der unterschiedlichsten Nationalitäten. Vorgestern Barbecue bei den Griechen, gestern irische Volksmusik im Pub in Fremantle, heute Schunkelseligkeit beim Oktoberfest. Dass es sich um Deutschtümelei handeln könnte, käme Fred ebenso wenig in den Sinn wie seinem Gegenüber am Tisch, dem chinesischen Lebensmittelhändler.

Als Stammgast in diesem Saal kann der ehemalige Bergmann die Mitglieder der Volkstanzgruppe genauso zuordnen wie der Besitzer eines Opernabonnements die Sänger auf der Bühne oder die Musiker im Orchestergraben. Mit der überlegenen Miene des Experten weist er auf einen Jüngling in Lederhose, der gerade immer wieder mit der flachen Hand auf die Sohlen seiner derben Schuhe schlägt und im selben Rhythmus das rechte und das linke Knie hebt. »Vater Deutscher, Mutter Schottin«, sagt Fred.

Konrad heißt der Knabe – »Konrad mit K«, wie er betont. Mit seinem Vater, einem aus Berlin stammenden Büroangestellten, ist der Sechzehnjährige gerade zum ersten Mal durch dessen deutsche Heimat gereist.

»Was hat dich am meisten beeindruckt?«

»Die alten Häuser. Und dann diese Kirchen und Schlösser … wunderbar. Und die Schnitzel schmecken in Deutschland auch viel besser als in Australien.«

»Wie bist du darauf gekommen, Schuhplattler zu tanzen?«

»Mein Vater hat mich in den Club mitgenommen, und als ich das gesehen habe, war ich sofort begeistert.«

»Was sagen deine australischen Klassenkameraden dazu?«

»Die finden das toll.«

Die Kapelle, die eben noch alpenländisches Humptata intonierte, wechselt den Takt. Dem sanften »Que Sera, Sera« folgt das feurige »Let's Twist Again«. Es sind Hits aus den fünfziger und frühen sechziger Jahren, deren ganz besondere Stimmung sich nun des Saales bemächtigt. Das Solidarische mischt sich mit dem Sentimentalen. Das Proletarische, für das Fred, der im Schacht ergraute Bergmann, steht, siegt über das Prätentiöse. Als wolle er uns beweisen, dass man in seinen Kreisen nicht nur etwas von Rugby und Kricket versteht, fragt er uns unvermittelt: »Was ist eure Lebensphilosophie?«

Aus der Not, den Begriff »kategorischer Imperativ« in dieser lärmenden Gesellschaft ins Englische übersetzen zu müssen, befreit uns Fritzi, die zweite Clubsekretärin, indem sie uns wieder in die Abgeschiedenheit des Vorstandszimmers bittet. Das Gedicht, das sie uns zum Abschied überreicht, hat sie, als Gruß aus Perth, an die »Badener Zeitung« geschickt, das Blatt ihres österreichischen Geburtsortes. Die Verse dokumentieren, dass ihr nach dem Rhein-Donau-Club auch Australien zur Heimat wurde:

»Es lebt sich gut in diesem Land,
das ist ja allgemein bekannt.
Man sagt sich einfach ›Tom‹ und ›Jo‹
und nicht ›Herr Doktor Sowieso‹.
Hier gibt es keine Amtspersonen,
die hoheitsvoll auf ihren Sesseln thronen
und schroff sind und gleich indigniert,
wenn man sie falsch tituliert.
Hier lebt man frei und ungeschoren,
ganz egal, wo man geboren.«

10 »In diesem Land werd ick nich alt«
Roswitha und die klassenlose Gesellschaft

Roswitha berlinert, dass sich die Balken biegen. Und sie genießt es. Überhaupt Berlin. Am liebsten würde sie nur darüber sprechen. Während Perth sich nach einem lauen Frühlingstag von einer sanften Abendbrise umschmeicheln lässt, schwärmt Roswitha von der Berliner Luft. »Die is ziemlich stinkig, klar, aber trotzdem, det is schon wat Besonderes.«

Roswitha ist Friseuse von Beruf, »sechzehn Jahre im gleichen Laden«. Wir haben Roswitha durch eine Anzeige kennen gelernt. In einem Begleitheft für ein deutsch-australisches Kulturfest war in einer winzigen Anzeige geworben worden: Roswitha – finden Sie den richtigen Stil und die richtige Farbe für Ihr Haar. Nach einem kurzen Telefonat war klar: »Natürlich können wir uns treffen.«

In einem italienischen Restaurant haben wir uns in die hinterste Ecke verkrochen, und trotzdem ist es mühsam, sich zu verständigen. In Perth ist es laut an diesem Freitagabend. Alle Kneipen und Restaurants in der City sind voll, die Menschen drängen sich vor den Tresen bis auf die Bürgersteige. Männer halten sich an Biergläsern fest, Frauen, die nach dem vierten Wein ins Schwanken geraten sind, an den Männern. Die Stimmung ist aufgekratzt, kippt manchmal um ins Ordinäre. »Thank God it's Friday« – dieser krakeelige Kehraus zum Wochenende ist ein Ritual in allen großen Städten des Landes.

Roswitha ist zierlich, lebendig und sehr direkt. Und sie kann auch Hochdeutsch, wie wir im Laufe des Gesprächs herausfinden. Den Berliner Slang legt sie auf, wenn sie Distanz schaffen will – zu sich selbst oder zu anderen.

Roswitha Denkewitz, 56

Wir sind mit dem Schiff in Fremantle gelandet, und als ich Perth sah, war mein erster Gedanke: Oh mein Gott, in diesem verdammten Land werd ick nich alt. Ich dachte: Was ist denn das, ich werde wahnsinnig, das ist doch keine Hauptstadt. Und die Menschen – ich hatte den Eindruck, die haben keine Ahnung von der Welt. Die haben viele Kinder und viele Hunde, aber sonst haben sie keine Ahnung. Haus, Auto, Boot und Fischen, das waren die Themen, über die geredet wurde. Und ich war doch die heißen politischen Diskussionen gewohnt; in den Studentenclubs von Berlin und Weimar haben wir die Nächte durchdiskutiert. Na ja, heute hat sich ja viel geändert hier in Perth, die Stadt ist weltoffener geworden. Aber ick sage euch: Wenn ick nich jedes Jahr einmal nach Berlin komme, denn werd ick wahnsinnig.

Ich bin in der DDR aufgewachsen, in Pankow. Ich wollte nie in den Westen, ich hab' mich wohlgefühlt im Osten. Man war dagegen, klar, in dem Kreis, in dem ich mich bewegt hab', waren alle anti. Aber man hat sich mit der Situation abgefunden, man hat das Beste draus gemacht. Ich wollte eigentlich Maskenbildnerin werden, deshalb hab' ich erst mal Friseuse gelernt. Danach hätte ich zum Studium nach Dresden gehen müssen, aber plötzlich wollte ick det nich mehr. Ick wollte einfach nich raus aus Berlin. Wäre ich nach Dresden gegangen, hätte es mich nie nach Australien verschlagen, dann hätte ich Günther nicht getroffen. Ist doch verrückt, wa? Da will man im eigenen Land nicht mal in eine andere Stadt und landet schließlich auf einem ganz anderen Kontinent.

Ein Kollege von mir hat Günther in unseren Kreis eingeführt. Er war Australier, aber geboren in Deutschland. 1952 ist er mit seinen Eltern ausgewandert, und das war nun sein erster Besuch in Berlin nach mehr als zwanzig Jahren. Na ja, denn is et eben passiert. Meine Mutti war im Staatsapparat tätig, also Geheimnisträgerin, und mir war klar, heiraten würde schwierig werden. Aber 1974 gab es dann so eine internationale Konferenz, auf der hat die DDR zugestimmt, jedem ihrer Bürger das Recht auf einen freien Wohnsitz zu gewähren. Jetzt wagen wir es, haben wir gedacht und den Antrag auf Heirat gestellt.

Aber es hat noch gedauert, bis wir die Erlaubnis bekamen. Günther hat während dieser Zeit in Westberlin gewohnt. Er wäre sogar bereit gewesen, sich in der DDR einbürgern zu lassen, aber irgendwie wollte ick det nich. Später kam er dann auf die Idee, dass wir zusammen durch die Ostsee schwimmen sollten. Er hatte sich schon mit Leuten in Westdeutschland in Verbindung gesetzt und Taucheranzüge angeguckt. Aber ich wäre niemals ins Meer gestiegen, nie im Leben. Ich hätte auch mein Land nicht illegal verlassen, das wär' für mich nicht infrage gekommen. Die DDR war Heimat für mich, und Westberlin und Australien waren gleich weit weg. Nicht von der Kilometerzahl, klar, vom Gefühl her.

Die ganze Sache hat auch deswegen so lange gedauert, weil das australische Konsulat sich nicht dazu durchringen konnte, mich in den Dokumenten als Bürgerin der »Deutschen Demokratischen Republik« zu bezeichnen. Die haben immer »Ostdeutschland« geschrieben, und das hat unser Staat natürlich nicht akzeptiert. Na ja, irgendwann hat es dann doch geklappt. Im Oktober 1975 haben wir geheiratet, drei Monate später durfte ich ausreisen. Als ich die Nachricht bekam, habe ich gedacht: Au weia, jetzt wird's ernst. Jetzt musste da durch. Später habe ich mir manchmal überlegt: Was wäre wohl gewesen, wenn man uns keine Steine in den Weg gelegt hätte? Gerade das, was verboten ist, will man ja haben, um jeden Preis.

In Perth haben wir anfangs bei den Schwiegereltern gewohnt, aber das ging nicht lange gut. Wir haben dann unser eigenes Haus gekauft, zehn Minuten entfernt von seiner Mutti, und da wohnen wir heute noch. Arbeit haben wir sofort gefunden, beide. Günther als Klempner, ich als Friseurin. Mein Englisch war furchtbar am Anfang, aber die Australier haben sehr geholfen, die waren lieb und herzlich. Im Salon habe ich immer alle gewarnt: Entschuldigung, ich bin erst seit kurzem hier, kann sein, dass ich nicht alles kapiere.

Ich habe immer gearbeitet, ich wollte das auch. Ich wollte mein eigenes Geld haben, zur Sicherheit. Ich brauchte das Gefühl, jederzeit die Möglichkeit und die Mittel zu haben, nach Hause zurückzugehen. Es ist mir schwergefallen, mich einzuleben. Wie soll ick det sagen: Mir hat die geistige Nahrung gefehlt. Und meine Leute, ich habe meine Menschen vermisst. Das Schlimmste war, dass es niemanden gab, der meine Art von Erziehung hatte. Die Einwanderer, die aus dem Westen kamen, die redeten über antiautoritäre Erziehung und so'n Kram, det war mir völlig fremd. Ich habe meine Tochter so erzogen, wie wir aufgewachsen sind, ziemlich strikt. Wenn du keinen Menschen hast, mit dem du mal einen Gedanken über deine Kindheit wechseln kannst, das macht dich einsam. Ich war ziemlich allein in der ersten Zeit.

Mir ist auch vieles auf die Nerven gegangen. Wenn ich mal

Aus Ostberlin nach Westaustralien: Roswitha Denkewitz hat immer noch Heimweh

in einem roten Kleid kam, dann gab es dämliche Bemerkungen so in Richtung Kommunismus. Ich meine, wir waren auch kritisch unserem Land gegenüber. Wenn *wir* unseren Staat kleingemacht haben, denn war det okay. Aber von Leuten, die keine Ahnung hatten, wollte ich mir nichts sagen lassen. Ich war ja auch ziemlich selbstbewusst, und damit hatten die hier Probleme. Eine Frau, die den Mund aufmachte, die eine eigene Meinung hatte zu einer Sache, das gab's damals nicht. Günther hat immer zu mir gesagt: Du bist 'ne richtige freche DDR-Mieze. Wir waren wirklich frech, wir hatten unseren Standpunkt. Günther hat damit ein Problem, er ist nicht so stark wie ich.

Ich glaube, wenn wir in Sydney gelandet wären, hätte ich nicht solche Schwierigkeiten gehabt. Sydney ist toll, Sydney ist meine Stadt. Aber Perth war damals wirklich konservativ, fürchterlich. Keine Esskultur, und obwohl die so viel Sonne haben hier, keine Tische auf der Straße, keine bunten Schirme. Als der erste Italiener so eine Art Straßencafé aufmachte, das war eine Revolution. Heute haben wir das alles, aber damals – die Leute wollten einfach keine Veränderung.

Nein, inzwischen denke ich nicht mehr daran, zurückzugehen. Richtig tiefe Gefühle hat man woanders, aber ich kann mich anpassen. Und meine Tochter – das Mädchen ist Australierin, durch und durch. Sie spricht zwar Deutsch, aber sie könnte sich nicht vorstellen, in Deutschland zu leben. Wenn ich höre, was mein eigenes Kind manchmal so redet … Nadja arbeitet in einer Bank, und da sind auch viele Deutsche beschäftigt. Ich hab' sie mal gefragt, ob denn da keiner für sie dabei ist. Nee, hat sie gesagt, »they are all dopes«, das sind alles Stiesel. Sie findet die Deutschen zu steif, zu gerade. Sie meint, die können nicht relaxen.

Mich hat Australien auch verändert, klar. Ich finde zum Beispiel, dass ich viel unkomplizierter geworden bin. Ich telefoniere jeden zweiten Tag mit meinem Bruder in Berlin, meistens quatschen wir 'ne Stunde, und dabei fällt mir immer öfter auf: An was die sich so hochziehen können zu Hause, an welchen Kleinigkeiten! Nichtigkeiten werden zum großen Palaver aufgeblasen, und denn diese Fixierung auf Äußerlichkeiten. Im vorletzten Winter kam ich mal in einem älteren Mantel nach Berlin, und mein Bruder meinte: Wat is denn det für'n Ding, den kannste doch nich anziehn. Ich hab' mich nur gewundert und gedacht: Ist das denn so wichtig?

Ich glaube, dass ich hier auch meine Toleranz gelernt habe. Wenn ich mit meinem Bruder rede, habe ich den Eindruck, die Deutschen können jemanden sofort kalt abschreiben, wenn irgendwas nicht richtig klappt. Da wird sich nicht richtig ausgesprochen. Wenn mir eine Freundschaft etwas wert ist, möchte ich doch erklären, auch wenn es vielleicht wehtut. Ich hab' mich hier noch nie mit jemandem entzweit.

Meine Mutti ist 1992 gestorben, an einem Herzinfarkt. Das hat mir damals die Beine weggehauen, ich hatte das Gefühl, ich habe kein Zuhause mehr. Erst nach ihrem Tod hab' ich erfahren, was für Schikanen sie von der Stasi erleiden musste, als ich weg war. Alle Briefe wurden zensiert, und auch sonst haben sie ihr zugesetzt. Sie hat mir nie etwas davon erzählt, sie wollte mich damit nicht belasten. Die Wiedervereinigung – ich hätte mein Leben darauf verwettet, dass das nie passieren würde. Ich hätte doch nie geglaubt, dass die Russen uns gehenlassen. Ich weiß noch, im Salon kamen damals die Leute auf mich zu und haben mir gratuliert. Eine Kundin hat mir zwanzig rote Nelken gebracht, sie wusste nicht, dass die Nelke die Blume der Arbeiterbewegung ist. Ich habe geweint, und viele meiner Kunden haben mitgeweint. Ich dachte: Mensch, Deutschland vereint, und ich bin nicht in Berlin.

Nein, der Salon, in dem ich arbeite, der gehört mir nicht. Meine Chefs werben in Anzeigen mit meinem Namen, weil sie sich deutsche Kundschaft davon versprechen. Und det klappt ja ooch. Zu mir kommen oft Zuwanderer, die noch Sprachprobleme haben oder sich einfach unsicher fühlen im neuen Land.

Australien ist ziemlich klassenlos, finde ich, jedenfalls viel mehr, als die DDR es je gewesen ist. Man redet sich mit Vornamen an, die Ärztin zum Beispiel, die meiner Schwiegermutter einen Herzschrittmacher eingesetzt hat, sitzt bei mir auf dem Frisierstuhl und ich sage einfach »Ann« zu ihr. Irgendwie finde ick det komisch, sie ist schließlich eine Professorin. Wir haben hier gerade den Boom, ein Handwerker kann sich dumm und dämlich verdienen, wenn er will. Er kann sich denselben teuren Stadtteil leisten wie jemand, der jahrelang studiert hat. Und niemanden stört das hier. Die tragen alle die gleichen Gummilatschen, die Männer reden sich mit *mate* an, alle kommen scheinbar klar. Aber ick finde det nich richtig. Ich finde es nicht richtig, dass ein Handwerker den gleichen Lebensstandard haben soll wie jemand, der zehn Jahre oder mehr in ein Studium investiert hat. Ich weiß, ich sollte das nicht sagen, gerade ich, bei meiner Herkunft. Aber mir kommt das falsch vor. So, als ob etwas aus dem Lot geraten ist.

11 »Armadale war immer gut zu mir« Der Meister und seine Gemeinde

Wo der Indische Ozean aufhört, beginnt das Häusermeer. Es überschwemmt den Norden, Süden und Osten der boomenden Metropole Perth und macht auch vor der lieblichen Hügellandschaft nicht halt, die sich bei unserem letzten Besuch vor vier Jahren noch in einem jungfräulichen Grün präsentierte. Aus dem architektonischen Einerlei, das scharf mit der urbanen Ästhetik der Hauptstadt kontrastiert und Zehntausenden von Pendlern als Domizil dient, ragt eine einsame Insel heraus: die am Schnittpunkt von zwei Highways liegende Ortschaft Armadale. Breite Lücken zwischen den gepflegten Eigenheimen lassen hier einer üppigen Flora Raum zum Atmen. Die Wiesen und Wälder, anderswo längst zu gewinnbringenden Freizeitparks domestiziert, bleiben Sperrgebiet für Spekulanten.

»Wenn wir wollten«, sagt der Gemeinderat Günter Best, geboren 1939 in Zell an der Mosel, »könnten wir jeden freien Quadratmeter veräußern. Aber wir meinen: 40 000 Einwohner sind genug. Deswegen haben wir einen Baustopp erlassen.«

Seit zweieinhalb Jahren gehört der Uhrmachermeister dem Gremium an, das darüber befindet, ob dieses Städtchen seinen ländlichen Charakter bewahrt oder sich zum Spielball von Kapitalinteressen degradiert. 82 Prozent der Stimmen vereinte der parteilose Kandidat auf sich, der mit seinem programmatischen Schwerpunkt, dem Schutz der Umwelt, ein wachsendes Bedürfnis der Bürger bedient.

Was die Natur ihm selbst bedeutet, demonstriert uns der Kommunalpolitiker während eines Rundgangs, der sich für uns zu einer lebendigen Biologiestunde verdichtet. In dem wildwuchernden Wald, der an Armadale grenzt, bestimmt er, immer wieder in tiefen Zügen die reine Luft des Frühlings einatmend, Bäume und Büsche, Pilze und Kräuter. Trällert ein Vogel, nennt er ihn sofort beim Namen. Entdeckt er eine

Ameisenstraße, verfolgt er sie, in der gebückten Haltung des detailbesessenen Forschers, bis zu ihrem Ursprung.

»Etwas Spannenderes als einen Wald kann ich mir nicht vorstellen«, resümiert Günter Best im schattigen Garten eines Ausflugslokals. »Ich spüre, wie ein Teppich aus Blumen mich belebt. Lasse ich das Grün auf mich wirken, werde ich wieder ruhiger. Und dann die Stärke, die von Bäumen ausgeht … Wenn ich mich der Natur hingebe, dann schrumpfen meine Sorgen, auch die schlimmsten, auf ein Minimum.«

Die nächsten Worte versickern in einem Schluchzen, das unseren Gastgeber wie ein nicht mehr steuerbarer Anfall übermannt. Als er sich nach einem kraftspendenden Blick auf ein von bunten Schmetterlingen umflattertes Rosenbeet wieder fängt, kehrt auch in seine Worte die Klarheit zurück. Der Begriff, um den sie nun für ein paar bleierne Minuten kreisen, lautet: Krebs. »Es begann vor fünfzehn Jahren mit einem bösartigen Melanom – und das hat gestreut. Klar, manchmal kommt das in mir hoch. Aber im Grunde bin ich ein optimistischer Mensch geblieben.«

Als Optimist glaubt Günter Best an eine Perspektive. Und deswegen lässt er auch die Rituale nicht schleifen, auf die eine fragile Existenz wohl in besonderem Maße angewiesen ist. »Jeden Samstag treffe ich mich mit einem meiner beiden Söhne. Erst umrunden wir mit dem Fahrrad einen See. Und wenn wir die 25 Kilometer hinter uns haben, sitzen wir in einem Restaurant bei einem Croissant und einem Cappuccino zusammen. Das ist nichts Spektakuläres und kostet so gut wie nichts. Aber diese Treffen bedeuten uns beiden sehr, sehr viel. Seit sieben Jahren machen wir das.«

Hätte er sich von seiner Krankheit unterkriegen lassen, würde der deutsche Einwanderer auch das Engagement für die Gemeinde drosseln, in der er seit 38 Jahren lebt. Er wacht nicht nur darüber, dass Armadale eine hochhausfreie Zone bleibt, sondern häuft auch eine solche Fülle von Ehrenämtern auf sich, dass selbst ein kerngesunder Mensch mit deren Bewältigung seine liebe Not hätte.

Günter Best gehört dem Rat der Schule und dem Vorstand eines Vereins an, der sich um den Erhalt der Wildblumen kümmert. Er sitzt im Führungsgremium des Rhein-Donau-Clubs und einer Organisation, die sich für humanere Verhältnisse in den Altenheimen einsetzt. Der Jugendchor, den er unterstützt, gastiert auch regelmäßig in Deutschland. Der straffällig gewordene Aborigine, den er fördert, bedankte sich bei ihm mit einem selbst gemalten Bild. Als bahnbrechend erwies sich seine Initiative, umweltschädliche Batterien einzubetonieren, statt sie einfach auf den Müll zu werfen. »Armadale«, sagt er, »war immer gut zu mir. Und da wollte ich unbedingt etwas zurückgeben.«

Günter Bests Weg nach Armadale, das ihn sogar schon mal zum »Bürger des Jahres« kürte, beginnt in Zürich. Dorthin begibt sich der junge Uhrmacher, nachdem er im Frühjahr 1965 vor der Handwerkskammer Düsseldorf seine Meisterprüfung abgelegt hat. Die Schweiz bietet ihm nicht nur eine exzellente berufliche Perspektive, sondern auch Schutz vor dem Zugriff durch die Bundeswehr. Der Dienst an der Waffe ist eine Pflicht, die dieser Pflichtmensch scheut. Der Grund sind die schlimmen Erfahrungen, die seine Familie während des Krieges und in der Zeit danach machte.

Nach sechs Jahren fühlt sich Günter Best in Zürich bereits so heimisch, dass er sich einem Männerchor anschließt. Damit leitet er nichtsahnend die Wende in seinem Leben ein. »Einmal im Jahr«, erinnert er sich, »hatte unsere Liedertafel ein gemeinsames Konzert mit einem Frauenchor. Eine der Frauen zeigte uns nach den Proben ständig Briefe und Fotos, die ihre in Perth lebende Tochter nach Hause geschickt hatte. Eine fantastische Natur, das ganze Jahr über ein Klima wie am Mittelmeer, dazu beste Arbeitsmöglichkeiten … Da hab' ich mir gesagt: ›Mensch Günter, du bist Junggeselle, da musst du hin!‹ Und dass ich in Australien ganz, ganz weit weg von der Verwandtschaft sein würde, das fand ich auch nicht so schlecht.«

»Und wie hat Ihre Verwandtschaft reagiert, als sie von Ihrem Plan erfuhr?«

»Mit der Bemerkung: ›Bleib im Lande und nähre dich redlich!‹«

Als Günter Best 1970 mit dem Schiff in Fremantle eintrifft, bringt er außer einem Container, in dem er eine komplette Uhrmacherwerkstatt verstaut hat, zwei ideale Voraussetzungen mit: eine während seiner Jugend an der Mosel gereifte Frohnatur – eine Lebensart, wie sie nach den puritanischen fünfziger Jahren auch die australische Mentalität zunehmend prägt – und seine keine Konzessionen duldende Ernsthaftigkeit als Handwerksmeister. Das ist eine Eigenschaft, die auf diesem Kontinent bis heute zu den Mangelerscheinungen gehört: »Close enough is good enough« (nahe dran genügt), lautet hier das nicht unsympathische, aber den Pfusch fördernde Credo. Präzisionsarbeit, wie sie die peni-

Ein Ambiente wie in den Sechzigern: Günter Best (rechts) mit einem Kunden in seinem Uhrengeschäft in Armadale

blen Handwerker aus Deutschland leisten, wird in einem solchen Land besonders geschätzt.

Der Laden in der heimeligen Einkaufsmeile von Armadale, den Meister Best nach einer Übergangsphase als Sprachlehrer vor dreißig Jahren erwirbt und mit selbst gebasteltem Mobiliar ausstattet, hat sich bis heute kaum verändert. An den Wänden hängen einige Kuckucksuhren »from the Schwarzwald«, deren zur vollen Stunde einsetzendes Piepmatz-Stakkato sich recht seltsam ausnimmt in einer Gegend, in der Papageien und Kakadus den Ton angeben. Aus dem Schwarzwald, der Hochburg deutscher Wertarbeit, stammt auch das Schmuckstück des Betriebes: eine Standuhr der Marke »Hermle«. Ein in Pforzheim gefertigtes Karussell, dessen Pferdchen sich in einer von Glühlampen gerahmten Glasverkleidung spiegeln, verbreitet in diesem Refugium der Handwerkskunst den Zauber kindlicher Unschuld.

Das Herzstück des Ladens ist die Werkstatt, die Günter Best nicht ohne seine grüne Schürze betritt, das Berufskleid des Meisters. Während er mit der Pinzette filigrane Rädchen, Stifte und Schrauben sortiert, philosophiert er über das Phänomen »Zeit«. Schon Dante habe sich in seiner *Göttlichen Komödie* mit ihrem Geheimnis beschäftigt, und von Schiller stamme der Satz: »Was man von der Minute ausgeschlagen, gibt keine Ewigkeit zurück.«

An seinem Beruf, so der Uhrmacher, fasziniere ihn vor allem der mechanische Part. Da stimme die Symbiose von Kopf, Hand und Werkzeug noch. Es ist dies eine These, die Günter Best mit keinem Geringeren als dem amerikanischen Soziologen Richard Sennett teilt. Einige dicke Bände widmete der berühmte Intellektuelle der Bedrohung jenes Wertes, den ein bärtiger Handwerker aus Zell an der Mosel im Hinterland des Indischen Ozeans hochhält.

Die Ladenklingel signalisiert: Kundschaft. Der Praktiker Günter Best ist gefragt. Er sei mit seinem Auto extra aus Perth nach Armadale gekommen, berichtet der auf seine defekte Armbanduhr weisende Besucher. Vergebens habe er in der Hauptstadt sämtliche Fachgeschäfte konsultiert. Da die Uhr auch ein Andenken an seinen Vater sei, wolle er nichts unversucht lassen. Die Radiosendung, in der Günter Best den Hörern Ratschläge erteile, habe ihn auf die Idee gebracht, nach Armadale zu fahren.

»Dieses Programm läuft einmal im Monat«, klärt uns Günter Best auf. »Ich hab' mich mal darüber beschwert, dass in solchen Sendungen ständig sogenannte Experten auftreten, die in Wahrheit keine Ahnung haben. ›Wenn Sie's besser können‹, hat man mir zurückgeschrieben, ›dann versuchen Sie's doch selbst mal mit einer solchen Sendung!‹ Na ja, und da hab' ich nicht lange gezögert. Am besten kommt es beim Publikum an, wenn ich einen Anrufer bitte, seine Uhr an die Telefonmuschel zu halten. Ich höre dann genau hin – und nach ein paar Sekunden weiß ich, was an der Uhr kaputt ist und ob man sie noch reparieren kann.«

Das Lächeln, mit dem die Frau hinter dem Tresen unser Gespräch begleitet, weicht mehr und mehr einem sorgenvollen Ausdruck. Der Blick, den sie ihrem Mann hin und wieder zuwirft, mahnt: »Günter, übernimm dich nicht!« Seit 34 Jahren sind die beiden verheiratet – und wie er Marlene, die Schottin, kennengelernt hat, das muss Günter Best unbedingt noch loswerden. »Im Rhein-Donau-Club gab es damals die Karnevalsgruppe ›Die Sauerkrauts‹. Für die Dampferfahrt, die wir jedes Jahr veranstalteten, fehlten uns Damen. Also habe ich in Perth und Umgebung die Krankenhäuser abgeklappert und unter dem weiblichen Personal Freikarten verteilt. Eines der Tickets hat sich Marlene geschnappt, die in einem der Hospitäler als Hebamme arbeitete.«

Das Paar heiratet im September, dem ersten Monat im australischen Frühling. Mit den frischen Blüten der Orangenbäume schmücken die beiden eigenhändig die kleine Kirche aus. Auch für die musikalische Umrahmung der Feier fordern sie keine fremden Kräfte an. Der Bräutigam persönlich singt den Hochzeitsklassiker »Treulich geführt« aus der Oper *Lohengrin* von Richard Wagner. »Als Marlene mir dabei anerkennend in die Seite geknufft hat, war das ein glücklicher Moment für mich.«

Wir blicken zu der Frau hinter dem Tresen, verständigen uns stumm. Eine Frage, vielleicht auch zwei, erlaubt sie uns noch. »Was ist Ihnen bei Ihrem letzten Besuch in Deutschland besonders aufgefallen?«, wollen wir unbedingt noch wissen.

»Wie viel Wert man da noch immer auf das Äußere legt. Meine Mutter wohnt in einer kleinen Stadt am Niederrhein, die tauscht jedes Jahr viermal komplett ihre Kleidung aus und hat dreißig Paar Schuhe im Schrank. Als ich da mit meinen fünfzehn Jahre alten Schuhen ankam, hieß es sofort: ›So kannst du doch nicht auf die Straße gehn, Günter! Was sollen denn die Leute denken…‹ Und als uns mal eine nicht so perfekt gekleidete Frau entgegenkam, sagte sie: ›Die ist ja angezogen wie eine Türkin…‹ – Und du kannst es in Deutschland keinem recht machen. Isst du den Kuchen nicht auf, den dir die Verwandtschaft serviert, dann sagen sie: ›Der ist ihm wohl nicht gut genug.‹ Und wenn man ihn aufisst, dann bekommt man hinterher zu hören: ›Wie der Günter wieder gefressen hat…‹«

»In der Bundesrepublik wird darüber diskutiert, ob die komplizierte und langwierige Ausbildung zum Meister noch zeitgemäß ist, ob man sich nicht sogar von diesem Begriff verabschieden sollte…«

»Das tut weh. Es ist doch gerade ihre hervorragende Ausbildung, die deutsche Handwerker so begehrt macht. Sich von einer Tradition zu trennen, die bis ins Mittelalter zurückreicht, das wäre eine Katastrophe.«

12 »In Tegernau hast du jeden Hund gekannt«
Vom Schwarzwald an den Swan River

Eine Wohnanlage im Osten von Perth. Zweigeschossige Häuser, hell und freundlich. Viele Bäume, noch mehr Blumen. Ein schönes Zuhause, mitten im Grünen. »Aber das Beste«, sagt Michael Bauer, »das habt ihr noch gar nicht gesehen.« Er führt uns auf die Terrasse und deutet auf den Swan River, eines der Wahrzeichen von Perth, der hier, nur fünfzig Meter entfernt, träge und dunkelgrün dem Meer entgegenstrebt. Boote gleiten vorüber, Enten dümpeln im Wasser. Und mitten durch den mit majestätischen Bäumen bestückten Park, in den die Terrasse mündet, schlängelt sich ein Spazierpfad. »Meine Joggingstrecke«, sagt Michael Bauer, »hier laufe ich jeden Abend nach der Arbeit. Überhaupt treibe ich mehr Sport, seitdem ich in Australien bin. Man kann sich das ganze Jahr über draußen aufhalten, und das motiviert.«

Immer mal wieder springt Michael auf, während wir reden, es treibt ihn zurück ins Wohnzimmer. »Nach der Kleinen sehen«, entschuldigt er sich. »Meine Frau ist mit einer Freundin unterwegs.« Tochter Jasmin ist vier Monate alt, bereits in Australien geboren. »Und demnächst«, sagt Michael, »wird auch geheiratet.«

Michael Bauer hat seinen südbadischen Dialekt noch nicht verloren, es klingt gemütlich bodenständig. Überhaupt ist er eher ein bedächtiger Typ, man hat den Eindruck: Was er anpackt, das hat er sich gut überlegt. Auch das Abenteuer Australien war keine spontane Idee.

Michael Bauer, 35

Ich glaube nicht, dass ich ein typischer Auswanderer bin. Ich komme aus einem Dorf im Kleinen Wiesental. Tegernau heißt es und hat an die 350 Einwohner. Die Gegend dort ist schön. Sehr grün, sehr romantisch, ist halt mitten im Schwarzwald. Ich hatte schon mein eigenes Haus, als ich gerade mal 26 war.

Natürlich selbst gebaut, wie das halt so üblich ist bei uns, mein Bruder hat geholfen. Das Haus stand direkt neben dem meiner Eltern, höchstens zehn Meter entfernt, und ich war bei der Feuerwehr, im Musikverein und was es sonst noch so gibt. Ich hab' mich wohlgefühlt, ich hab' gut verdient, ich würde sogar sagen: überdurchschnittlich gut. Vierzehn Jahre war ich bei derselben Firma. Weg von zu Hause – ich hätt' nicht im Traum daran gedacht. Ich hatte keinerlei Druck, und ich kann nicht sagen, dass Australien so etwas wie das Gelobte Land für mich gewesen wäre.

Es war Naomi, die mich hierhergelockt hat. Sie ist Australierin und war ein Jahr lang als Austauschschülerin im Schwarzwald. Sie wohnte im Nachbardorf, aber damals sind wir uns nie begegnet. Auch die Familie, bei der sie untergebracht war, kenne ich nur aus Erzählungen. Naomi war nicht sonderlich glücklich dort, weil sie das Gefühl hatte, sie sollte zu einer typischen deutschen Hausfrau erzogen werden. Naomi ist auf einer Farm im Outback aufgewachsen, und es wollte ihr beim besten Willen nicht einleuchten, dass man zum Putzen sieben verschiedene Lappen benutzen muss. Sie hat auch immer wieder vergessen, die Betten zum Lüften rauszuhängen, und als sie es doch mal pünktlich um acht geschafft hatte, bekam sie einen Rüffel: Doch nicht am Sonntag, was sollen die Leute denken …

Trotzdem – Naomi mochte Deutschland. Und weil sie als Schülerin nicht viel vom Land gesehen hatte, ist sie später noch einmal zurückgekehrt – in denselben Ort, aber natürlich nicht in dieselbe Familie. Sie wohnte bei einer Freundin, und bei der alemannischen Fassnacht haben wir uns kennengelernt. Sie hat mich angemacht: »Wie viele Freundinnen hast du eigentlich? Immer wenn man dich sieht, ist ein anderes Mädchen dabei!« Im Prinzip war ich gekränkt und wollte ihr beweisen, dass ich eigentlich ein solider Typ bin. Ich hab' sie dann ins Kino eingeladen, auch mal zum Essen, und so nahm das Schicksal seinen Lauf.

Nach einem halben Jahr wäre ihre Zeit in Deutschland eigentlich abgelaufen gewesen, das Ticket zurück nach Australien war gebucht. Als sie mir dann eröffnet hat, dass sie bleibt und sich bei uns zur Physiotherapeutin ausbilden lassen will, hab' ich erst mal geschluckt. Ich dachte: Da müssen wir uns was überlegen. Aber Naomi war sehr selbstständig. Sie wollte nicht bei mir einziehen, obwohl ich das große Haus hatte, und sie hat es auch geschafft, sich einen Praktikumsplatz zu besorgen. Später hat man sie an der Physiotherapieschule in Bad Säckingen angenommen, und damals habe ich mir überlegt, auch nochmal zur Schule zu gehen.

Mit vierzehn hab' ich eigentlich gar nicht gewusst, was ich werden wollte. Aber mein Vater hat sehr großen Wert darauf gelegt, dass ich was Gescheites lerne, und er hat mich dann einfach mitgenommen in die Firma, bei der er Lehrlingsausbilder war. Auf diese Weise bin ich Mechaniker geworden, mein Wunschberuf war's nicht. Die Firma stellte Druckmaschinen her, und als sie in wirtschaftliche Schwierigkeiten geriet, bin ich zu einer anderen gewechselt. Die haben Rührwerke produziert und waren da auch Marktführer. Mir hat die Arbeit bei dieser Firma Spaß gemacht. Und als ich den Maschinenbautechniker in der Tasche hatte, haben sie mir auch viel Verantwortung übertragen. Ich denke, wenn wir nicht nach Australien gegangen wären, ich tät da heut noch schaffen.

Warum Australien? Das ist nicht ganz einfach zu beantworten, es gab mehrere Gründe. Unsere Beziehung war inzwischen sehr stabil, wir waren uns klar darüber, dass das was Festes ist. Aber nach fünf Jahren Deutschland wollte Naomi zurück nach Australien. Sie hatte Sehnsucht nach ihrer Familie, sie ist das einzige Kind, und sie wollte unbedingt auch in Australien ihre Zulassung zur Physiotherapeutin bekommen. Das hat bedeutet: Nochmal wieder Schule, nochmal Prüfungen, und sie wollte damit nicht warten, bis sie vierzig oder fünfzig ist.

Nach Australien der Liebe wegen: Michael Bauer, hier mit Freundin Naomi und Tochter Jasmin

Naomi hat mich nicht bedrängt. Sie hat mir nur ihre Gründe aufgelistet, warum sie zurückwill, und schließlich hat sie gemeint: »Warum kommscht net mit?« Ich dachte, ein Nachteil ist es nicht, wenn ich mal ins Ausland gehe. Mein Englisch wird besser, ich kann was vorlegen. Und schließlich: Ich mochte Australien. Nachdem wir uns kennengelernt hatten, sind wir sechs Wochen durchs Land gereist, durch Westaustralien und Tasmanien, von Verwandtschaft zu Verwandtschaft. Mein Englisch war katastrophal damals, wir haben uns mit Händen und Füßen und viel gutem Willen verständigt. Aber die Leute waren so freundlich, sie haben mich ungeheuer herzlich aufgenommen. Und diese Atmosphäre hat mich schon beeindruckt. Naomi und ich erinnern uns noch heute daran: Wenn einem jemand unfreundlich begegnete, dann konnten wir sicher sein, dass es ein Tourist war.

Total begeistert hat mich damals Tasmanien, wo Naomis Mutter lebt, und dahin wär' ich auch sofort gegangen. Aber es gibt kaum Berufsperspektiven auf der Insel. Okay, man hätt's als Aussteiger versuchen können, aber das bin ich nicht. Was den Beruf und alles Organisatorische angeht, da bin ich sehr deutsch geblieben. Na ja, ein Vorteil ist das nicht immer. Manchmal ist man zu verkrampft, und es ist auch nicht unbedingt gut, wenn man zeigt, dass man etwas besser kann oder weiß. Aber generell gesehen haben die Deutschen hier in Australien einen sehr guten Ruf. Da gibt's immer ein Schulterklopfen, und gelobt wird unsere Zuverlässigkeit und Pünktlichkeit.

Als die Entscheidung für Australien gefallen war, hab' ich mir gesagt: Das Visum will ich haben, ehe ich einreise. Viele machen's umgekehrt. Sie stellen die Anträge erst, wenn sie im Lande sind, aber das war mir zu unsicher. Die Botschaft in Berlin hat mich dann irgendwann zu einem mündlichen Interview eingeladen, und ich muss zugeben, dabei habe ich Blut und Wasser geschwitzt. Der Herr, der mich einvernommen hat, war durchaus freundlich, aber das Ganze hat drei Stunden gedauert und war komplett in Englisch. Erst mal geht's darum: Warum will man überhaupt nach Australien? Wenn man sagt: Ich surfe gern und freu' mich auf ein Leben in der Sonne – das sind nicht unbedingt die Leute, die sie einladen wollen in ihr Land. Es geht auch um Qualifikationen, die man mitbringt, und ich musste sogar meine ganze finanzielle Situation darstellen. Ich hatte keine großen Ersparnisse, aber sie haben das Haus als Rücklage anerkannt.

Ich musste auch nachweisen, dass Naomi und ich tatsächlich ein Paar sind, die wollten Fotos sehen und Dokumente. Also, man wird wirklich von Kopf bis Fuß durchleuchtet, und wenn du denkst, alles ist vorbei, stellt er dir die gleichen Fragen nochmal – alles geht von vorn los. Schließlich hat der Beamte gesagt: »Gehen Sie Kaffee trinken und kommen Sie in einer Stunde wieder.« Das hab' ich getan, und dann ging alles ganz schnell. Es hieß: Hier ist der Stempel, es kostet 400 Euro. Ich hab' nichts geblickt, ich wusste nicht mal, welche

Visumskategorie die mir gegeben hatten. Naomi war damals schon in Australien, und als ich ihr die Details des Visums durchtelefoniert habe, hat sie gejubelt: unbeschränkte Aufenthaltsgenehmigung! Normalerweise kriegt man das nicht auf Anhieb. Man bekommt zwei Jahre, und wenn man sich gut benimmt, wird's verlängert.

Wenn man die Auswanderungsprozedur schnell durchzieht – und ich möchte mal behaupten, schneller, als wir es gemacht haben, geht es nicht – dann dauert es trotzdem ein Jahr. Damit muss man rechnen. Und diese Phase ist recht emotional, das ist psychischer Stress. Es geht einem dauernd irgendetwas durch den Kopf, man hat schlaflose Nächte. Man stellt die Entscheidung infrage, man hat vor allem finanzielle Ängste. Was ist, wenn ich nicht gleich einen Job kriege, wie lange kann ich durchhalten, na ja, solche Überlegungen eben. Ich musste einen Mieter suchen, das Haus ausräumen, und die ganze Zeit über haben mich die traurigen Augen meiner Familie verfolgt.

Im April 2004 waren meine Koffer gepackt, aber keiner von der Familie wollte mich zum Flughafen fahren, es hat niemand übers Herz gebracht. Mein Vater hat ganz klar gesagt: Nein, ich kann das nicht. Am schlimmsten war es für meine Großeltern. Ich weiß nicht, wie ich es sagen soll: Der verlorene Sohn, wir werden dich nie wieder sehen … Der Abschied war furchtbar. Aber man muss das verstehen. Meine Großmutter ist aus dem Dorf so gut wie nie rausgekommen, einmal hat sie, glaube ich, Urlaub in Österreich gemacht. Australien – das war unvorstellbar für sie.

Für mich war's auch nicht einfach am Anfang. In Perth haben wir drei Monate lang bei einer Tante von Naomi gewohnt und damit begonnen, uns eine Existenz aufzubauen. Mir ist schnell klargeworden, dass im neuen Land nichts ist wie in Tegernau, wo du jeden Hund an der Ecke kennst. Du klopfst an eine Tür, und sie wird aufgetan. In Perth hieß es: Du willst eine Mietwohnung, ja, wo sind deine Referenzen?

Das ist ja in Australien ganz groß mit den Referenzen. Da regt man sich natürlich manchmal auf und denkt: Daheim hast du ein Haus gebaut, und hier musst du deine Unbescholtenheit beweisen.

Die Wohnung, die wir schließlich gefunden haben, ist wunderschön. Vor allem die Lage ist fantastisch, so etwas kriegst du nicht in Deutschland für das Geld. Aber im Nachhinein denke ich, wir haben einen Fehler gemacht. Wir hätten vor zwei Jahren gleich kaufen sollen, jetzt wird es immer unerschwinglicher. Ihr habt es ja gesehen: Australien boomt, und Perth boomt im Besonderen.

Als ich auf Jobsuche gegangen bin, hab' ich erst mal im Internet geschaut. Ich war gleich Feuer und Flamme und dachte: Das ist grad mal viel einfacher als in Deutschland. Ist es vielleicht auch, Arbeit ist genug da, aber man muss wissen, wie's funktioniert. In Australien läuft vieles über Jobagenturen, und die wollen einen am liebsten in Schubladen packen. Maschinenbautechniker – den Beruf gibt's hier nicht, jedenfalls nicht so, wie wir es verstehen. In meiner Firma daheim hat man mich universell eingesetzt, aber hier wollten die immer wissen: Was bist du jetzt, bist du Konstrukteur, bist du Designer oder bist du Projektmanager? Ich kann das alles, hab' ich gesagt, aber damit konnten die nichts anfangen. Bei einem Vorstellungsgespräch, das die Agentur vermittelt hatte, wurde ich gefragt: »Wie viele Zeichnungen kannst du in einer Stunde herstellen?« Schrecklich. Nichts Kreatives, bloß das nicht.

Ich habe mir dann selber Angebote aus Zeitungen gesucht, und diese Interviews waren eigentlich alle erfolgreich. So hab' ich auch die Firma gefunden, bei der ich jetzt beschäftigt bin. Ich bin durch den Betrieb gelaufen, und einfach vom Aufbau her weiß man: Passt man da hin oder nicht. Mein direkter Vorgesetzter ist Kroate, er ist vor dreißig Jahren eingewandert. Wir haben uns auf Anhieb gut verstanden. Unsere Firma ist riesig, und spezialisiert sind wir auf Service. Für Kraftwerke zum Beispiel, für Gasturbinen oder Elektroanlagen. Der Lohn ist nicht schlecht, könnte natürlich besser sein. Aber ich denke, die Perspektiven sind gut. Ich hatte neulich ein Gespräch mit meinem Chef, und dabei habe ich ihm gesagt, dass ich die Arbeit zwar toll finde, das Gehalt aber nicht. Und wenn ich was Besseres finde, bin ich halt weg.

Er hat mir dann klargemacht, dass ein weiterer Aufstieg nur mit einer Qualifizierung möglich ist, und mir angeboten, mich bei einem Ingenieursstudium zu unterstützen. Das ist hier wirklich anders als bei uns. Daheim würden sie sagen: Ja geh – aber ob du wieder anfangen kannst, das verspricht dir kein Mensch. Ich habe das Gefühl, dass hier langfristiger gedacht wird.

Generell ist der Arbeitsstress in Australien geringer als bei uns. Die Strukturen sind halt anders, daran muss man sich gewöhnen. Hier ist es manchmal unglaublich schwierig, etwas zu organisieren. Wenn ich in Deutschland irgendwo anrufe und sage, ich brauche das und das, für einen Motor oder so, dann passiert das in drei bis vier Tagen. Hier kriegst du erst mal ein fröhliches Lachen am anderen Ende der Leitung, und dann musst du warten, manchmal wochenlang. Das Material kommt oft aus Amerika oder Europa, und das dauert. Am Anfang konnte ich das nicht verstehen, aber jetzt sehe ich es sogar positiv. Wenn's halt nicht schneller geht, dann ist es eben so, und es macht einem das Leben ja auch angenehmer. Es hat hier schon Wochen gegeben, in denen ich mich selbst beschäftigen musste. Ich kann mich nicht erinnern, dass das in Deutschland auch nur eine Stunde lang der Fall gewesen wäre.

Die Zusammenarbeit mit den Kollegen ist, oberflächlich betrachtet, sehr nett, es gibt viel Schulterklopfen, und man trinkt auch mal ein Bier zusammen. Streiten kannst du dich mit einem Aussie ohnehin nicht. Ehe es dazu kommt, läuft der weg. Aber Freunde zu finden, sich einen richtigen Kreis aufzubauen, das ist uns bisher noch nicht so recht gelungen.

Vielleicht erwartet man auch zu viel. Ich denke manchmal, so richtig tiefe Freundschaften, die entstehen in der Schulzeit oder während der Ausbildung, später wird's schwierig.

Eine Zeit lang habe ich es über die Musik versucht. Bei der Perth Concert Band habe ich Posaune gespielt, aber das hat mir keinen Spaß gemacht. Für mich war das eher eine Zweckgemeinschaft, so etwas wie Kameradschaft gab's da nicht. Und dann, wie soll ich sagen, die Moral war mir zu lax. Wenn ein Konzert gut läuft, okay, wenn nicht, *so what* – beim nächsten Mal wird's besser. Also, ich versuche ja, mich flexibel zu geben, aber in dem Bereich mache ich keine Konzessionen, das kann ich nicht übers Herz bringen.

Was mich an Australien am meisten fasziniert, ist die Natur. Die vielen bunten Vögel, die Landschaft, das Meer – so etwas gibt's nicht in Europa. Unseren ersten großen Urlaub haben wir am Ningaloo Riff verbracht, weit oben in Westaustralien, und das hat mich einfach umgehauen. Du fährst morgens an den Strand, da sind höchstens fünf Leute, du steigst ins Wasser und bist mitten in den Korallen. Wenn du aus dem Schwarzwald kommst – das ist eine total neue Welt.

Zwei Jahre hatte ich mir gegeben, um Australien auszuprobieren. Jetzt sind wir schon länger als drei Jahre hier, und ich denke, wir werden vorerst bleiben. Man hat hier viele Möglichkeiten, sein Leben zu gestalten, und wenn du willst, kannst du auch die bescheidene Variante wählen. Du bist nicht gezwungen, ständig einen Standard zu halten, weil alle ihn haben – die Australier sehen das viel gelassener. Und das gute Wetter, das ist ohnehin umsonst.

III Kafka und Kakadus
Die Kreativen des Südens

13 »Nun fahr' ich hin zu Jesus Christ«
Das Dorf der frommen Preußen

Drei Farben dominieren auf den 2700 Kilometern zwischen Perth und Adelaide, unserem nächsten Ziel: das flammende Rot der Erde, das satte Blau des Ozeans und das schäumende Weiß seiner Wellenkämme. Wir haben diese von klaren Konturen geprägte Landschaft bei früheren Reisen schon auf der Schiene und auf der Straße durchmessen. Nun betrachten wir sie, in Erinnerungen schwelgend, aus der Perspektive des Flugzeugs.

Wir sehen noch die Adler vor uns, die auf ausgedörrten Ästen ihrer Beute harrten, die Dingos, die im Morgengrauen um unser einsames Motel strichen, die Wale, die in einer Bucht ihrem Nachwuchs das Prusten und das Tauchen beibrachten. Als die Ausläufer von Adelaide in unser Blickfeld geraten, fragen wir uns, wie diese grandiose Küstenszenerie wohl auf die Deutschen gewirkt haben mag, die vor 170 Jahren mit einem Segelschiff namens »Zebra« in einem der Häfen dort unten anlegten.

Dirk Meinerts Hahn heißt sein 34 Jahre alter, von der Insel Sylt stammender Kapitän. Obwohl ihm die 133 Tage dauernde Reise sein ganzes nautisches Können abverlangt, führt er akribisch Tagebuch. Es gibt Aufschluss über eines der bedeutendsten Kapitel in der Geschichte der deutschen Auswanderung nach Australien.

28. Juli 1838. Im Hafen von Altona bei Hamburg gehen 54 zumeist bäuerliche Familien aus der preußischen Provinz Brandenburg an Bord. Es sind religiöse Gründe, aus denen sie ihre Heimat verlassen. Sie halten an der Liturgie ihres alt-

lutherischen Glaubens fest, deren Anerkennung der preußische König mit der gleichen Sturheit verweigert. Ihr Schiff hat noch gar nicht abgelegt, als der Kapitän den Tod zweier Kinder notiert. Man begräbt sie »auf dem Altonaer Friedhof für Arme«.

12. August 1838. Ein Dampfschiff schleppt die »Zebra« auf der Elbe aus der Stadt. Während dieser Zeit sterben wieder zwei Kinder.

21. August. Der Segler sticht bei Cuxhaven endlich in See. Kapitän Hahn zählt noch einmal durch: »106 erwachsene Personen, männlichen und weiblichen Geschlechts, 30 Kinder, 10 Jahre alt und darüber. 31 Kinder, über 6 Jahre, 26 Kinder über ein viertel Jahr, 4 Säuglinge, 2 Kajütpassagiere ... 16 Mann Besatzung. 225 Seelen.« Auch den Vorrat an Verpflegung hält er fest: »26674 Gallonen Wasser, 24400 Laib Hartbrot, 27 Fässer Schweinefleisch, 16 Tonnen Heringe, 38 Fässer Mehl, 60 Fässer Erbsen, 50 Stück Käse, 25 Bottiche bitterer Branntwein, 10 Säcke Salz, 50 Bottiche Cognac.«

Die Notizen zum 24. August sind der Prolog für die dramatischste Etappe dieser Überfahrt: »Kränklichkeit herrschte überall. Sie schien mit jedem Tag zuzunehmen. Todesfälle ereigneten sich immer häufiger.« Genau einen Monat später wird bereits »die achte Leiche über Bord gesetzt«. Der Grund: »Typhus, Nervenfieber, Skorbut.« Der Kapitän registriert ein »Jammern und Wehklagen«, das in der Befürchtung gipfelt: »Ach, es wird keiner von uns nach Australien kommen, wir werden noch alle über Bord müssen.«

Das ist eine reale Gefahr. Vor allem dem mitreisenden Arzt ist es zu verdanken, dass sie abgewendet wird. Den Kranken verschafft er ein wenig mehr Platz, indem er die gesunden Passagiere anweist, einen Tag und eine Nacht im Freien zu verbringen. Einige der Segel lässt er so ausrichten, dass sie frische Luft in die Luken fächern. Den unter Skorbut leidenden Patienten verordnet er Freiübungen und eine Diät aus Sauerkraut und rohen Kartoffeln. Die Schlafquartiere werden dreimal täglich mit Essig und einer Wacholderessenz desinfiziert.

Kaum zeigt die Therapie erste Erfolge, da schüren die Gewalten der Natur neue Ängste. »In der ganzen Schöpfungsgeschichte«, schreibt Dirk Meinerts Hahn, »hat meiner Meinung nach kein größerer Wechsel an Wind und Wetter stattgefunden als auf unserer Fahrt im Indischen Ozean vom Kap der Guten Hoffnung bis zur Insel St. Paul auf 38 und 39 Grad südlicher Breite.«

Viele der tiefreligiösen Passagiere werten das Unwetter als Strafe Gottes. Und so gleicht das Gebet, das sie Tag für Tag an ihn richten, einer einzigen Rechtfertigung ihrer Reise: »Nicht Begierde, einen fremden Weltteil zu sehen, nicht eitler Wunsch nach Schätzen hat uns zu diesem Unternehmen geführt, nur allein der Glaube an Dich, oh Gott, und Dein heiliges Wort hat uns zu diesem Schritt genötigt. Dann führe Du uns auf einen Flecken in Deinem Schöpfungsraum, worauf wir leben und Dein heiliges Wort lauter und rein verkünden können.«

Der Sturm schweißte die Glaubensgemeinschaft zusammen, die Ruhe nach dem Sturm entzweit sie. »Wenn der Mensch«, philosophiert der Kapitän, »keine Nahrungssorgen, keine Beschäftigung, keine sonstigen Besorgnisse zu tragen hat, verfällt er auf so mancherlei zänkische Einfälle, die ihm sonst wohl nicht eigentümlich wären.« Vor allem Standesfragen sind es, die zum Zwist unter den Auswanderern führen: »Die Meister stritten sich mit den Gesellen um die Meisterschaft. Sie meinten, wer in Preußen Meister gewesen war, müsste es in Australien wieder werden. Dies wollten sich die Gesellen nicht gefallen lassen. Dieser Streit dehnte sich so weit aus, dass Meister Behrend zuletzt die Bibel zur Hand nahm, daraus er den entscheidenden Machtanspruch vorlas: Verflucht sei der vom HERRN, der in eines anderen Handwerk eingreift.«

Am 22. Dezember stirbt, so die Aufzeichnung, »eine betagte

Frau«. Mit dem Segensspruch »Nun fahr' ich hin zu Jesus Christ« übergibt der Kapitän ihre Leiche dem Ozean, in dem es vor Haien wimmelt. Schon wenig später löst Jubel die Trauer ab. »Am 27. Dezember mittags erblickten wir unter Freudengeschrei der Passagiere die Känguru-Insel.« Sie ist dem Hafen von Adelaide vorgelagert, den die »Zebra« am 2. Januar 1839 erreicht. »Elf Personen gestorben«, bilanziert der Kapitän. »Die übrigen aber, 187 Seelen an der Zahl, lebten alle in blühender Gesundheit.«

Aufbruchstimmung erfasst die während der Überfahrt so häufig von Verzweiflung gepeinigten Auswanderer. Aber ihre Euphorie verpufft schon nach wenigen Tagen. Die Zukunft der brandenburgischen Bauern und Handwerker hängt vom Wohlwollen der regionalen britischen Kolonialherren ab – und deren Einschätzung fällt nach einer Inspektion des preußischen Kontingents, so Kapitän Hahn in seinen Notizen, verheerend aus: »Sie beten zu viel und arbeiten zu wenig.«

Aus eigener Anschauung weiß Hahn, dass es sich, was den Arbeitswillen seiner Passagiere betrifft, um ein krasses Fehlurteil handelt. Da ihm die Familien, trotz der nervigen Streitereien an Bord, ans Herz gewachsen sind, verschiebt er seine Rückreise nach Altona und macht sich als ihr Agent auf den beschwerlichen Weg ins Hinterland von Adelaide. Unterwegs übermannt ihn zunächst der Zauber der Natur. »Das schöne lange Gras, vom Tau befeuchtet, färbte den Boden mit dem schönsten Grün. Auf den einzeln stehenden, prachtvollen, großen Bäumen flatterten die wilden Vögel unter dem Gesang ihrer verschiedenen Laute ... von Zweig zu Zweig. Neben unserer Hütte floss ein kleiner Fluss mit kristallklarem Wasser von Morgen dem Abend zu. Etwa dreiviertel Meilen zu Osten von uns lag Mount Barker, auf dessen Gipfel selbst noch die schönsten Bäume paradierten – kurz, ich fand diese Gegend so einnehmend, dass kein Pinsel sie romantischer zu malen vermocht hätte.«

 Der Kapitän als Romantiker – es ist ein Zug, der sich da-

Heute eine Touristenattraktion: Hahndorf bei Adelaide, im 19. Jahrhundert von deutschen Einwanderern gegründet

mals in manchem deutschen Tagebuch findet. Dass er über die Schwärmerei seine Mission nicht vergisst, beweist Hahn wenig später bei Verhandlungen, die er mit einigen britischen Investoren führt. Der Deal: Die deutschen Einwanderer helfen ihnen bei der Erschließung der Wildnis und erhalten als Gegenleistung ein Stück Land, das sie selbst bearbeiten können.

Die seltsamen Deutschen, die sich als Erstes eine Kirche bauen, erregen in der Umgebung von Adelaide, dem Zentrum Südaustraliens, ein solches Aufsehen, dass sich auch die Reporter für sie zu interessieren beginnen. Am 8. Juni 1839, also gut fünf Monate nach Ankunft der »Zebra«, erscheint in der Lokalzeitung »South Australian Gazette and Colonial Register« ein ausführlicher Bericht über die Altlutheraner: »Über ihre Lebensführung gibt es nur ein Urteil – und zwar das denkbar beste. Einstimmig werden sie als gewissenhaft und fleißig beschrieben, als pünktlich und anstellig für mancherlei Arbeiten. Die Frauen sind zu fast allen häuslichen und ländlichen Tätigkeiten geschickt; und die Männer (was immer auch ihr eigentlicher Beruf sein mag) sind brauchbare Arbeitskräfte beim Bauen, Sägen und Zimmern. Für solche Arbeiten werden sie oft unseren eigenen Landsleuten vorgezogen, die in vielen Fällen gut daran täten, sich an deren Geduld und Ausdauer ein Beispiel zu nehmen.«

Der allgemeinen Einschätzung folgen, als handele es sich um Wesen von einem anderen Stern, detaillierte Beschreibungen: »Sie stehen früh auf und arbeiten bis spät. Sie sind mäßig und bescheiden in ihren Ansprüchen an Nahrung und Unterkunft, sind fröhlich und angenehm im Umgang mit ihren Mitarbeitern. Und sogar in den Ruhepausen erklären sie sich bereit zu backen oder zu anderen nützlichen Verrichtungen… Aber ihre hervorstechendste Eigenart ist ihre Frömmigkeit. Bei jeder Handlung bezeugen sie ihren Glauben – wenn sie aufstehen, bei den Mahlzeiten und wenn sie sich schlafen legen. Am Ende der Woche kehren sie gern zurück zu ihrer Gemeinde, um Gottesdienst zu feiern und Zions Lob im fremden Land zu singen.«

Frömmigkeit und Fleiß – diese Kombination führt auch am südlichen Ende Australiens zu einem solchen Schub an Dynamik und Kreativität, dass aus einem primitiven Hilfsarbeitercamp innerhalb kürzester Zeit eine blühende bäuerliche Siedlung entsteht. Hahndorf nennt man sie zu Ehren des Kapitäns, dessen Fürsorge man dieses fruchtbare Fleckchen Erde verdankt. Sein von Eukalyptusbäumen gesäumter Friedhof dokumentiert, wie stolz man, bei aller Bescheidenheit, auf das Erreichte ist. Eine ganze Riege edelster Marmorengel wacht dort über die Seelen der Toten. Und so manchen Grabstein ziert nicht nur das Porträt des Verstorbenen, sondern auch eine Abbildung seiner Besitztümer.

Ruge. Altmann. Gallasch. Liebelt. Preiss. Braendler. Paech. Bergmann. Schröder. Schubert. Hentschke … Die Familiennamen auf dem Gottesacker von Hahndorf stehen zugleich für die Gründerdynastien, deren Erfolg immer mehr Deutsche in diese Region lockt. Den Lutheranern, die ihre Heimat aus religiösen Gründen verließen, folgen Bauern, die sich vor allem den materiellen Durchbruch erhoffen. Ein nahe gelegenes Tal, das Barossa Valley, verwandeln deutsche Auswanderer in eines der ertragreichsten Weinanbaugebiete der Welt. »Kaiser Stuhl« heißt in dieser Gegend ein Naturschutzpark, »Liedertafel« ein regionaler Chor. Hoffnungsthal, Krondorf, Neukirch oder Siegersdorf sind typische Ortsnamen.

Eine der Gemeinden ist nach der preußischen Stadt benannt, in der am 12. August 1838 das Segelschiff mit den ebenso frommen wie fleißigen Bauern ablegte: Altona.

14 »Meine Religion ist die Sonne«
Der Maler, der dem Licht verfiel

Heysen-Tunnel. Selbst die Röhre, die den Weg zwischen Adelaide und Hahndorf verkürzt, ist nach einem Deutschen benannt. War es, so rätseln wir, einer der Ingenieure, die in Australien den Ausbau des Straßennetzes vorantrieben? Oder gehörte er zu den Winzern, die diese liebliche Gegend mit dem Saft der Reben segneten? Als wir später in Hahndorf erfahren, dass es sich um einen der berühmtesten Künstler des Kontinents handelt, fragen wir uns, warum man über eine solche Koryphäe in Deutschland, uns eingeschlossen, so wenig weiß.

Hans Heysen, geboren am 8. Oktober 1877 in Hamburg, ist sieben, als er zusammen mit seiner Mutter und vier Geschwistern mit dem Schiff in Port Adelaide, dem wichtigsten Hafen der Region, ankommt. Der Vater hat sich bereits ein Jahr zuvor auf den Weg in den Süden Australiens gemacht, wo er sich, mehr schlecht als recht, als Kleinunternehmer versucht. Seinem Sohn bleibt nach der Schule, die er mit vierzehn verlässt, zunächst nichts anderes übrig, als sich mit niederen Arbeiten in einem Eisenwarenhandel zu verdingen.

Doch schon in diesen jungen Jahren erwacht in ihm eine Leidenschaft, die sein künftiges Leben prägen wird: Er entdeckt die Schönheit der ländlichen Umgebung Adelaides, und er hat das Talent, ihren Reiz mit dem Pinsel auf Leinwand zu bannen.

Schon mit seinem ersten nennenswerten Werk, dem Porträt einer dörflichen Dachrinne, erfüllt Heysen eines der wichtigsten Kriterien für künstlerische Qualität: Er beweist Sinn für das scheinbar nebensächliche Detail. Das Licht, das mit dem Gegenstand spielt, ist es, was diesen Maler schon im Knabenalter fasziniert. »Man ist immer wieder überrascht«, doziert er später, »welchen Charme das sich wandelnde Licht selbst den ordinärsten Gegenständen verleihen kann. Von jeder Nische und Ecke gehen dann im Laufe des Tages die unterschiedlichsten Botschaften aus.«

Im Alter von sechzehn Jahren findet Hans Heysen in dem Leiter der Kunstschule, die er unter großem finanziellen Druck besucht, seinen ersten Förderer. Dieser kauft ihm das in Wasserfarben gemalte Bild »Straße nach dem Regen« ab und ermöglicht ihm damit die Fortsetzung seines Studiums. Dass dieses Werk noch heute in der renommierten Kunstgalerie von Adelaide hängt, weist den Mäzen als weitsichtigen Experten aus.

In der südaustralischen Handelsmetropole steigt der talentierte Deutsche mit dem kleinbürgerlichen Hintergrund schnell zum Liebling wohlhabender Kaufleute auf. Sie ermöglichen ihm einen vierjährigen Studienaufenthalt in Europa, den er mit einem Abstecher in seine deutsche Heimat abschließt. »Fast auf dem Hacken machte er kehrt«, heißt es in einer australischen Biografie. Die Begründung für diesen Reflex liefert Heysen selbst: »Erst wenn wir andere Länder besuchen und uns das Gefühl von Heimweh übermannt, lernen wir die natürlichen Werte Australiens zu schätzen – die Wärme seiner Sonne, seinen blauen Himmel und seine wunderbaren Bäume.«

Die wunderbaren Bäume – sie gehören nach seiner Rückkehr aus dem grauen Deutschland zu Hans Heysens Lieblingsmotiven. Besonders der Familie der Eukalyptusbäume mit ihrer spezifischen Mischung aus Eleganz und Stärke ist er verfallen. Er findet seine vom Licht verzauberten Modelle vor allem in den Tälern bei Hahndorf, und als ihm Lehrtätigkeiten und Ausstellungen in den aufstrebenden Städten Australiens neben dem Ruhm auch endlich genügend Geld einbringen, entschließt er sich Ende 1908, ganz in diese Gegend zu ziehen. Heysen, inzwischen mit einer seiner Schülerinnen verheiratet, gilt längst als der erste aus Europa stammende Maler, der den Kontinent mit australischen Augen betrachtet und seine originäre Natur nicht wie Szenarien am Rhein oder in den Alpen abbildet. Was ihn weit über die übliche Landschaftsmalerei hinaushebt, ist seine Fähigkeit, Nähe und Distanz in Einklang zu bringen. »Seine Reaktion auf die Natur war persönlich und gefühlsbetont«, schreibt ein Kritiker. »Seine Umsetzung und Interpretation war analytisch.«

1912 erwirbt das Ehepaar ein fünfzehn Hektar großes Grundstück, das auf einem Hügel am Rande von Hahndorf liegt und dessen Wohnhaus und Atelier schon bald zu Wallfahrtsorten einer hochmögenden Klientel avancieren. Die russische Ballettdiva Anna Pavlova und die Filmstars Sir Laurence Olivier und Vivien Leigh gehören dazu, der australische Premier Sir Robert Menzies, der Everest-Bezwinger Sir Edmund Hillary.

Nie malt Hans Heysen Porträts seiner prominenten Gäste oder seiner reichen Förderer. Die von Arbeit und Verzicht gezeichneten Gesichter der Landbewohner üben auf ihn einen größeren Reiz aus. Deren tiefe Gläubigkeit teilt er allerdings nicht. »Ich muss gestehen«, sagt er zu Freunden, »dass die Sonne meine Religion ist.« Auf deren Kraft verlässt er sich auch bei seiner Arbeit im Studio, dessen großräumige Fenster genügend Licht garantieren.

Als Künstler, der seine ganze Inspiration aus der Unversehrtheit der Natur schöpft, blutet Heysen das Herz, als er diese Quelle bedroht sieht. Gegen die Spekulanten, die sich dieser Region zunehmend bemächtigen und für die sich ein Baum auf den Wert seines Holzes reduziert, kämpft der Maler zunächst mit Eingaben an die lokale Administration an. »Die wunderschönen Bäume«, argumentiert er, »haben im Leben eines Menschen auch einen moralischen Stellenwert. Schon das gebietet einen schonenden Umgang mit jedem einzelnen Baum. Die Gemeindeverwaltungen müssen sich in dieser Hinsicht einen Mangel an Urteilsfähigkeit vorwerfen lassen.«

Mit seinem Engagement knüpft der Maler an den deutschstämmigen Botaniker Moritz Richard Schomburgk an, der in dieser Region bereits eine Generation zuvor Forschungen über den Zusammenhang zwischen der Kolonialisierung des Landes und der Veränderung des Klimas anstellte und als Schutzmaßnahme ein umfangreiches Aufforstungsprogramm ins Leben rief. Während seiner Zeit als Direktor des botani-

Deutsche Namen dominieren: der Friedhof von Hahndorf

schen Gartens in Adelaide sorgte er dafür, dass auch die Straßen der Stadt mit wertvollem Baumbestand bestückt wurden.

Als der Maler Hans Heysen spürt, dass moralische und ästhetische Einschätzungen bei Bürokraten nicht verfangen, schwenkt der Idealist auf eine pragmatische Strategie um. Die Summe, die man für die Vergabe der Nutzungslizenzen erziele, so sein Angebot, zahle er aus eigener Tasche. Am Ende rettet er wenigstens das Areal seiner Inspiration, indem er es der Gemeinde abkauft und seinem Grundstück einverleibt.

55 Jahre hat er auf dem Hügel bei Hahndorf verbracht, als der Vater von acht Kindern 1968 im Alter von 91 Jahren stirbt. In die Geschichte Australiens geht er nicht nur als einer der wichtigsten Maler ein, sondern auch als einer der bedeutendsten Umweltschützer – »seiner Zeit weit voraus«, wie es in einer Biografie heißt.

Hahndorf, vierzig Jahre danach. Die Touristen, die das Anwesen der Familie Heysen an einem dieser lichten Nachmittage im Frühsommer inspizieren, sprechen, als besuchten sie eine Kirche, im Flüsterton miteinander. Und tatsächlich geht von dem Hain der Eukalyptusbäume, dem wildwuchernden Weinlaub, der mit Originalen aus der Hinterlassenschaft des Künstlers geschmückten Wohnstube eine sakrale Wirkung aus. Profan wirkt in dieser wahrhaft malerischen Umgebung eigentlich nur das Schild, mit dem Heysens Erben etwas beflissen darauf aufmerksam machen, dass sie, ganz im Sinne ihres »grünen« Urahns, mit einer der wertvollsten Ressourcen der Natur schonend umgehen: »Recycled water in use«.

Heysen – der Name fällt auch immer wieder, als wir uns mit Harold Gallasch, einem Geschäftsmann und Freizeithistoriker mit deutschem Hintergrund, im »Garden Café« über die jüngste Entwicklung in Hahndorf unterhalten. Fast hätte sie zur Zerstörung der ersten nichtbritischen Siedlung in der Geschichte Australiens geführt.

Während der Schaffensperiode Hans Heysens war es vor

allem der Raubbau an den Wäldern, der das Gleichgewicht dieser Region bedrohte. Nach seinem Tod gerät Hahndorf ins Fadenkreuz der Bauspekulanten. Adelaide, die aufstrebende Metropole, wächst und wächst – und da ihr das Meer eine natürliche Grenze setzt, verfällt man bei der Suche nach neuen Schlafstädten auch auf den reizvollen Ort hinter den Bergen. Der Ende der siebziger Jahre vollendete Tunnel, der ausgerechnet den Namen des Naturschützers Heysen trägt, verkürzt die Fahrtzeit zwischen Adelaide und Hahndorf auf etwa 25 Minuten – eine ideale Distanz zwischen einem Zentrum und einem Vorort.

Als Erstes soll die alte Akademie abgerissen werden. Auf dieses Gebäude ist man im Dorf besonders stolz, weil es den wachsenden Einfluss der Bildung auf die bäuerliche Gesellschaft bezeugt. »Eine Tankstelle sollte da stattdessen hin«, erinnert sich unser Gesprächspartner Harold Gallasch, dessen Ahnen 1840 aus Schlesien in diese Gegend kamen. »Als wir das erfuhren, sind wir Bürger aufgewacht«, fügt er, mit aufwallender Röte im Gesicht, hinzu.

Das Bürgerkomitee, das sich zur Abwendung des städtebaulichen Kahlschlags gründet, wendet die Methode Heysen an. Es sammelt 400 000 Dollar, kauft der Gemeinde das historische Bauwerk ab und macht, um seinen Erhalt zu sichern, ein Museum daraus. »Die Nachkommen des Malers«, betont Harold Gallasch, »haben uns dabei tatkräftig unterstützt.«

Als der australische Staat den Ort, in dem heute 1600 Menschen leben, mit dem Prädikat »historisch wertvoll« adelt, ist der Kompromiss, den das Bürgerkomitee anstrebt, gesichert: Die gedrungenen Fachwerkhäuser, die vor allem die Hauptstraße säumen, bleiben ebenso erhalten wie die repräsentativen Bauten. Da man aber im Idyll einer deutschen Puppenstube finanziell nicht überleben kann, ist eine dem Milieu angepasste Kommerzialisierung des Erbes erlaubt. Die pragmatische Philosophie dahinter: Kleine Läden im Familienbesitz, in denen die Touristen »Hahndorf Mettwurst«, »Erzgebirgische Volkskunst« oder »Wurstplatters« erwerben können, sind allemal erträglicher als Siedlungsbrei, Billigmärkte und Tiefgaragen.

18 000 Deutsche wanderten allein zwischen 1837 bis 1900 in diese Region aus. Sie rodeten Urwald, legten Äcker und Wiesen an, züchteten Vieh, kelterten Wein, errichteten Kirchen, mehrten ihren Besitz und ihr Ansehen. Dass sie den Charakter der Gegend entscheidend prägten, kann allerdings nicht darüber hinwegtäuschen, dass sich das Deutsche mittlerweile auf das Dekor ihrer Ortschaften reduziert. Auch Hahndorfs Herz schlägt heute australisch. »Wir tragen zwar noch die Namen unserer Vorväter«, sagt Harold Gallasch. »Aber wir sind ganz in diesem Land aufgegangen. Kein Nachkomme deutscher Familien achtet heute mehr darauf, dass er eine Ehe mit einem Partner gleicher Herkunft eingeht. Ich bin zum Beispiel mit einer Frau aus Papua-Neuguinea verheiratet, wo ich einige Jahre gelebt habe.«

»Gibt es unter den deutschstämmigen Bürgern denn hin und wieder Familientreffen?«

»Das schon. Wir Gallaschs haben uns erst vor kurzem wieder in dem Haus versammelt, das unsere Vorfahren gebaut haben. 150 Leute kamen da aus den unterschiedlichsten Regionen Australiens zusammen. Aber bei der ersten Zusammenkunft vor ein paar Jahrzehnten waren es 1200.«

»Existieren in Hahndorf noch deutsche Klubs?«

»Die ›Liedertafel‹ singt jeden Heiligabend in der Kirche ›Oh Tannenbaum‹, und der 1853 gegründete Schützenverein kürt noch immer seinen König und seine Königin. Früher marschierte man zum Schützenfest auch durch den Ort. Aber das lässt man heute lieber.«

Das aufregendste Dokument, auf das wir während unserer Recherchen in Hahndorf stoßen, ist eine E-Mail. Verfasst hat sie eine polnische Historikerin und gerichtet ist sie an das Museum. Ihr Inhalt: Man arbeite im bis 1945 deutschen Teil

Schlesiens die Geschichte auf und sei dabei auch auf die massive Auswanderung nach Südaustralien gestoßen. Da man diesem Phänomen eine Ausstellung widmen möchte, bitte man um Unterstützung aus Hahndorf. »Das ist für uns ein ganz wichtiger Schritt«, so die Historikerin. »Die meisten polnischen Familien, die heute in diesem Teil des Landes leben, sind erst nach 1945 hierhergekommen. Und nun ist es an der Zeit, sie mit dem deutschen Hintergrund ihrer neuen Heimat vertraut zu machen.«

15 »… dass man sich verlieren kann in dieser Weite«
Natur und Philosophie – Gespräche am Küchentisch

Gleich dreimal kommt in dem knappen Text, den »Meyers Konversationslexikon« von 1906 dem südaustralischen Zentrum Adelaide widmet, das für solche spröden Publikationen ungewöhnliche Prädikat »schön« vor. Der Lage zwischen den Bergen und dem Ozean wird es zugebilligt, den viktorianischen Gebäuden, dem botanischen Garten. Zwar stieg die Zahl der Einwohner von damals 162 000 auf mehr als eine Million, doch hat das euphorische Urteil aus den Gründerjahren bis heute Bestand.

Für den im Nordosten Adelaides gelegenen Stadtteil Burnside, den es damals auch schon gab, gilt das allemal. Durch seine Mitte plätschert ein kristallklarer Bach. An seinen Hängen reiht sich ein üppiger Garten an den anderen. Seine Cafés präsentieren sich nicht als amorphe Filialen irgendwelcher Ketten, sondern als anheimelnde Treffpunkte in Familienbesitz.

Die Wohnhäuser am »Waterfall Gully«, einer der attraktivsten Adressen des Ortes, verstecken sich im dichten Grün eines Steilhangs. Er bildet die Grenze zwischen der Metropole und dem Bergland, in dessen Tälern im 19. Jahrhundert Tausende von Deutschen siedelten und durch dessen Wälder

der Maler Hans Heysen mit seiner Staffelei zog. Als wir uns, nach detektivischer Suche, endlich dem Grundstück Nr. 10 nähern, streift unser Blick auch den Ast eines Eukalyptusbaumes, auf dem sich ein pummeliges Wesen stoisch Blatt um Blatt ins Maul stopft.

»Ein Koalabär«, klärt uns Ewe Buck-Weigl auf, die vor knapp zwanzig Jahren mit ihrem Mann Engelhard und den beiden Söhnen in diese Region kam. Sie sagt das mit einer solchen Selbstverständlichkeit, als sei ein Koalabär auf einem Besitz im Stadtgebiet von Adelaide genauso normal wie ein Eichhörnchen in einem Park in Hamburg-Bergedorf, woher die ehemalige Lehrerin und Dozentin stammt.

Einer Hamburger Freundin von uns, die zusammen mit Ewe ihr Abitur machte, verdanken wir den Kontakt. Wie segensreich diese Idee für unsere Recherchen war, erweist auch unser erster Rundgang durch das Innere dieses geräumigen Hauses am Hang. Die Bücher in den Regalen zeugen von der Verwurzelung des Ehepaares in der deutschen Sprache und Kultur. Franz Kafkas Erzählungen und Robert Musils *Nachlass zu Lebzeiten* flankieren Goethes Gesamtwerk. Japanische Elemente wie ein Foto des Silbernen Tempels von Kyoto verweisen auf die fünf Jahre, die der Hausherr, bevor ihn die Universität Adelaide als Professor für Philosophie und deutsche Literatur engagierte, in gleicher Funktion in Tokio verbrachte. Auf einer großen Australienkarte an der Wand markieren dickköpfige Stecknadeln die vielen Ziele, die diese Familie in ihrer dritten Heimat bereits angesteuert hat.

Intellektuelle – nach unseren Begegnungen mit den erfolgreichen Unternehmern und Handwerkern haben wir es in Adelaide mit einer neuen Kategorie von Auswanderern zu tun. Unsere Bedenken, in diesen Haushalt ziemlich unvermittelt eingedrungen zu sein, wischen der 64-jährige Wissenschaftler und seine fünf Jahre jüngere Frau mit einer landesüblichen Geste hinweg. Obwohl wir uns vorher nie begegnet sind, bieten sie uns spontan das Du an, und sie laden uns ein, für ein paar Tage Gast zu sein in diesem Haushalt. Der Wein, der Abend für Abend unsere Gespräche am Küchentisch beflügelt, stammt natürlich aus dem Hinterland von Adelaide.

Engelhard: Ich lebe hier ganz anders als in Deutschland, vielleicht könnte man sagen: Ich genieße mehr. Ich koche häufig, und ich habe mir sogar einen Weinkeller angelegt, an so etwas habe ich früher nie gedacht. Ich hätte mir auch nie träumen lassen, dass ich mal ein Haus besitzen würde. In meinem Lebenskonzept in Deutschland, da war kein Haus drin. Ich dachte, ich bin zur Untermiete geboren. Wir haben schon in den ersten drei Wochen ein Haus gekauft, und am Anfang habe ich mich ein bisschen geschämt, ich fand das irgendwie zu viel. Wir waren ja, vom Politischen her, nicht auf Besitz gepolt, wir sind noch von den Gedanken der Achtundsechziger geprägt.

Ob wir in Australien bleiben werden? Ich glaube, ich will das hier nicht mehr loslassen. Wir haben das diskutiert, und wir waren uns vollkommen einig: Die Vorteile dieses Landes, die wollen wir nicht mehr sausen lassen. Ich bin doch nicht verrückt, so schön wie das hier ist, die Landschaft, der Himmel, die Sterne … Und verglichen mit Deutschland ist das hier das Reich der Freiheit. Man braucht längst nicht so viele Rücksichten zu nehmen, es ist weniger Kontrolle da. Wir haben neulich ein paar Wochen in Berlin verbracht, in einer Wohnung. Da gab es Beschwerden, es hieß, ich hätte einen zu schweren Tritt, weil ich gegen Mitternacht nachdenklich durchs Wohnzimmer gepilgert bin. Nee, ich denke, ich bin hier zu Hause.

Ewe: Wir sind aber durchaus gespalten. Ich fühle mich eher deutsch, wenn ich in Australien bin, und australisch, wenn ich in Deutschland bin. Aus familiären Gründen war ich kürzlich vier Monate in Hamburg, und diese Spanne war zu lang. Mir ist einiges auf die Nerven gegangen, zum Beispiel das Gejammere. Da gibt's Leute, die machen fünfmal im Jahr

Berlin – Tokio – Adelaide: der Philosophieprofessor Engelhard Weigl und die Dozentin Ewe Buck-Weigl

Urlaub, und trotzdem geht es ihnen schlecht. Ich sehe natürlich durchaus Harz IV oder andere Dinge, die man kritisieren kann, aber die Menschen, mit denen ich zu tun hatte, die waren nicht wirklich betroffen. Ich denke, die Deutschen können einfach nicht genießen.

Also, ich fand den Umgang mit ihnen nicht ganz einfach, wobei – wenn man sagt, dass man aus Australien kommt, werden sie viel freundlicher, dann blühen sie richtig auf. Ich nutze das manchmal aus, weil es dann einfach netter wird. Trotzdem: Ich fühle mich nicht mehr ganz zugehörig in Deutschland. Andererseits gilt das auch für Australien. Man hat die ersten vierzig Jahre seines Lebens woanders verbracht, man teilt vieles nicht mit den Menschen hier, hat keine gemeinsamen Kindheitserlebnisse, und das merkt man natürlich. Die Vertrautheit, die sich aufgrund gemeinsamer Erfahrungen innerhalb ganz kurzer Zeit herstellt, das hat man hier nicht.

Engelhard: Dafür gibt es aber viele Kompensationen, und unsere Kinder sind echte Aussies.

Ewe: Ja, die sind froh, dass sie hier gelandet sind. Sie schätzen Deutschland, sie waren dort als Austauschschüler, mit sechzehn oder siebzehn, aber damals ist ihnen doch sehr deutlich geworden, dass sie Australier sind. Sie mögen die Natur und diese gewisse Leichtigkeit im Leben– nicht alles so furchtbar ernst zu nehmen. Sie haben Sehnsucht nach dem Meer, dem Busch oder den Tieren, wenn sie nicht hier sind. Beide haben sich sogar für Berufe entschieden, die direkt damit verbunden sind. Jakob ist Ranger geworden, er arbeitet in der Wildnis in Arnhem Land mit Aborigines zusammen, und Ben führt Touristen auf ökologischen Pfaden durch Australien.

Sie waren fünf und drei, als wir gekommen sind, und eigentlich war es auch zum großen Teil der Kinder wegen, dass wir uns für Australien entschieden haben. Wir hatten uns wohlgefühlt in Japan, die Arbeit mit den Studenten war toll. Das Interesse und die Fragen, die uns entgegengebracht wurden, das war eindrucksvoll. Die haben Deutsch gelernt, und im zweiten Jahr wollten sie Kant lesen, das war schon stark. Wir hätten auch länger bleiben können, aber dann haben wir uns überlegt: Es ist nicht gut für Kinder, in einer Situation aufzuwachsen, wo man nicht dazugehört.

Zurück nach Deutschland – das wollten wir andererseits auch nicht so gern. Ende der Achtziger war die Stimmung unglaublich mies. Diese wahnsinnige Angst, diese Muffigkeit, die Technikfeindlichkeit, das Gefühl, alles geht den Bach runter – wenn wir in den Ferien nach Hause kamen, haben wir das besonders stark empfunden. Und die Arbeitsmöglichkeiten waren auch nicht so toll für uns. Wir hatten ja, weil wir unbedingt ins Ausland wollten, das Lehramt hingeschmissen, zum Entsetzen aller Kollegen. Die Universitäten waren zu für uns, da ging gar nichts. Es hätte also geheißen, zurück an die Schule, aber den Ort hätten wir uns nicht aussuchen können. Meine Vorstellung damals war: Irgendwann landen wir in Mönchengladbach oder so. Und in dieser Situation kam 1988 das Angebot aus Adelaide. Ich habe gedacht, für die Kinder ist das okay, in Australien landen Menschen von überall her, da kann man dazugehören.

Unser erster Eindruck, als wir uns hier umgeschaut haben: eine Mischung aus Südengland und Südkalifornien. Ein bisschen plünnig, alles ein bisschen improvisiert, aber ganz reizvoll. Die Landschaft und diese bunten Vögel, die einem ja immer so vorkommen, als seien sie aus irgendwelchen Käfigen entwischt, das hat uns von Anfang an fasziniert. Und natürlich das Meer. Ganz klar, der erste Impuls war, ans Wasser zu ziehen. Aber das haben wir uns schnell abgeschminkt. Am Strand steht kein Baum, es gibt keinen Schutz, und wenn man sich da nur versengen lässt, dann wird es richtig gefährlich, vor allem für die Kinder.

Engelhard: Zuerst war ich innerlich noch stark an Japan gebunden, weil die Arbeitsbedingungen dort tatsächlich ideal gewesen waren. Ich muss zugeben, am Anfang habe ich auch geschimpft. Ich habe den Mangel an intellektuellem Niveau in Australien kritisiert, das ist ja das gängige Vorurteil. Aber dann traf man auf Kollegen, die ewig unzufrieden waren, und irgendwann haben wir uns gesagt: In dieses Muster wollen wir nicht, da kommt man auf keinen grünen Zweig. Und es besteht die Gefahr, dass man sich die Situationen schafft, in denen man bestätigt wird.

Tatsächlich habe ich die Erfahrung gemacht, dass unsere Germanistikstudenten hier in Adelaide mehr an der Sprache orientiert sind als an Mozart, Hegel oder Bach, wie das in Japan der Fall gewesen war. Aber dann habe ich zusammen mit einem Australier ein Seminar für Medizinstudenten mit dem etwas reißerischen Titel »Der Tod Gottes« veranstaltet, in dem wir den Bogen gespannt haben von der französischen Aufklärung über Kant, Feuerbach bis hin zu Marx, und dieses Publikum war absolut fantastisch, obwohl niemand Deutsch konnte. Wir haben das noch dreimal wiederholt, und jedes Mal war da eine Power und Begeisterung, die reden heute noch davon. Das heißt aber auch: Das Potenzial ist da. Wenn man nur in seinem eigenen Kreis schmort, kommt man zu sehr krassen und ungerechten Urteilen. Ich habe zum Beispiel einen Anstreicher getroffen, mit dem konnte ich über Kunst und Architektur reden, und ich kenne einen Weinbauern, der hat Musils *Mann ohne Eigenschaften* dreimal gelesen.

Ewe: Weil man sich in der englischen Sprache relativ schnell zu Hause fühlt, übersieht man leicht, dass Australien durchaus seine kulturellen Eigenheiten besitzt. Am Anfang war das nicht leicht, manchmal hat man gar nicht gemerkt, wo man eingebrochen ist. Es gibt bestimmte Tabus. Mit Leuten, die einem fremd sind, diskutiert man zum Beispiel nicht über Politik. Überhaupt – intensive Diskussionen oder Auseinandersetzungen finden hier nicht statt. Wenn man merkt, dass man nicht übereinstimmt, tritt man zurück. Ich engagiere mich in einem Literaturkreis, zu dem Frauen aus verschiedenen Ländern und auch etliche Australierinnen gehören, und die können es nur schwer ertragen, wenn ein Buch verrissen wird. Ich habe darum gekämpft, dass man bei uns ernsthaft und kontrovers diskutiert, aber es war ein langer Prozess.

Engelhard: Ich habe in Australien plötzlich angefangen, mich auch in meiner wissenschaftlichen Arbeit mit Landschaften zu beschäftigen, was früher nie der Fall war. Natur als Faktor, der dich umgibt – das ist ja auch von unseren Kindern zentral aufgegriffen worden. Für Jakob und Ben bedeutet Australien: selber jagen, sogar Büffel, selber fischen, Krebse fangen in einem Bach, campen, sich draußen irgendwo hinhauen. Also »Betreten verboten!«, das haben die Kinder kaum erfahren. Ich fand es auch faszinierend, dass es einen nicht regulierten Raum gibt: Da schlaf ich jetzt, da muss ich niemanden fragen.

Ich erinnere mich, dass ich, als die Kinder klein waren, gleich mit ihnen in die Flinders Range gefahren bin, in die totale Einsamkeit. Und da sind wir dann tagelang nackt durch die Gegend gelaufen, haben in Wasserstellen gebadet und abends Feuer gemacht. Oder ich denke an die Reisen auf dem Murray River, mit einem Hausboot. Nachmittags bindest du dein Boot einfach an einen Baum am Ufer, dann badest du oder kochst – wenn man den Begriff Freiheit benutzen will, ich glaube, hier ist er wirklich angebracht.

Ewe: Oder der Sternenhimmel, das ist schon etwas Fantastisches. Dass du konstant den Himmel siehst und seine Veränderungen, das hast du in anderen Ländern nicht, es gibt zu viele Wolken und zu viel künstliches Licht. Als wir mit unseren Söhnen im Urlaub an einem See in Bayern übernachtet haben, wollten sie die Sterne anschauen und waren etwas verwirrt, dass die sich ständig bewegten. Aber dann haben sie begriffen: Es waren Flugzeuge, die abends in Frankfurt oder München gestartet waren. Der Himmel war *busy*.

Engelhard: Bei Sokrates gibt es so eine hübsche Stelle, da heißt es: Natur erzählt mir nichts. Also Sokrates war wirklich ein Stadtmensch. Ich erinnere mich, dass Jakob plötzlich auf den elementaren Gedanken kam: Tiere haben keine Hände. Dadurch sind sie hilflos, sie können nicht viel machen, wenn sie sich verletzt haben, an einem Dorn zum Beispiel. Er hat dann überlegt, was es überhaupt bedeutet, Hände zu haben. Und ich habe gedacht: Ja, das hat was mit Philosophie zu tun. Die Natur hat ihm etwas erzählt.

Jakob war immer sehr originell in seinen Fragestellungen, und er wusste erstaunlich früh, wo er hinwollte, schon in der Grundschule. Die Ausbildung zum Ranger war hart. Dazu gehörte nicht nur ein Studium, er musste auch drei Jahre als Hilfskraft auf einer Farm arbeiten. Zurzeit ist er bei einem Pilotprojekt im Norden engagiert, 200 Kilometer entfernt von jeglicher Zivilisation. Befestigte Straßen gibt's dort nicht, entsprechend lange dauert es, mindestens einen Tag, um die *outstation* zu erreichen, auf der er untergebracht ist. Er lebt mit Aborigines zusammen. Er trainiert sie, und sie trainieren ihn. Er zeigt ihnen, was er kann, sie zeigen ihm, was sie können. Es geht darum, den Aborigines auch Möglichkeiten zu geben, Geld zu verdienen, damit sie Teil der Gesamtgesellschaft werden können.

Ewe: Als wir feststellten, dass Jakob ein schwerer Legastheniker ist, da waren wir froh, dass wir in Australien sind. Das Schulsystem hier bietet enorme Hilfen aufgrund der »Equal Opportunities«-Gesetzgebung, das heißt: Niemand darf wegen einer Behinderung oder Unfähigkeit benachteiligt werden. Jakob wurde sieben Stunden lang getestet, und dabei haben sie festgestellt, dass er zwar diese Schwäche hat, aber trotzdem ein kluges Kerlchen ist und auf die Universität gehört. Ihm wurde bestätigt, dass er Unterstützung braucht und dass es an ihm liegt, diese Unterstützung einzufordern.

Er hat dann bei jeder Klausur einen Schreiber und einen Vorleser gehabt, und wenn er mehr Zeit als die anderen brauchte, war das auch kein Problem. Also, das war wirklich eindrucksvoll. Diese Regelung gilt im Übrigen auch in anderen Bereichen. Wer den Führerschein machen will und die englische Sprache nicht beherrscht, bekommt einen Dolmetscher zur Seite gestellt, egal ob er Ungar, Finne oder Araber ist.

Engelhard: Jakob hat gelernt, sich im Outback durchzuschlagen. Manchmal ist er vierzehn Tage lang in der Einsamkeit unterwegs, und wenn sein Auto schlappmacht, dann muss er es mit irgendwelchen Dosen oder anderem Zeug, das er am Straßenrand findet, zusammenflicken. So radikal habe ich das noch nicht erlebt, aber er hat mir versprochen, dass wir irgendwann zusammen eine große Expedition machen in Australien. Wenn wir heute gemeinsam unterwegs sind, dann ist er der Boss, dann bin ich »so klein mit Hut«. Das hat sich total verkehrt, er hat jetzt das Wissen.

Mit Jakob zusammen hatte ich auch das Naturerlebnis, das mich bisher am tiefsten beeindruckt hat: Es war das Gefühl, dass man sich verirren kann. Dass man sich verliert in einer Landschaft, die so ungeheuer weit und offen ist. Wir waren dabei, die Gibson Desert zu durchqueren und hatten abends abseits des Weges unser Lager aufgeschlagen. Ich wollte unbedingt noch zu einer heißen Quelle, die ganz in der Nähe lag, aber Jakob wollte nicht mit. Ich glaube, es war wegen seines Hundes. Ich habe mich also allein ins Auto gesetzt. Um zur Straße zu gelangen, musste man um Büsche und Vertiefungen herumkurven, und da es dunkel war, wusste ich plötzlich nicht mehr, wo oben und unten ist. Die Straße habe ich schließlich gefunden, aber meinen Sohn nicht mehr.

Ich habe überlegt: Soll ich Sträucher abfackeln, um ein Signal zu setzen? Aber es hat nicht richtig gezündet. Ich bin dann bis zum nächsten Morgen im kalten Auto sitzen geblieben, weil ich nicht noch mehr Diesel verfahren wollte. Nachdem die Sonne aufgegangen war, habe ich weitergesucht und ihn letztendlich auch gefunden. Wir haben uns umarmt, und er war so froh, mich zu sehen, dass er nicht mal geschimpft hat.

16 »Wir dachten, wir kommen ins Gelobte Land«
Nach Adelaide der Kinder wegen

Keine Frage – vor unserem Start in Richtung Australien plagten uns die Ängste, mit denen jeder Autor vor einer Reise ins Ungewisse zu kämpfen hat: Findet man genügend Protagonisten? Und wenn ja, sind sie geeignet für ein Buchprojekt? Schon in Darwin, wo wir täglich mehrere erfolgreiche Termine absolvierten, reduzierten sich solche Bedenken auf ein Minimum. In Adelaide, im Haus des Dozenten Engelhard Weigl, der uns mehrere neue Kandidaten aus seinem Bekanntenkreis empfiehlt, verfliegen sie endgültig. Wir entscheiden uns für einen Facharzt, der eine mit den Verhältnissen in Deutschland besonders hadernde Berufsgruppe repräsentiert. Das Krankenhaus, in dem er arbeitet, und die Wohnung, in der er mit seiner australischen Frau lebt, liegen an einem der weitläufigen Parks im Herzen von Adelaide, die das Prädikat »Grüne Lunge« wirklich verdienen.

Ingo Weber, 39

Wir sind 1983 nach Adelaide gekommen, ich war damals knapp sechzehn. Meine Eltern sind wegen uns Kindern ausgewandert, sie glaubten, dass es für meinen Bruder und mich in Australien eine bessere Zukunft gäbe. In Deutschland sah es Anfang der Achtziger nicht so gut aus, jedenfalls nach Ansicht meiner Eltern. Da war der Kalte Krieg – auf der einen Seite die Russen, auf der anderen Seite die Amerikaner mit ihren Pershings –, da war die Diskussion um Atomkraft, und ökonomisch schien das Land auch in der Krise. Im Betrieb meines Vaters wurde jedenfalls über Entlassungen geredet, und er hatte Angst, dass es ihn treffen könnte. Damals hat er bei AEG-Telefunken in der Hochfrequenztechnik gearbeitet, als Ingenieur.

Die Entscheidung für Australien fiel, weil meine Eltern sich mit einer Familie angefreundet hatten, die aus Adelaide stammte und zum Arbeitsaustausch nach Ulm gekommen war. Diese Leute haben uns ihr Land und ihre Stadt so schmackhaft gemacht, dass meine Eltern beschlossen, den Sprung zu wagen. Tatsächlich war es ein Riesensprung, sowohl für meinen Vater als auch für meine Mutter. Die beiden sind überhaupt keine Abenteurer, eher Intellektuelle, die am liebsten zu Hause sind und ihre Bücher lesen. Mein Vater ist auch jemand, der gern in die Natur geht und Insekten studiert, meine Mutter war bei den Grünen organisiert. Ich hatte eine tolle Kindheit, aber wir haben relativ einfach und alternativ gelebt. Wir hatten kein Auto, es gab keinen Fernseher in unserer Wohnung, und groß in Urlaub sind wir auch nie gefahren. Unsere Welt war klein und überschaubar, umso extremer dann das Abenteuer Australien.

Ich kann mich noch erinnern, dass es sehr heiß war, als wir in Adelaide landeten. Die Freunde haben uns vom Flughafen abgeholt, und das war natürlich toll, jedenfalls etwas Vertrautes in einer total fremden Welt. Der Anfang war trotzdem nicht leicht für meine Eltern. Wir waren alle sehr naiv, wir dachten, Australien ist so etwas wie das Gelobte Land. Vor allem hatten wir geglaubt, dass mein Vater sofort Arbeit finden würde, aber das gestaltete sich schwierig. Er war schon 47, und er war für vieles überqualifiziert. Ich glaube, Australier mögen nicht so gern Leute einstellen, die mehr wissen als sie selber.

Mein Vater ist ein ziemlich introvertierter Mensch. Er beantwortet, was man ihn fragt, aber viel mehr sagt er nicht. Auch deshalb hat er sich am Anfang schwergetan. Er musste lernen, wie man sich präsentiert, wie man sich auf ein Gespräch vorbereitet. Er hat dann ein bisschen an der Uni gearbeitet, hat Freunde gefunden und später eine Stelle bei Telecom.

Mir ist die Eingliederung überhaupt nicht schwergefallen. Im Nachhinein denke ich zwar manchmal: Mensch, es war doch nicht so einfach, aber damals war mir das nicht bewusst. Wenn ich heute darüber nachdenke, glaube ich, dass ich einen Schutzmechanismus entwickelt habe. Ich bin jemand, der einfach abschaltet, wenn's zu stressig wird. Ich sage mir dann, lass es kommen, und versuche, alles mit Humor zu nehmen. Meine Eltern haben mich in einer Highschool angemeldet, und ich sehe mich noch am ersten Schultag die Straße entlangmarschieren, in Uniform mit Krawatte. Ich hörte diese komischen Vögel lachen, die Kookaburras, und ich dachte, das macht jetzt Sinn, meine Freunde in Deutschland würden auch lachen, wenn sie mich so sähen.

Natürlich habe ich meine Freunde vermisst, ich hatte vor allem das Bedürfnis, mich mitzuteilen. Heute wäre das alles einfacher, man würde sich an den Computer setzen und mailen. Aber damals? Mal eben kurz telefonieren – undenkbar. Viel zu teuer. Wir haben tatsächlich Briefe geschrieben, ganz altmodisch. Bei mir stehen heute noch drei große Umzugskartons voller Briefe, die aus Deutschland gekommen sind. Ich habe versucht, meinen Freunden zu erzählen, was das ist: Australien. Alles verkehrt rum zum Beispiel, warm im Winter und kalt im Sommer. Dass wir unterm Weihnachtsbaum in kurzen Hosen gesessen und unsere Geschenke ausgepackt haben. Dass ich nach der Schule Kricket spiele oder Football, dass überall Tennisplätze sind, die man umsonst nutzen kann. Ich habe vom Meer erzählt, von den tollen weißen Stränden und dass ich schon mit sechzehn den Führerschein machen darf.

Nachdem ich mich an das australische Englisch gewöhnt hatte, ging es in der Schule ziemlich gut. Das Niveau war niedriger als bei uns, aber ich habe auch davon profitiert, dass ich noch nicht so viele Freunde hatte und am Anfang mehr zu Hause gesessen und gelernt habe. In Deutschland war ich immer ziemlich unkonzentriert gewesen, ich hab' mich so durch das Gymnasium gezappelt. In Adelaide schrieb ich zum ersten Mal richtig gute Noten, und das hat mir Aufschwung gegeben. Ich dachte: Mensch, ich weiß ja doch was, ich bin gar nicht so dumm. Es war immer mein Traum gewesen, Arzt zu werden, aber in Deutschland hatte ich mir das längst abgeschminkt. In Australien schien plötzlich alles wieder möglich, ich hab' mir gesagt: Wenn ich weiter lerne, gibt's vielleicht ja doch noch 'ne Chance.

Nach dem Abitur habe ich dann tatsächlich angefangen, Medizin zu studieren, an der Flinders-Universität in Adelaide, sechs Jahre lang. Das Studium hat mir Spaß gemacht, ich glaube, es war auch einfacher als in Deutschland. 1989 habe ich mir den Unibetrieb in Berlin mal angeschaut, und ich dachte: Mensch, die Jungs haben ja noch richtig Stress. Diese Paukerei, die vielen Scheine, die man dauernd machen musste. Wir hatten auch unsere Halbjahresprüfungen, aber es war übersichtlich, es war nie zu viel. Und es war immer relevant, da war immer ein Bezug zur Klinik.

Meine Assistenzjahre habe ich in Canberra verbracht, am Royal Canberra Hospital. Wenn ich nach Sydney gegangen wäre, hätte das womöglich mehr Stress bedeutet, mehr Konkurrenz, mehr Wettbewerb. Canberra war nicht so groß und berühmt, man hat sich der jungen Ärzte angenommen, es war eine supernette Atmosphäre. Die Hierarchie ist ja in Australien ohnehin viel flacher als in Deutschland, und man ist vor allem viel freundlicher im Umgang miteinander. Man kann den nächsten Oberarzt anquatschen, ohne sich Gedanken machen zu müssen. Auch die Chefs sind nett, niemand will mit »Herr Doktor« angeredet werden, es ist viel entspannter als bei uns.

Meinen Facharzt für Anästhesie hatte ich 1998 in der Tasche, und damals hab' ich beschlossen: Jetzt gehe ich erst mal nach Deutschland zurück. Ich konnte das nicht so ausdrücken, aber ich glaube, ich hatte das Gefühl, nicht abgeschlossen zu haben mit dem Land. Ich war ja schon fast sechzehn, als wir ausgewandert sind, und obwohl ich nicht unglücklich war in Australien – hundertprozentig konnte ich mich nicht anpassen. Ich hab' mich manchmal gefragt: Sprechen wir eigentlich die gleiche Sprache, die Aussies und ich? Inzwischen weiß ich, dass es an kulturellen Unterschieden liegt, wenn ich Schwierigkeiten habe. Wenn ich zum Beispiel den Eindruck habe, da läuft mal wieder etwas, das für mich keinen Sinn macht.

Hin- und hergerissen zwischen zwei Kontinenten: der Arzt Ingo Weber und seine Frau Gemma

Australien hat viel vom American Way of Life, aber es ist vor allem britisch geprägt. Der Humor oder wie man miteinander umgeht, wie man sich auseinandersetzt, auch politisch, das ist englisch, durch und durch. Man äußert sich zum Beispiel nie so direkt, wie das in Deutschland üblich ist. Man sagt nicht: Ich mag das nicht, mir gefällt das nicht – die englische Sprache hat unheimlich viele Wörter, die ganz subtil eingesetzt werden. Man umschreibt auf sehr höfliche Weise, was man nicht will oder anders einschätzt. Meine Frau hat in Deutschland jahrelang Englisch unterrichtet, sie kennt die feinen Unterschiede, und sie korrigiert mich oft. Wenn ich zum Beispiel sage »Can I have«, dann weist sie mich zurecht: Das ist schlecht, das klingt herrisch für unsere Ohren.

Auch wenn man im Job ein Problem lösen muss, kommt man nie direkt darauf zu sprechen. Man redet erst mal über das Wetter, vielleicht auch über Sport, und irgendwann spricht man das strittige Thema an, so ganz nebenbei. Für Deutsche ist das schwer zu verstehen, ich beobachte das immer wieder. Ich höre, wie Deutsche sich den Australiern gegenüber ausdrücken, und ich denke, ach ja, die werden nicht weit kommen. Der Bruder eines Freundes zum Beispiel ist bei Aldi in Sydney Manager gewesen, und er hat sich irre schwergetan, die Leute zu motivieren. Als er mir die einzelnen Situationen geschildert hat, konnte ich nur grinsen, innerlich. Du musst, du sollst, wir machen das jetzt soundso – das geht nicht in Australien, das muss auf andere Art gesponnen werden.

Ich hatte keine konkreten Pläne, als ich 1998 nach Deutschland kam. Ich bin ein paar Monate lang gereist, mit dem Rucksack quer durch Europa. Ich habe alte Freunde besucht, und irgendwann ging das Geld zu Ende. Ich dachte: Du fühlst dich wohl hier, die Qualifikation hast du in der Tasche, bewirb dich doch einfach mal. Im Kopf hatte ich Berlin oder München, gelandet bin ich schließlich an einem Krankenhaus in Aachen. Klar, es kann dort grau und regnerisch sein, aber die Stadt hat mir gut gefallen. Sie ist übersichtlich, nicht zu groß, es war einfach, soziale Kontakte zu knüpfen. Man hat immer irgendwelche Menschen getroffen, mit denen man sich gut unterhalten konnte. Man hatte die gleichen Interessen, man hat sich verstanden.

Es gab viele Pluspunkte für Aachen, überhaupt für Deutschland, und trotzdem bin ich nach sieben Jahren gegangen. Der Grund war einzig und allein: Ich hatte die Schnauze voll von der Gesundheitspolitik. Die Verwaltung hat immer mehr reingefunkt in unsere Arbeit, überall gab es Kürzungen. Und der Verdienst war auch nicht toll. Kein Urlaubsgeld, kein Weihnachtsgeld, schließlich wurden auch immer weniger Überstunden bezahlt. Wenn man sich dann seine Freunde anschaut, den Physiotherapeuten zum Beispiel oder den Bankangestellten, dann denkt man sich: Holla, was ist denn hier los, das kann doch nicht sein. Die haben kein Studium und verdienen mehr als du. Meine Freundin Gemma – mittlerweile sind wir verheiratet – war inzwischen auch nach Aachen gekommen, und wir haben bestimmt nicht sonderlich aufwendig gelebt. Wir hatten kein Auto, unsere Wohnung kostete 380 Euro, und trotzdem blieb am Monatsende nicht viel übrig.

Aber es ging nicht nur ums Geld. Was mich und viele meiner Kollegen am meisten geärgert hat: Da war auf der einen Seite ein enormer Druck, du solltest lernen, forschen und immer ökonomischer arbeiten, andererseits gab es keine Gegenleistung. Für Weiterbildung wurde nichts getan, das musste man selber bezahlen und auch noch die Freizeit dafür opfern. Und die Chefärzte schienen mir nicht daran interessiert zu sein, etwas zu ändern. Viele sind Egomanen. Jeder hat seine Abteilung, keiner will sich dreinreden lassen. Die an einen Tisch zu bekommen, das ist extrem schwierig.

Jedenfalls wurden wir jungen Ärzte immer unzufriedener, und schließlich fingen die ersten an, sich in Richtung England und Holland zu orientieren. Es hieß, in den Niederlanden verdient man dreimal so viel, hat mehr Urlaub und es gibt einen großen Etat für Weiterbildung. Ich hatte mich schon beworben, als mir plötzlich bewusst wurde: Mensch, wieder ein neues Leben anfangen, wieder eine neue Sprache. Gleichzeitig informierte mich mein Kollege Bernd, der nach Adelaide gegangen war, dass an seinem Krankenhaus eine tolle Stelle ausgeschrieben sei. Ich kannte den Laden, ich hatte da früher schon gearbeitet. Gemma und ich haben nur kurz überlegt und dann beschlossen: Okay, gehen wir zurück.

Inzwischen sitzen mindestens acht meiner ehemaligen Kollegen aus Aachen hier in Australien. Wir haben uns nicht abgesprochen, das hat sich so ergeben. Erst ist der Bernd rüber, dann der Helmut, dann Conny, André mit seiner Frau – und so weiter. Ich komme gerade von einem Ärztekongress in Brisbane zurück, und da waren von dreißig Teilnehmern auch immerhin fünfzehn, die aus Deutschland stammen.

Für mich sind die Bedingungen hier traumhaft. Ich werde deutlich besser bezahlt, die Arbeitsatmosphäre ist gut. Ich habe viel Freizeit, es herrscht mehr Flexibilität, und es gibt eine Menge Unterstützung für die Weiterbildung. Beruflich könnte ich in Deutschland nicht mehr existieren, das würde ich kein halbes Jahr aushalten. Ich bin jetzt etwas ganz anderes gewohnt. Aber wenn man mich nach meinem Traum fragt, dann würde ich sagen: Diese Stelle hier in Adelaide mit all ihren Vorteilen in einer deutschen Stadt, Aachen vielleicht oder München.

Es geht uns gut hier, wir fühlen uns wohl, das ist es nicht. Und wenn wir mal Kinder haben, dann ist es vermutlich besser, sie hier aufwachsen zu lassen. Hier ist mehr Raum, es gibt tolle Freizeitmöglichkeiten für Kinder. Und die Ganztagsschulen machen es den Frauen leichter. Aber so ein richtig tiefes Gefühl, das habe ich nur für Deutschland. Ich spüre, da gehöre ich hin, und das wird auch immer so bleiben. Ich mag die Denkweise, ich mag die Politik. Man kann Ideen austauschen, die Bereitschaft ist da, neue Technologien anzunehmen. Zum Beispiel beim Thema Klimaschutz. Hier ist man den Problemen viel mehr ausgesetzt, aber ich finde, es gibt zu wenig Antworten. Australien ist ein flaches, ein hartes Land. Die Sonne knallt drauf, man fühlt sich nicht geschützt. In einer Stadt wie Aachen, wo auch die Häuser solide gebaut sind, habe ich mich viel beschützter gefühlt. Ich finde, hier setzt man sich nicht richtig mit den Dingen auseinander, und das fehlt mir. Ich brauche Leute, mit denen ich reden kann. Ich bin einfach zufriedener in einer Umgebung, wo man sich gegenseitig anstößt, diskutiert, argumentiert.

In Australien fällt es mir auch schwerer, meine Kunst zum Ausdruck zu bringen. Ich fotografiere gern, ich spiele Gitarre und Didgeridoo. Aber ich merke, dass ich hier viel lethargischer bin als in Deutschland, dass ich dazu neige, diese Interessen zu vernachlässigen. Das liegt natürlich auch am Klima. Es ist heißer hier, man bewegt sich eher außerhalb des Hauses, treibt mehr Sport. Es ist einfach so: Das Land formt einen.

Andererseits – es ist natürlich wunderschön, dieses Land. Ich liebe die Natur, da ist Australien einfach toll. Die Weite, die Leere, die Einsamkeit, und dann auch wieder die Farben. Australien ist ein Land voller Kontraste, und das gefällt mir. Viele Deutsche haben eine besondere Beziehung zu Australien, so etwas wie eine unbestimmte Sehnsucht. Das mag am Hang der Deutschen zur Romantik liegen, vielleicht aber auch daran, dass ihnen Australien zwar vertraut erscheint, gleichzeitig jedoch ganz anders ist.

Die Mentalität zum Beispiel. Die Deutschen sind absolut korrekt, es gibt für alles Regeln, viele Schilder. In Australien gilt erst mal: »You can do what you want« – du tust, was dir gefällt. In Deutschland macht man sich um alles Sorgen. Hier heißt es: »Don't worry, you will be all right, man« – bleib ruhig, alles wird gut. Was sofort auffällt, ist die große Freundlichkeit der Menschen. Oberflächlich gesehen ist das richtig. Aber ich finde, irgendwo ist da eine Wand, man kommt nicht weiter. In Deutschland ist es umgekehrt. Anfangs tut man sich schwer, Beziehungen aufzubauen, aber wenn man die Mauer durchbrochen hat, dann öffnet sich eine Welt.

IV Staub und Steine
In der Hitze des Outbacks

17 »Das hat ihm das Herz gebrochen«
Es war einmal in Broken Hill

Die Abschiedsarie der Violetta erklingt im Autoradio, als sich einige Hundert Kilometer hinter Adelaide das heitere Grün der Weinberge am kalten Gelb schier endloser Weizenteppiche bricht. Vor allem zu den Wolken, die schwarz und schwer über dem Land lasten, passt das unheilschwangere Finale aus Verdis Oper *La Traviata*.

Wir sind auf dem Barrier Highway in Richtung Osten unterwegs. Als wir in einer seiner heruntergekommenen Raststätten in einer Lokalzeitung blättern, beschleichen uns Zweifel, ob wir unser Ziel, die Opalfelder von White Cliffs, jemals erreichen. Auf Seite eins posiert ein junges Paar vor einem umgestürzten Baum, der die beiden fast erschlagen hätte. Die Regengüsse vor dem Sturm, so ein Report, seien die verheerendsten seit dreißig Jahren gewesen. Mit Sandsäcken bauten die geschädigten Farmer einem neuen Unwetter vor.

Einer der Berichte ist mit »Lisa Bachmayer« unterzeichnet. Wenn wir in dieser einsamen Gegend schon eine Zwangspause einlegen müssen, so unser Kalkül, dann sollten wir wenigstens die Chance nutzen, eine Kollegin mit deutschem Hintergrund zu interviewen. Vielleicht, so fantasieren wir uns zusammen, ist sie ja als Austauschschülerin in Adelaide hängengeblieben, hat dort Publizistik studiert und absolviert nun ein Volontariat in der Provinz. Also: anrufen beim »Mid North Broadcaster«!

»Hallo, wir sind Autoren aus Hamburg und recherchieren für ein Buch über deutsche Auswanderer. Aus Ihrem Namen schließen wir…«

»… dass ich aus Deutschland stamme? Nein, damit kann ich leider nicht dienen. Meine Vorfahren sind aus Österreich-Ungarn eingewandert. Im 19. Jahrhundert war das. Ich selbst war noch nie in Europa.«

»Äh … sorry … Woran schreiben Sie gerade?«

»Über das Wetter in den nächsten Tagen.«

»Und wie wird es?«

»Wechselhaft.«

»Glauben Sie, dass man den Barrier Highway in Richtung Osten passieren kann?«

»Bis vor zwei Tagen war er gesperrt. Aber vielleicht schaffen Sie's ja. *Good luck*.«

Schon wenige Kilometer nach dem Hotel, in dem wir übernachtet haben, warnt ein Schild: »Water on the road«. Tatsächlich sind die Schlaglöcher randvoll mit brackigem Wasser. Scheibenwischer an, Augen zu – und durch. Die Wolle der Schafe, die unter dem dunkel dräuenden Himmel weiden, trieft noch vom letzten Schauer. Werden sie von einer Bö erfasst, schwingen die Markierungsstangen am Straßenrand mit einer solchen Vehemenz, dass das Auge sie nur noch verschwommen wahrzunehmen vermag. Doch dann wächst aus der Tristesse des späten Nachmittags ein rot leuchtender Förderturm. Er ist das Wahrzeichen von Broken Hill, einer Stadt von 24000 Einwohnern, in der man auf jeden Fall festen Boden unter den Füßen hat und in der es, wie wir von früheren Besuchen wissen, einen Supermarkt, etliche Motels, ganz viele Pubs und sogar einige passable Restaurants gibt.

Als Erstes steuern wir das kommunale Informationszentrum an, von dem wir uns Auskunft über den Zustand der Straßen erhoffen. Ein ganzer Pulk von Autofahrern umlagert die Aushänge, deren häufigster Bescheid, wie man auf den ersten Blick erkennt, »closed« lautet. Nach White Cliffs führen zwei Pisten, eine unbefestigte und eine geteerte. Die erste, die eine sehr abenteuerliche Outbacklandschaft durchmisst, ist gesperrt. Hinter der nicht so attraktiven Alternative heißt es: »Open«. Aber gilt das auch morgen?

Wir decken uns in der Bibliothek erst mal mit Lesestoff ein und stoßen dabei auf eine Geschichte von dem Format jener Oper, deren düsteres Finale den Start zu dieser Recherchenetappe musikalisch umrahmte. Ihr schillernder Held ist ein Auswanderer aus Deutschland, der Broken Hill, das zu den bedeutendsten Bergbauzentren der Welt gehört, zur Blüte verhalf. Dass ihn die Aura eines Mythos umgibt, hat auch mit seiner etwas nebulösen, die Fantasie beflügelnden Herkunft zu tun.

Als sich dieser Immigrant 1871 nach seiner Ankunft in Melbourne von den Behörden registrieren lässt, gibt er an, am 7. Oktober 1846 unter dem Namen Charles Rasp im schwäbischen Cannstatt geboren zu sein. Ein solcher Name, findet später ein australischer Historiker heraus, existiert in den Akten der dortigen Standesämter aber nicht. In Wahrheit heiße der Mann Hieronymus Salvator Lopez von Pereira und sei der Spross einer portugiesischen Aristokratenfamilie. Sein Vater habe für einen deutschen Prinzen als Privatsekretär gearbeitet und eine Adlige aus Sachsen geheiratet. Dort sei der Sohn am 23. November 1847 auf einem Schloss zur Welt gekommen.

Nach dem Tod seiner Eltern, so diese historische Version, nehmen Pariser Verwandte den Jüngling auf. Sie ermöglichen ihm eine exzellente Ausbildung, an deren Ende er außer Deutsch vier Sprachen beherrscht: Französisch, Englisch, Russisch und Portugiesisch. Mit 19 verliebt er sich in eine deutsche Gräfin, deren Eltern eine Heirat allerdings ablehnen. »Das hat ihm das Herz gebrochen«, so ein Chronist.

Eine adlige Herkunft, ein weltläufiger Habitus – mit solchen Qualitäten erhöht man normalerweise sein Ansehen und optimiert seine Chancen. Warum also diese Geheimnistuerei um den Namen? Das liegt wohl an der militärischen Karriere unseres Helden. Als 23-jähriger Offizier nimmt er im De-

Australiens Wilder Westen: das Bergbauzentrum Broken Hill

zember 1870 an der Belagerung von Paris durch die preußische Armee teil. Er muss miterleben, wie Dutzende seiner Kameraden in diesen bitterkalten Wintertagen erfrieren, und er zieht sich selbst einen Lungenschaden zu. Und als Soldat, der sowohl deutsch als auch französisch fühlt, leidet er auch psychisch. Ein britischer Kriegskorrespondent schwärmt ihm von einem fernen Kontinent vor, der eine verheißungsvolle Alternative zu den Schlachtfeldern Europas bietet.

Tatsächlich desertiert der kriegsmüde junge Mann von seiner Truppe und schlägt sich nach Holland durch, von wo er per Schiff nach Australien aufbricht. Um die dubiosen Umstände seiner Auswanderung zu vertuschen, bedient er sich des Nachnamens seines im Krieg gefallenen Freundes Emanuel Raspe. Fest steht, dass der Adlige in seiner neuen Umgebung ganz unten anfängt. Er hält sich als Obstpflücker über Wasser, versucht sich als Goldschürfer, verdingt sich als Hilfskraft auf einer Farm, belädt Schiffe in den Häfen des Darling River, schuftet in einer Zinnmine. Für Erz hat er ein

Gespür, weil ihm der Bergbau aus dem heimischen Erzgebirge vertraut ist.

Am 5. September 1883 ist der Mann, der als Charles Rasp in die australischen Geschichtsbücher eingehen wird, als Grenzreiter in der Gegend um das heutige Broken Hill unterwegs. Ein Stück Land, das ihm wegen seiner ungewöhnlichen Oberfläche auffällt, verlässt er nicht, ohne es genau zu markieren. Der Auswanderer aus Sachsen ist, wie sich schon bald herausstellt, auf einen unermesslichen Schatz an Silber, Blei und Zink gestoßen. Mit einigen Mitstreitern gründet er am 16. Juli 1885 die »Broken Hill Propriety Company«, die heute unter dem Firmennamen BHP zu den wenigen multinationalen Konzernen Australiens gehört.

Einige der neureichen Aktionäre verspielen ihr Geld sofort im Casino, andere ziehen sich ängstlich aus dem riskanten Geschäft zurück. Charles Rasp behält seine Anteile und steigt innerhalb weniger Jahre zu einem der reichsten Männer Australiens auf. Als das raue Bergarbeiternest Broken Hill seinen sozialen Ansprüchen nicht mehr genügt, zieht es ihn nach Adelaide, wo er zum Prinzipal der deutschen Gemeinde avanciert. Und er dient der Nation, der er seinen sagenhaften Aufstieg verdankt, als Friedensrichter.

Am 22. Juli 1886 heiratet Charles Rasp, aufs Gröbste gegen den Komment seiner Klasse verstoßend, die aus dem preußischen Woldenberg stammende Handwerkertochter Agnes Klevesahl. Die bildhübsche junge Frau kellnert in Adelaide in einem deutschen Café. Das Paar bezieht ein schlossähnliches Anwesen, gibt für die High Society der Stadt Empfänge und rauschende Bälle und residiert auf seinen Reisen nach Europa samt Hausdame in einem Luxushotel nach dem anderen. Am Anfang des 20. Jahrhunderts besuchen die beiden während eines Abstechers an den Rhein auch das Niederwalddenkmal. Das Pikante an dieser Visite: Das Monument erinnert an die Opfer jenes Krieges, dem sich der Reisende als junger Offizier durch Flucht entzog.

Der Baron und Feldmarschall Richard von und zu Eisenstein, mit dem das Paar im böhmischen Karlsbad kurt, wartet 1903 mit einem Gegenbesuch in Adelaide auf. Mit ihm verlobt sich die ehemalige Serviererin, nachdem ihr Mann Charles im Mai 1907 im Alter von sechzig Jahren an Herzversagen gestorben ist. Doch einen Tag vor der Hochzeit ereilt auch den Baron in einem Londoner Hotel der plötzliche Herztod. Übereifrig darauf bedacht, sich in der feinen Gesellschaft Deutschlands zu etablieren, heiratet die Witwe 1914 einen Grafen von Jadtwitz. Er fällt wenig später im Ersten Weltkrieg.

Eine Ehe mit einem deutschen Offizier – in Australien, das an der Seite der britischen Krone kämpfte, begreift man das damals als Schande. So wird die Gräfin, als sie aus Deutschland nach Adelaide zurückkehrt, umgehend enteignet. Ein wohlhabender Freund, der seine persönliche Loyalität über den Patriotismus stellt, sorgt mit seinem Einfluss dafür, dass die Witwe des Bergbaupioniers Charles Rasp ihr Vermögen per Sondergesetz zurückerhält. Am 26. Mai 1936 – bald sollte wieder ein großer Krieg die Welt erschüttern – stirbt sie im Alter von 79 Jahren. Die ehemalige »Queen von Adelaide« endet als Einsiedlerin, die ihr vieles Geld in allen möglichen Winkeln ihres Hauses versteckt hat.

Wir sind noch ganz benommen von diesem realen Auswanderermelodram, als wir zwei Autostunden östlich von Broken Hill in die Straße einbiegen, die nach White Cliffs führt, unser nächstes Ziel. »Open«, verkündet ein Hinweisschild.

18 »Die Höhle ist mein Schneckenhaus« Eine Lady entdeckt das einfache Leben

Es bedarf nicht vieler Worte, um das Bild zu beschreiben, das White Cliffs aus der Ferne bietet. Zwei Pyramiden aus Schutt mit Elektromasten auf der Spitze, eine rote Staubfahne, von irgendeinem Fahrzeug aufgewirbelt, ein wenig Wellblech im Vordergrund … Das war's.

Auch wenn man ihm näherkommt, wird dieser Ort nicht attraktiver. Als sein Wahrzeichen dient ein schrottreifer Lkw mit der Aufschrift »Welcome«. An seinen losen Blechteilen zerrt der Wind. Die Reifen sind rundum zerstochen. Wie in eine Mondlandschaft versetzt, fühlt man sich auf den weiten Flächen, auf denen sich ein Krater an den anderen reiht. Beim Anblick der kräftig rüttelnden Bänder, die von Gestein durchsetzte Klumpen zutage fördern, drängt sich der Schluss auf, dass es wohl ausschließlich die inneren Werte sind, von denen im westlichen Winkel des Bundesstaates New South Wales die Magie ausgeht. Und tatsächlich birgt hier der Schoß der Erde die edelsten Opale der Welt.

Wie im benachbarten Broken Hill ist es der Zufall, auf dem sich der Reichtum gründet. Am Fuße zweier Klippen, die im Vorabendlicht weiß aufleuchten, stößt ein Kängurujäger im Frühjahr 1890 auf einen Haufen glitzernder Steine. Die Experten, die den Fund inspizieren, sind sofort begeistert. Keine zehn Jahre später leben 4000 Bürger in White Cliffs, wo man allein zwischen 1897 und 1899 mehr als 90 000 Kilo Opale gewinnt. Um die Jahrhundertwende gibt es hier fünf Kneipen, vier Billardhallen, vier Orchester, ein Hospital, eine Molkerei, eine Fahrradfabrik sowie Dutzende von Casinos und Bordellen.

Doch dann erschüttert eine Serie von Krisen das aus dem Nichts gewachsene Dorado. Im fernen Böhmen werden massenhaft Imitate produziert. Das verdirbt die Preise auf dem Weltmarkt. Dürren trocknen die wenigen Brunnen aus. Epidemien dezimieren die Bevölkerung. Auf dem Friedhof erinnert eine Gedenktafel daran, dass innerhalb weniger Jahre allein etwa 500 Kinder an Diphtherie oder Auszehrung starben. In einem der Gräber ruht der aus Stuttgart stammende Edelsteinhändler Eugen Guggenheimer, der im Alter von 38 Jahren einer Grippe zum Opfer fiel.

Während der beiden Weltkriege herrscht Stillstand in den Schächten und Stollen. Die 200 Einwohner, die heute die Restbestände an Edelsteinen ausbeuten, leben auch unter der Erde. Dugouts heißen ihre Fluchtburgen, die Schutz bieten gegen die im Sommer unerträgliche Hitze. Wenn draußen fünfzig Grad gemessen werden, pendelt sich die Temperatur drinnen bei 23 Grad ein.

Barbara Gasch, 1942 in Blaubeuren auf der Schwäbischen Alb geboren, wohnt im Dugout Nr. 117. Dort haben wir sie 1996 zum ersten Mal besucht und uns gefragt, wie lange sie es wohl aushält in ihrer selbst gewählten Isolation. Als wir im November 2007 zum vierten Mal bei ihr zu Gast sind, nennt sie White Cliffs »mein kleines Paradies«. Fast vier Tage nimmt sie sich Zeit, um uns vor Augen zu führen, warum sie als Traum begreift, was andere als Alptraum empfinden.

Sonntag, 4. November. Barbara quartiert uns in dem Container ein, der in dem kleinen Garten vor ihrer Wohnhöhle steht. Sie hat das Gehäuse in der gut 800 Kilometer entfernten Metropole Sydney erworben, wo es mal zu den Unterkünften im olympischen Dorf gehörte. Irgendwann während unseres Besuches, so verspricht sie uns, wird sie uns durch ihr unterirdisches Reich führen. Aber erst einmal steigen wir hinab in die Labyrinthe ihrer Kindheit, in denen, wie sie selbst vermutet, ihre Leidenschaft für solche bizarren Szenarios wurzelt.

»Ihr müsst wissen: In der Umgebung meiner Heimatstadt Blaubeuren gibt es ein verzweigtes System von Kalksteinhöhlen. Für uns Kinder war das ein einziger Abenteuerspielplatz. Ich werde oft gefragt, ob ich nicht Angst hatte, wenn ich da rumgekrochen bin. Angst? Glücklich und geborgen habe ich mich da gefühlt. Ich behaupte, dass ich ein echtes Höhlenkind bin. Die Höhle war und ist mein Schneckenhaus.«

Während sich Barbara die Unterwelt von Blaubeuren erschließt und dabei Wohlbehagen empfindet statt Unbehagen, taucht ihr Vater in den Abgründen der Ozeane. Als Meeresbiologe begleitet er den berühmten Unterwasserforscher Hans Hass auf seinen Expeditionen. Seine abenteuerlichen Berichte machen die Tochter auch neugierig auf die Welt jenseits des schwäbischen Idylls und infizieren sie mit dem Bazillus des Fernwehs. »Am meisten haben mich seine Erzählungen von den Korallenriffs vor der australischen Küste begeistert. Und immer hat er mir von seinen Reisen etwas mitgebracht: Ketten aus Muscheln, Seesterne und einmal sogar Walfischzähne. Wenn ich zurückdenke, fällt mir noch eine ganz besondere Eigenschaft meines Vaters ein: Er hat nie davor zurückgeschreckt, sein Leben zu verändern und sich neuen Herausforderungen zu stellen.«

Barbara ist sieben, als ihr Vater sich entschließt, Blaubeuren zu verlassen und in Darmstadt als Wissenschaftler zu arbeiten. Die Schule, das Kunststudium, die ersten Erfolge als Goldschmiedin, die eigene Galerie, die Heirat mit einem Manager – Stufe für Stufe führt die Leiter ihres Lebens in eine Bürgerlichkeit, die zwar Freiheiten zulässt, aber nur in Grenzen. Irgendwann gelangt sie nach all den Partys und Vernissagen an einen Punkt, an dem ein verwegener Imperativ von ihr Besitz ergreift: Raus aus dem Käfig der Konventionen! Dass ihre Kinder aus dem Haus sind und ihre eigenen Familien gründen, erleichtert ihr den ersten Schritt: die Scheidung von ihrem in Darmstadt hoch angesehenen Mann, mit dem sie heute freundschaftlich verbunden ist.

Die erfolgreiche Goldschmiedin ist 48, als im Szenerestaurant »Goldene Nudel« im nahe gelegenen Ober-Ramstadt die Vorentscheidung für die Wende fällt. Sie konfrontiert dort ihre beste Freundin mit ihrem Entschluss, einen radikalen Schnitt zu machen und sich einen neuen Lebensmittelpunkt fernab von Darmstadt und seinen gesellschaftlichen Verpflichtungen zu suchen. »Australien«, empfiehlt die Freundin, die sich bereits auskennt auf diesem Kontinent, spontan. Sie erklärt sich bereit, Barbara Gasch auf einem ersten Erkundungstrip zu begleiten und prophezeit in Sektlaune: »Du wirst dich in einen Mann aus dem Busch verlieben und dableiben!«

Die Freundinnen sparen 10000 Mark zusammen und buchen einen Flug nach Sydney. Sechs Monate reisen sie mit dem Bus und per Anhalter durch das Land. Sie stehen staunend vor dem Ayers Rock, dem von den Aborigines geheiligten Monolithen, sehen an der Goldküste der Jugend beim Surfen zu, durchstreifen die Regenwälder des Nordens, lassen sich in den Metropolen von der Leichtigkeit des Lebens anstecken. Doch ausgerechnet in White Cliffs macht es bei Barbara Gasch, wie sie sich ausdrückt, »so richtig bäng«. Der Himmel, die Höhlen, die Opale – in dieser Mischung aus Weite, Geborgenheit und Herausforderung erfüllt sich eine Sehnsucht, die in Blaubeuren heranreifte und in Darmstadt nicht mehr zu bändigen war. Und wie sich jeder Süchtige einen Vorrat an Stoff anlegt, so schlägt die Goldschmiedin in White Cliffs sogleich die Pflöcke für die Zukunft ein. »Eine Höhle zum Wohnen aussuchen, danach sofort zur Post rennen und die 6000 Dollar überweisen lassen, die das Dugout kostete – das ging alles wie im Rausch über die Bühne. Mein ganzes Handeln ordnete sich einem einzigen Ziel unter: Da willst du hin. Das ist dein Platz.«

Als die Aussteigerin ein Jahr später endgültig das gediegene Jugendstilambiente einer hessischen Universitätsstadt gegen ein kulturloses Kaff im australischen Outback eintauscht, raunt man im Darmstädter Establishment: »Die spinnt, die Gasch!« Ein wenig zweifelt die Gasch selbst an ihrem Verstand, nachdem sie, von Broken Hill kommend, mit einer kleinen Propellermaschine auf der steinigen Piste von White Cliffs gelandet ist. Eine Flut schneidet den Ort von der Außenwelt ab und zieht auch ihre Höhle in Mitleidenschaft. Den Eingang versperrt die komplett weggebrochene Decke. Im Innern haben sich Mäuse, Spinnen und Schlangen eingerichtet. Im Nu frisst sich die Feuchtigkeit bis zu den Erinnerungsstücken in den aus Darmstadt mitgebrachten Koffern vor.

»Dass ich all diesen Krimskrams auf den Müll werfen musste, habe ich irgendwann sogar als Erleichterung empfunden. Schließlich wollte ich in White Cliffs ein völlig neues Leben beginnen, in dem der Überfluss, der mich in Deutschland erdrückt hatte, keine Rolle mehr spielte. Was mich aber wirklich umtrieb, war die Frage: Wo kommst du eigentlich unter in den Wochen, die die Renovierung der Wohnung in Anspruch nimmt? Ja, und dann stand da auf dem Hügel hinter meiner Höhle plötzlich so'n Typ. Doug war das, mein Nachbar. Er servierte mir erst mal ein kräftiges Frühstück und bot mir den Caravananhänger in seinem Garten als Übergangslösung an. Und so kitschig es klingen mag – wir haben uns sofort ineinander verliebt.«

Unterschiedlicher können Partner kaum sein. Barbara: rank und schlank, zerbrechlich, kreativ, noch immer etwas schwärmerisch, die grauen Haare sportlich kurz geschnitten. Doug: gedrungen, handfest, pragmatisch, eigenbrötlerisch. Während man sich Barbara noch immer mit dem Champagnerglas in der Hand bei einer Vernissage vorstellen kann, passt zu ihm der Presslufthammer, mit dem er in seinem eigenen kleinen Bergwerk die Adern mit den Opalen freilegt. Was die beiden vereint, ist der Mut, mit der Vergangenheit radikal zu brechen. Doug hat, bevor er über Pakistan, Indien und Burma nach White Cliffs kam, in der englischen Provinz als wohlbestallter Schlosser gearbeitet.

Als die beiden 1991 heiraten, werden sie auch Geschäftspartner. Den Laden, den sie in der Nachbarschaft ihrer Höhle eröffnen, bestückt Barbara Gasch mit ihren eigenen Kreationen: kunstvoll in Silber gefassten Opalen, die ihr Mann in seiner Mine gewinnt, oder raffiniert zu Schmuck verarbeiteten Insekten. Eine wichtige Zielgruppe sind die Abenteuertouristen, die es hin und wieder nach White Cliffs verschlägt.

»War es einfach für dich«, fragen wir Barbara Gasch, »dich in White Cliffs zu integrieren?«

»Ich bin hier am Anfang auf sehr viel Hilfsbereitschaft gestoßen, aber nicht bei allen. Einige Männer waren sauer auf Doug, weil er ihnen eine Heiratskandidatin weggeschnappt hat. Und so manche Frau hat in mir eine Konkurrentin gesehen. Man muss wissen, dass Männer hier draußen wegen ihrer praktischen Fähigkeiten einen enormen Stellenwert haben. Die können Autos reparieren und Minen in Gang setzen. Und wenn man von einer Schlange bedroht wird, kommen sie mit dem Spaten und schlagen sie tot. Doug ist so ein Typ: Der kann wirklich alles.«

Bisher hat sich der Gesprächsbeitrag des Alleskönners auf ein gelegentliches Lächeln und Nicken beschränkt. Schließlich kennt er sie in- und auswendig, die Geschichten seiner Frau, die zurückreichen bis in ihre Kindheit in Blaubeuren. Als wir allerdings auf die gesellschaftlichen und politischen Verhältnisse in Australien zu sprechen kommen, bricht es eruptiv aus Doug heraus. »Das muss man sich mal vorstellen: Die britische Königin ist noch immer unser Staatsoberhaupt. Monarchie … weg mit diesem Schwachsinn! Und wenn australische Eltern ihre Kinder auf Privatschulen schicken wollen, dann soll'n sie das in Gottes Namen tun. Aber dass ich mit meinen Steuern solche Eliteschulen mitfinanziere, das geht entschieden zu weit.«

Dougs wie ein Mantra vorgetragenes Bekenntnis zum Sozialismus wartet Barbara Gasch noch ab. Doch als er zu einer Suada gegen die multinationalen Lebensmittelkonzerne ansetzt, die das Volk mit ihren industriell produzierten Waren vergiften, bittet sie uns diskret zu einem Gang durch ihr unterirdisches Refugium.

Wir erwarten klaustrophobisches Dunkel – und geraten in eine beglückende Helligkeit. Ihre Quellen sind die Lichtschächte, die den Blick freigeben auf einen von keinem Wölkchen getrübten Himmel, und die in einem strahlenden

Weiß getünchten Wände, in denen man noch die Spuren des mit roher Gewalt vorwärtsdrängenden Presslufthammers erkennt. Gottlob hat Barbara Gasch gar nicht erst versucht, die Unebenheiten, die er hinterließ, mit Meißel und Schmirgelpapier zu begradigen. Nicht wie eine Begrenzung wirken die Wände durch diesen Mangel an Akkuratesse, sondern wie der integrale Bestandteil einer Grotte, die, weil von ihr eine fast sakrale Wirkung ausgeht, den Geist beruhigt und gleichzeitig anregt.

Auch die Übergänge von der Werkstatt mit ihren Lötgeräten, Pinzetten und Bohrern zum Wohnbereich mit seinen Regalen, Leseecken und Leuchten sind fließend. Als innenarchitektonisches Scharnier dient in diesen türlosen Trakten ein Dekor, das vom ausgeprägten Individualismus seiner Bewohner zeugt. Hinter dem Glas der Vitrinen glänzen Opale in den Farben des Regenbogens. »Der Opal«, heißt es in einer Fachschrift, die uns Barbara Gasch in die Hand drückt, »kann als einer der geheimnisvollsten aller Edelsteine bezeichnet werden. Alle Farben des Sonnenspektrums bringt er aus seinem Innern in effektvollster Weise zur Geltung.«

Eine Gruppe nackter Schaufensterpuppen füllt eine der vielen Ecken aus. An die Wände des Flures sind ein ausgestopfter Flughund und der mumifizierte Kopf eines Perlhuhns drapiert. Versteinerte Würmer und Schnecken, ein Ensemble von Puppen und bemalte Emu-Eier, die befreundete Künstler aus der Aborigine-Community beisteuerten, vollenden das exotische Ambiente.

Vier Räume hat Barbara Gasch, die auch selbst zum Presslufthammer greift, bisher in das Erdreich getrieben. »Ich habe gleich nach meiner Ankunft in White Cliffs mit dem Ausbau begonnen und werde wohl nie damit aufhören. Denn diese Variante zu wohnen, bietet im Grunde ja nahezu unbegrenzte Möglichkeiten.«

Der Himmel über White Cliffs scheint bereits im Violett des frühen Abends auf, als wir, noch ganz benebelt von unserem Ausflug in die Unterwelt, ins Freie treten. Keine Stunde später bricht die Herrschaft der Sterne an, die, weil keine andere Lichtquelle sie verblassen lässt, mit der gleichen Kraft funkeln wie unten im Erdreich die Opale. »Wie zum Greifen nahe«, sagt Barbara Gasch. »Als ich Deutschland verlassen habe, gab es da gerade eine spirituelle Welle. Ich habe das überhaupt nicht gemocht. Aber immer, wenn ich diesen Sternenhimmel auf mich wirken lasse, kommen mir selbst spirituelle Gedanken.«

Montag, 5. November, morgens. Wir steigen zu Barbara Gasch in ihren klapprigen Ford und steuern das Zentrum von White Cliffs an, das sich auf einen Pub, einen Krämerladen, eine kleine Kirche und eine Tankstelle reduziert. »Hier beurteilt man die Dinge nach ihrem Gebrauchswert«, doziert sie, als sie merkt, dass wir etwas irritiert auf die Spinngewebe reagieren, die sich wie ein löchriger Vorhang vom Rückspiegel bis zu den Seitenfenstern ausbreiten. »Das Auto fährt. Nur das zählt. Überhaupt lernt man hier wieder den ursprünglichen Zweck der Dinge schätzen. Auch den eines Eimers. Mal schnell in die Stadt fahren und einen neuen kaufen – das geht nicht so einfach. Der nächste Supermarkt ist 300 Kilometer entfernt.«

Unter dem Blechdach vor der Kneipe haben sich bereits mehrere Dutzend Bürger aufgereiht. Sehnsüchtig blicken sie in Richtung Westen, wo das graue Band einer Fernstraße mit dem Horizont verschmilzt. Als auf einer Anhöhe ein von Staubfahnen umhüllter Punkt sichtbar wird, atmen die Wartenden auf. Der »alte Ken«, das steht nun fest, hat es wieder mal geschafft. Zweimal im Monat breitet der in einem fruchtbaren Delta beheimatete Bauer im Herzen von White Cliffs seine Schätze aus: Eier, Blumenkohl, Bananen, Äpfel, Radieschen … Wir wundern uns über die ungewöhnliche Größe der Produkte. »Wenn in Australien etwas wächst«, klärt uns der alte Ken auf, »dann wächst es.« Die Betonung liegt auf dem »Wenn«.

Fast das gesamte Outback im Bundesstaat New South Wales, erzählt uns der Landwirt, klappere er mit seinem Lastwagen ab. 6000 Kilometer habe er letzte Woche wieder zurückgelegt.

»6000 Kilometer? Wie viele Arbeitsstunden kommen dabei zusammen?«

»Ungefährt hundert.«

»Sind die Straßen frei im Moment?«

»Die Gegend von Port Augusta ist überschwemmt. Da gibt es kein Durchkommen mehr.«

Port Augusta? Im Westen von White Cliffs liegt das. Wir wollen in den nächsten Tagen weiter in Richtung Osten. »Kein Problem«, sagt der alte Ken.

Uns fällt auf, dass sich unsere Gastgeberin Barbara Gasch mit einigen der Kunden auf Deutsch unterhält. Und tatsächlich: Außer ihr decken sich noch drei andere Bewohner, die es aus der Bundesrepublik hierher verschlug, mit Obst und Gemüse ein. Irmhild, Übersetzerin von Beruf, stammt aus Freiburg im Breisgau und lebt seit 1968 in Australien. 1988

Fasziniert von Opalen: die Goldschmiedin Barbara Gasch und ihr Mann Doug

kann sie bei einer Rundreise der suggestiven Kraft nicht widerstehen, die an der Abzweigung nach White Cliffs von dem Hinweisschild »Opal fields« ausgeht.

»Schürfen Sie selbst?«

»Schürfen ist meine Leidenschaft.«

»Sind Sie schon mal auf wertvolle Steine gestoßen?«

»Bisher noch nicht. Aber es könnte in jedem Augenblick passieren. Wirklich: in jedem Augenblick. Das macht den Reiz aus.«

Barbara Gasch mischt sich in unser Gespräch ein. »Da unten«, ergänzt sie, »vergisst man völlig den Alltag. Schließlich taucht man in eine Welt ein, die Millionen Jahre alt ist. Man gerät dabei in einen Rausch wie beim Tauchen.«

Der Kunde Karl berichtet uns, er habe als Jugendlicher der Volkssturmtruppe angehört, die 1945 die Donaubrücke bei Ulm gegen die heranrückenden Amerikaner verteidigte. In den fünfziger Jahren ist er einer der ersten Deutschen, die nach dem verheerenden Krieg ihr Glück in Australien suchen. Als ehemaliger Arbeiter in einer Fabrik für Tierfutter bezieht er eine Rente, mit der man in einer Metropole wie Sydney mehr schlecht als recht existieren könnte, die für das einfache Leben in White Cliffs aber ausreicht. Weniger als umgerechnet fünfzig Euro muss man für eine durchschnittliche Höhlenwohnung an Gebühren zahlen – im Jahr.

Und dann ist da noch Otto, der Fotograf, dessen grandiose Aufnahmen von australischen Landschaften und ihrer Tierwelt wir bereits in Barbara Gaschs Laden bewundert haben. »Scheu und äußerst sensibel« sei ihr Nachbar, hat sie uns erzählt. Deswegen sind wir froh, dass er auf unseren Vorschlag eingeht, uns am nächsten Tag mit ihm in seinem Studio zu treffen.

Nach der Rückkehr von dem Einmannmarkt führt uns Barbara Gasch in ihren kleinen Garten, den sie unter jahrelangen Mühen dem kargen Boden abgerungen hat. Abgesehen von ein paar Stechpalmen und einigen Nestern aus Blumen ist er ganz darauf ausgerichtet, diesem Haushalt so viel Autarkie wie möglich zu sichern. Die Gemüse- und Salatbeete decken die Lücken ab, die der alte Ken mit seinen spärlichen Besuchen nicht füllen kann. Eine Schar von Perlhühnern liefert täglich frische Eier. Selbst der Mischlingshund, der auf den Namen »Mathilda« hört, erfüllt eine wichtige Funktion: Er verjagt die Karnickel, deren Wühlarbeit die Erfolge des Fleißes und der Planung über Nacht zunichte machen kann.

Das Brot backt Barbara Gasch selbst – »mit ökologisch einwandfreiem Mehl«, wie Doug, ihr Mann, betont. Entschließt sich das Paar zu einer Lammkeule oder einem Schweinebraten, dann wird telefonisch die Fleischabteilung des Supermarkts von Broken Hill konsultiert. Wenn sich eine Fuhre lohnt, schickt der Disponent einen Lastwagen nach White Cliffs und zu den umliegenden Farmen.

Die neueste Errungenschaft des Dugouts Nr. 117 ist ein Tank, der 125 000 Liter Regenwasser speichert. Diese Menge reicht aus, um eine jahrelange Dürre zu überstehen. »Wasser, das man ungefiltert trinken kann«, schwärmt die Hausfrau, »das war immer ein Traum von mir.«

»Aber was macht man, wenn man in White Cliffs plötzlich krank wird?«

»Für leichtere Fälle haben wir unten in der Gemeinde eine Sanitätsstation. Reicht eine ambulante Behandlung nicht aus, kann man den Service der Flying Doctors in Anspruch nehmen. Die steigen in Broken Hill sofort in ihr Flugzeug, wenn man sie alarmiert. Und einmal in der Woche kommen sie regulär nach White Cliffs.«

»Du fliegst immer mal wieder nach Deutschland. Wie sieht deine Bilanz aus?«

»Ach, wisst ihr: Ich stoße mich mehr und mehr an dieser Pedanterie, die auch das Familienleben beherrscht. Ich bin die Jüngste. Also habe ich mich zu fügen, immer noch. An der Hackordnung, die mich schon in meiner Jugend nervte, hat sich eben nichts geändert. Ich habe immer mehr das Gefühl, dass ich damals auch vor dem Kleinbürgertum geflohen bin.«

»In Deutschland klagen vor allem die Frauen über Probleme mit dem Älterwerden. Wie empfindet man das hier?«

»Ich will es an einem Erlebnis deutlich machen: Ich saß neulich auf einer Bank, und da setzte sich ein gut aussehender junger Mann zu mir, der mich von sich aus in ein Gespräch verwickelte. Das war nicht nur so ein Blabla, sondern eine ernsthafte Unterhaltung. Irgendwann ging er dann und wünschte mir einen guten Tag. Mir hat das sehr gutgetan, und ich habe mich gefragt, wie lange ich als 65-Jährige wohl in Darmstadt warten müsste, bis mir so etwas passiert. Hier ist es wirklich völlig egal, ob man jung und frisch aussieht und wie man sich kleidet. Insofern wird man vor allem im Outback auf angenehmere Weise älter als in Deutschland.«

5. November, nachmittags. Wir besuchen Barry und Anette Turner, die in der Nähe von White Cliffs Schafe züchten. Eine jahrelange Dürre, dazu immer wieder Preisstürze auf dem Weltmarkt für Wolle – wie viele Farmen in dieser Gegend kämpft der Betrieb ums Überleben. Barry ist gerade dabei, sein betriebswirtschaftliches Konzept auf den Fleischexport in arabische Länder umzustellen. Anette, die dem regionalen Landfrauenverband vorsteht, halten die sozialen Konsequenzen der Misere in Atem: die hohe Selbstmordrate unter den Männern, die mit Niederlagen nicht umgehen können, die zunehmende Armut unter den Kindern. Sie sorgt dafür, dass mobile Bibliotheken die einsamen Farmen ansteuern und den Familien psychotherapeutisch geholfen wird.

Vor allem aber bastelt Anette Turner an Modellen, die dieser Region eine langfristige ökonomische Perspektive eröffnen. Bei ihrem Lieblingsprojekt, der Installation umweltschonender und gleichzeitig profitabler Windparks, baut sie auch auf ihre Freundin Barbara Gasch. Sie soll erst einmal

per Internet ausloten, wo auf der Welt solche Anlagen unter

ähnlichen Umständen bereits funktionieren. Aus der Darmstädter Society ausgestiegen, in die Solidargemeinschaft der Outbackfrauen eingestiegen – der australische Staat besiegelt den Rollentausch, indem er Barbara Gasch im Juni 2006 die Staatsbürgerschaft verleiht. In White Cliffs ist sie endgültig integriert, als sie sich zwanzig Jahre nach ihrer Ankunft ihr eigenes kleines Bergwerk anschafft und bei Fachmessen als Sachverständige für Opale fungiert. »Seitdem grüßen mich die Männer mit viel mehr Achtung.«

Ratlosigkeit kommt auf, als die beiden Frauen über die Programmierung des Computers reden, der Barbara Gasch bei ihrer Recherche unterstützen soll. Hilfe bietet ein junger Mann an, der dem Gespräch bis dahin mit diskreter Höflichkeit gelauscht hat. Er heißt Martin Schmitz, stammt aus dem Städtchen Heimerzheim am Rhein und hat an der Universität Köln Wirtschaftsinformatik studiert.

Sein Weg in den Wilden Westen von New South Wales beginnt in Barcelona. Dort lernt er ein Au-pair-Mädchen namens Denika kennen, die Tochter des Ehepaares Turner. Ein Flirt mündet in Liebe, die Liebe in eine schnelle Verlobung. Die Zeit bis zu der für den Herbst 2008 vorgesehenen Hochzeit verbringt der Informatiker auf der Farm bei White Cliffs. Er hilft beim Eintreiben der Schafe und Ziegen, kocht für die Arbeiter einer Baustelle, repariert und programmiert Computer, unterstützt seine künftige Schwiegermutter bei ihren Projekten. Unternehmensberatung ist auch sein berufliches Ziel.

»Gibt es etwas, was Sie in Australien vermissen?«

»Mein Kölsch in der Kneipe und das Schwarzbrot. Und natürlich die Bundesliga. Wenn ein deutscher Verein ein Spiel in der Champions League hat, stehe ich morgens um vier auf. Solche Spiele werden nämlich im australischen Fernsehen übertragen.«

»Was werden Sie dazugelernt haben, wenn Sie nach Deutschland zurückkehren?«

»Ich werde nicht mehr über jede Kleinigkeit jammern. Hier begreift man, welche Dinge im Leben wirklich wichtig sind. Ich kehre mit einer völlig anderen Lebensphilosophie nach Hause zurück.«

Es dämmert bereits, als wir mit Barbara Gasch zurückfahren nach White Cliffs. Es ist die Stunde der Kängurus, die hungrig von Busch zu Busch hoppeln und für ein paar Sekunden wie paralysiert innehalten, wenn der Fotoapparat sie ins Visier nimmt. »Während der letzten großen Dürre«, berichtet Barbara Gasch, »zogen Zehntausende von Kängurus auf der Suche nach neuen Nahrungsplätzen über diese Ebene. Doug und mir stockte der Atem, als wir diesen endlosen Zug beobachteten. Biblisch kam uns das vor. Und als dann eine Flut folgte, flogen Schwärme von Pelikanen und Ibissen ein. Von einem Tag auf den anderen ein völlig verändertes Bild.«

Wir passieren den Friedhof, auf dem, wie die Geschichte White Cliffs lehrt, auch manche Hoffnung begraben liegt. »Hier«, sagt Barbara Gasch mit beneidenswerter Gelassenheit, »werde auch ich eines Tages bestattet.«

Dienstag, 6. August, vormittags. Im Krämerladen von White Cliffs herrscht eine Stimmung wie am Rosenmontag in einer Kölner Altstadtkneipe. Die Männer tragen Schlafanzüge unter knallbunten Westen und Schals aus Toilettenpapier. Eine der Ehefrauen hat sich als Domina verkleidet und schwingt kichernd die Peitsche. Barbara Gasch überrascht die Runde mit einem spitzen und breitkrempigen Hut, wie ihn im deutschen Märchen die Räuber tragen. Wie Geschosse fliegen die Sektkorken durch den Raum. Wenn es wächst, dann wächst es. Wenn man feiert, dann richtig.

Ganz Australien spielt heute verrückt. Der Anlass ist der Melbourne Cup, das wichtigste Pferderennen des Jahres. In einem Land, das besessen ist vom Sport und vom Wetten, hat es einen derartigen Stellenwert, dass in einigen Regionen an diesem Tag sogar die Schulen und die Betriebe schließen. Auch wir, die wir von diesem Metier nicht die geringste Ahnung haben, füllen Zettel mit unseren Tipps aus und zahlen unseren Obolus in eine Gemeinschaftskasse.

Am frühen Nachmittag verlagert sich das Epizentrum der Euphorie nach nebenan in den Pub, wo die Fernsehübertragung der Rennen auf einem Großbildschirm gezeigt wird. Graham, der Wirt mit dem korrekt gescheitelten Haar, der in White Cliffs auch das Serum gegen Schlangengift bereithält und für die Beerdigungen zuständig ist, leistet Rekordarbeit am Zapfhahn. Zwischen Fotos von preisgekrönten Pferden und einem Pin-up-Kalender hängt das Porträt des an Grippe verstorbenen Opalhändlers Eugen Guggenheimer. Die vierschrötigen Typen, die in mehreren Reihen die Theke belagern, verehren ihn wegen einer ganz besonderen Pioniertat: Er war es, der in White Cliffs das Motorrad einführte.

Endspurt in Melbourne. Die Stimme des Reporters galoppiert im Tempo der Pferde. »Black Tom führt, Blue Monday drängt an die Spitze. The Fuzz kommt aus dem Hintergrund, zieht an Eskimo Queen vorbei« … Ein junger Mann mit Cowboyhut winkt enttäuscht ab, als die Reporterstimme verstummt. Es ist Martin Schmitz, der Informatiker aus Heimerzheim am Rhein.

Zwei Kilometer Schotterpiste liegen zwischen der lärmenden Kneipe und der Stille des unterirdischen Studios, in dem uns am späten Nachmittag der Fotograf Otto Rogge begrüßt. Ein fliegender Teppich aus purpurroten Wolken, die verschwommenen Gebilde einer Fata Morgana, das nächtliche Porträt eines Opossums, ein romantisches Ensemble von Eukalyptusbäumen: Die Motive an den Wänden weisen den 1945 in der schwäbischen Provinz geborenen Künstler als einen Meister des natürlichen Lichts aus. Indem er sich der einzigartigen Landschaft des Kontinents mit australischen Augen nähert, gleicht er dem aus Hamburg stammenden Maler Hans Heysen, dessen Werke uns vor gut einer Woche in Hahndorf begeisterten.

Otto Rogge ist Spezialist für Farbfilmtechnik, als ihn sein

Arbeitgeber, die Stuttgarter Firma Kodak, Ende der sechziger Jahre zu einem Fachseminar nach Melbourne schickt. Weihnachten 1971 kehrt der von Australien sofort begeisterte Mitarbeiter als Auswanderer in diese Stadt zurück. Ausgiebige Reisen durch das Land lassen in ihm den Entschluss reifen, dessen Schönheit professionell mit der Kamera einzufangen. Da er Perfektion anstrebt, absolviert er ein dreijähriges Studium der Fotografie. Er eröffnet seine eigene Agentur, legt eines der vielfältigsten Fotoarchive Australiens an, gerät 1984 auf einer seiner vielen Reisen zum ersten Mal nach White Cliffs. Und wie bei Barbara Gasch, seiner heutigen Nachbarin, macht es »bäng« bei ihm. Warum?

»Als ich hier mein Zelt aufschlug, war White Cliffs total isoliert. Es gab kein fließendes Wasser, keine Elektrizität. Es gab nichts. Das Urige an diesem Ort hat mich fasziniert und inspiriert. Diese Klarheit, diese grafischen Strukturen, diese ständig wechselnden Farben – für einen Fotografen, der sich auf die Natur spezialisiert hat, ist das der Idealzustand.«

1991 erwirbt Otto Rogge eine Wohnhöhle, in der er während seiner immer häufigeren Ausflüge in seine Lieblingsgegend unterschlüpft. Zehn Jahre später zieht er ganz nach White Cliffs. Per Internet verbreitet er seine mit Preisen überhäuften Aufnahmen an Kunden in aller Welt.

Zwar wirkt dieser 62-jährige Schwabe mit seiner schlurfenden Behäbigkeit und seinem brummigen Duktus eher wie ein Hausmeister, der nichts mehr fürchtet als Veränderung und Risiko. Doch je gesprächiger unser Gastgeber wird, desto klarer kristallisiert sich heraus, dass wir es mit einem Profi zu tun haben, der für ein einziges attraktives Motiv weite und entbehrungsreiche Wege geht.

»In der Wüste bei Alice Springs wollte ich ein Felsmassiv unbedingt in einem bestimmten Licht fotografieren. Ich habe dort mit meinem Assistenten gezeltet und drei Tage lang bei Temperaturen bis zu 53 Grad im Schatten auf den entscheidenden Moment gewartet. Zwanzig Liter Wasser haben wir am Tag getrunken, ohne auf die Toilette zu müssen. Die Vögel saßen mit uns im Schatten eines Baumes. Instinktiv spürten sie: Wenn wir jetzt fliegen, bedeutet das für uns das Ende. Am Stativ hat man sich die Hände verbrannt. Auf dem Boden war es achtzig Grad heiß. Die Fleischameisen, die aus ihrem Loch kamen und uns angreifen wollten, schafften es nicht weiter als fünfzehn Zentimeter. Dann gab es einen Knall – und sie verpufften in der Hitze.«

»Und – haben Sie Ihre Aufnahme bekommen?«

»Ja. Als von dem Massiv an einem späten Nachmittag ein Schauder des Unheimlichen ausging, habe ich auf den Auslöser gedrückt. Aber auf dieser Reise bin ich wirklich bis an die äußerste Grenze gegangen.«

7. August, Abschied von White Cliffs. Wir bedanken uns gerade bei unserer Gastgeberin Barbara Gasch für die Kontakte, die sie für uns geknüpft hat, als in ihrer Küche das Telefon klingelt. »Für euch«, sagt sie und reicht den Hörer weiter. Am Apparat ist die Besitzerin des Krämerladens, in dem gestern die Fete zum Melbourne Cup stattfand. Wir hätten bei der Pferdewette die beiden ersten Preise gewonnen, verkündet sie, und sollten vor unserer Abreise unbedingt unsere Prämie in Empfang nehmen. Den Inhalt des Briefumschlags, den sie uns mit anrührendem Pathos überreicht, spenden wir sofort der Sanitätsstation des kleinen Ortes.

Eine Heldentat ist das nicht. Denn als wir sämtliche Münzen durchgezählt haben, kommen wir auf einen Gewinn von umgerechnet zwanzig Euro.

19 »Die Kängurus standen da wie Zinnsoldaten« Überleben in der Wildnis

Dorothee! Richtig: Dorothee hieß die junge Frau, die uns Kaffee und Kuchen servierte, als wir vor acht Jahren während einer Drehreise einige Hundert Kilometer nördlich von White Cliffs im Garten eines Pubs eine kurze Rast einlegten. Dass sie aus Unna in Westfalen stamme, hat sie uns damals erzählt. Und dass sie mit Paddy, dem Kneipenwirt und Schafzüchter, verheiratet sei. Auch den Ort unseres Zwischenstopps machen wir auf der regionalen Karte aus: Barringun. Aber wie, um Himmels willen, lautete Dorothees Nachname? So sehr wir auch grübeln, wir kommen nicht drauf. Und da wir uns damit um die Chance bringen, telefonisch zu erkunden, ob Dorothee und ihr Mann die Gaststätte noch immer betreiben, bleiben uns nur zwei Möglichkeiten – aufgeben oder auf gut Glück hinfahren nach Barringun.

Wir fahren. Nach etwa vier Stunden, in denen uns fünf Autos begegneten, wissen wir: Es gibt sie noch, die kleine Kneipe an der Grenze zwischen den Bundesstaaten New South Wales und Queensland. Gleich am Anfang von Barringun, das lediglich aus drei Gebäuden besteht, duckt sie sich vor einem in dieser flachen Einöde übermächtig wirkenden Hügel. »Welcome« leuchtet es auf ihrem Wellblechdach. Neben einem Eukalyptusbaum, den die Hitze zum Skelett ausdörrte, dreht sich scheppernd ein Windrad. Kreischend ziehen Kakadus ihre Kreise. Hat man einen Fliegenschwarm abgeschüttelt, besetzt der nächste die Haut und die Kleidung.

Eine Geisterkulisse. Wie im Western, denkt man. Ist also auch die Kneipe ein Geisterhaus? Die Satellitenschüssel, der offensichtlich fahrtüchtige VW-Bus im Garten und das auf dem Rasen verstreute Spielzeug lassen darauf schließen, dass auf diesem Grundstück Menschen leben. Sind es Paddy und Dorothee mit ihren Kindern, von denen sie uns auch erzählte? Wir klopfen an die Tür. Keine Reaktion. Wir rufen – einmal, zweimal, dreimal. Keine Antwort.

Arztbesuch, Einkauf, Ferien – es gibt viele Gründe, aus denen ein solches Anwesen verwaist sein kann. Anderthalb Stunden warten wir. Dann fahren wir zurück in Richtung Süden. In Bourke, dem 140 Kilometer von Barringun entfernten Zentrum der Region, kennen wir von früheren Besuchen ein paar Leute, die uns vielleicht Auskunft geben können über Dorothee und ihre Familie. Eine Frau, die von der Peripherie des Kohlenpotts in einen der einsamsten Winkel Australiens geriet, scheint uns diese Mühe wert.

Vor zwei, drei Jahren habe er Dorothee zuletzt in Bourke getroffen, bescheidet uns der Wirt des Riverside Motels, auf den wir große Hoffnung setzten. Ob sie noch in Barringun lebt, wisse er nicht. Es gäbe da merkwürdige Gerüchte … Natürlich kenne er Dorothee, sagt der katholische Pfarrer. Aus Barringun sei sie vor einiger Zeit weggezogen – ohne Paddy, ihren Mann. Er hoffe sehr, dass sie wieder zusammenfinden. Sie seien doch beide so gute Katholiken.

»Und wo lebt Dorothee jetzt?«

»In der Nähe von Forbes. Dort hat sie einen Job in der Erwachsenenbildung.«

Wir wählen die Telefonnummer, die uns der aus Indien stammende Geistliche überlässt. »Gerne könnt ihr vorbeikommen«, sagt Dorothee. »Ich habe euch viel zu erzählen.«

»Und wo liegt Forbes?«

»Ungefähr 500 Kilometer südöstlich von Bourke. Ich wohne am Rand eines Ortes in der Nähe von Forbes.«

Nach etwa 400 Kilometern geraten wir in eine andere Welt. Die Bäume und Büsche am Straßenrand haben sich mit den buntesten Blüten geschmückt. Ein Geschäft reiht sich in den kleinen Städten an das andere. In den gepflegten Parks spazieren Bürger, deren Gesichter Zufriedenheit ausstrahlen. Das gilt auch für die junge Frau, die uns mit offenen Armen an der Pforte ihres Hauses empfängt.

Dorothee Crawley, 41

Wir leben jetzt seit knapp einem Jahr in Glenary, aber ich bete immer noch jeden Tag: Lieber Gott, lass mich nie vergessen, dass das hier das Paradies ist. Unser Haus ist nichts Besonderes, es ist ziemlich einfach, aber es ist wenigstens ein Haus. In Barringun war alles irgendwie improvisiert. Ach ja,

Barringun. Im Nachhinein kann ich kaum noch verstehen, wie ich es da sechzehn Jahre ausgehalten habe. Diese Hitze, die Isolation, die Fliegen, der rote Staub, Fluten oder Dürre – man hatte das Gefühl, dass es nur Extreme gab. Fast immer hatten wir Geldsorgen, es gab oft Streitereien, und manchmal habe ich bitterlich geweint. Komisch eigentlich, aber ich habe trotzdem nie mit dem Gedanken gespielt, nach Deutschland zurückzukehren. Ich dachte immer, da müssen wir jetzt durch, und Paddy verlassen wollte ich schon gar nicht.

Ich habe Paddy 1987 in Schottland kennengelernt, in einer Jugendherberge. Für mein Studium der Ökotrophologie brauchte ich Berufspraktika, deshalb war ich dort in den Semesterferien gelandet. Paddy war als Backpacker unterwegs und ziemlich pleite. Um Geld zu verdienen, hatte er bei einem Farmer als Schafscherer angeheuert, und abends arbeitete er bei uns in der Herbergsküche. Dort sind wir aufeinandergestoßen, und es hat gefunkt, so richtig mit Blitz und Donner.

Wir waren beide noch jung, ich war 21, Paddy 25. Ich hatte vorher noch nie einen Australier gesehen, und da stand plötzlich dieser Mensch, wie jemand von einem anderen Planeten. Paddy war schon etwas Besonderes. Er war so ein alternativer Typ, mit Bart, langen Haaren und Hosenträgern, richtig schön knuffig. Sechs Wochen waren wir zusammen, dann mussten wir uns erst mal wieder trennen. Meine Ferien waren zu Ende, ich bin zurück nach Hause, und Paddy ist weitergereist, quer durch Europa. Er hatte aber versprochen, mich zu besuchen, und eines Tages stand er tatsächlich vor der Tür bei uns in Unna. Ich sehe ihn noch vor mir: einen riesigen Rucksack aufgeschnallt und darüber ein Schafsfell. Das hatte er als Gastgeschenk für meine Eltern mitgebracht.

Meinen Eltern hatte ich schon von Schottland aus geschrieben, ganz dramatisch, dass mir die Liebe meines Lebens über den Weg gelaufen wäre. Trotzdem wussten sie nicht so recht, was sie davon halten sollten, aber sie waren sehr höflich. Mein Vater kramte sein bestes Schulenglisch raus, schüttelte

Paddy die Hand und meinte: »I am afraid to meet you.« Paddy zuckte zusammen, und das mussten wir dann erst mal klären. Mein Vater hatte da was durcheinandergebracht. Eigentlich wollte er sagen: Ich bin erfreut, Sie kennenzulernen. Was schließlich herausgekommen war, bedeutete aber in etwa: Ich fürchte mich vor Ihnen.

Paddy blieb bei uns, und Weihnachten haben wir uns verlobt. Im März sind wir noch zusammen nach London getrampt, aber dann hieß es: Paddy muss zurück nach Australien, sein Jahresticket ist abgelaufen. Ich war am Boden zerstört. Zu dem Zeitpunkt wusste ich nicht, ob wir uns überhaupt jemals wiedersehen würden. Ich hatte zu nichts mehr Lust, nicht mal auf mein Studium. Während dieser Phase fand ich heraus, dass ich schwanger war. Zuerst war's ein Schock, aber irgendwie hab' ich mich auch gefreut. Unsere Beziehung war schon sehr intensiv gewesen, und ich denke, wir haben es unterbewusst darauf ankommen lassen.

Ich hab's dann erst mal meinen Eltern beigebracht, und ihre Reaktion hat mich schon beeindruckt. Für sie war das in Ordnung. Mein Vater hat einen wahnsinnigen Respekt vor dem Leben. Ich glaube, für ihn wäre es die größte Enttäuschung gewesen, wenn ich angedeutet hätte, dass ich das Kind nicht wollte. Der nächste Schritt war, Paddy zu informieren. Als ich bei der Auslandsvermittlung anrief, meinte die Dame: Nach Australien kann man doch direkt durchwählen. Aber nicht ins Outback, habe ich gesagt, nicht nach Barringun. Dass die Telefonnummer nur aus einer einzigen Ziffer besteht, nämlich der Fünf, wollte sie erst auch nicht glauben, aber nach einer Stunde hatte ich Paddy endlich am Apparat.

Setz dich erst mal, hab' ich zu ihm gesagt. Er hat sich zwar gefreut, als er den Grund des Anrufs erfuhr, meinte allerdings: Wie bringe ich das bloß meinen Eltern bei? Für seine Mutter war es schon schwer zu verkraften gewesen, dass sie die Frau nicht kannte, mit der Paddy sich verlobt hatte, und nun diese zweite Hiobsbotschaft. Um die Situation zu entschärfen, schlug Paddy vor, wenigstens noch zu heiraten, ehe das Kind auf die Welt kommt. Ich hätte warten können, aber Paddys Familie ist noch 'ne Ecke katholischer als meine, die Crawleys haben einen irischen und schottischen Hintergrund.

Paddy hat sich dann zum Ziel gesetzt, vor der Hochzeit noch jede Menge Geld zu verdienen und sich Jobs als Schafscherer besorgt. Damals konnte man noch Geld machen mit Wolle, das ging ruck, zuck, und als er im September nach Deutschland kam, hatte er 10 000 Dollar zusammen. Wir haben geheiratet, sind bei meinen Eltern unterm Dach eingezogen, und im Dezember wurde Josephine geboren. Ich habe mein Studium für ein Semester unterbrochen, wir haben nur unsere kleine Familie genossen. Als Josie sechs Monate alt war, wurde ich wieder schwanger. Joffre kam im März 1990 zur Welt, und im November brachte der Postbote einen Brief aus Australien.

Paddys Eltern schrieben, es sei nun langsam an der Zeit. Ihr Sohn solle nach Hause kommen, sie würden älter und brauchten Hilfe in Barringun. Paddy hatte nie ein Hehl daraus gemacht, dass er zurück nach Australien wollte, und ich hatte gewusst, eines Tages würde es so weit sein. Die Bedingung, mein Studium zu beenden, war erfüllt, ich hatte meine Diplomarbeit im Juni abgeschlossen. Ich konnte keine Einwände mehr vorbringen. Das Einzige, was mir einfiel, war: wenigstens noch Weihnachten in Unna. Dein Weihnachten kannste haben, sagte Paddy, ich gebe dir auch noch Silvester, aber dann geht's ab.

Und so war's denn auch. Am 12. Januar hat uns mein Vater zum Bahnhof nach Dortmund gefahren, der Abschied war schon heftig. Ich habe immer ein inniges Verhältnis zu meiner Familie gehabt, und als mein Bruder mir sein Stofftier, so einen Hasen, der ihn seit Babyzeiten begleitete, mit auf den Weg gab, da flossen natürlich die Tränen. Damals war mir nicht wirklich klar, worauf ich mich eingelassen hatte. Paddy stammt ja aus einer sehr großen Familie, und seine Schwestern, alles tolle Frauen, die haben mir immer mal wieder Fotos und Videos von Barringun geschickt. Die müssen sich wohl gedacht haben: Der Paddy ist verrückt, der ist wahnsinnig, wie kann er das einer jungen Frau antun? Aber ich habe die Warnungen nicht verstanden. Ich war 24, und heute glaube ich, es war auch ein bisschen jugendlicher Leichtsinn dabei. So ein Gefühl: Das machen wir, das probieren wir jetzt aus, wird schon klappen.

Wir sind in Sydney gelandet, es war Hochsommer in Australien. Eine von Paddys Schwestern holte uns vom Flughafen ab und brachte uns in ihr Haus, das voll klimatisiert war. Die Einkaufszentren in Sydney waren auch gut gekühlt, und ich weiß noch, dass ich dachte: Was haben die mir bloß alle erzählt, so schlimm ist das doch gar nicht mit der Hitze. Das kann ich, das schaffe ich. Ich hatte keine Ahnung damals, mir war nicht klar: Sydney und das Outback, dazwischen liegen Welten.

Nach einer Woche sind wir zur nächsten Etappe aufgebrochen, erst mal 800 Kilometer ins Landesinnere, bis nach Bourke. Diese kleine Outbackstadt ist die letzte größere Ansiedlung vor Barringun. Wir haben dort bei einer Tante übernachtet und die Chance genutzt, noch einmal einzukaufen. Mein Gott, wie naiv ich war. Weil ich damals total auf ökologische Nahrung abgefahren bin, habe ich einen Bioladen gesucht, aber den gab's natürlich nicht. Es gab nur einen einzigen Supermarkt, und auch der war von fragwürdiger Qualität. So ganz allmählich wurde mir ein bisschen mulmig.

Am nächsten Tag, nach genau 137 Kilometern durch die Einsamkeit, haben wir dann endlich Barringun erreicht. Paddys Eltern empfingen uns sehr warmherzig und liebevoll, aber mich hat's erst mal erschlagen. Diese furchtbare Hitze – es waren 45 Grad. Klimaanlagen gab's nicht, dafür massenweise Fliegen. Die Luft war so heiß, dass ich das Gefühl hatte, nicht mehr atmen zu können. Als Paddys Mutter mich rumgeführt und mir alles gezeigt hat, da war ich den Tränen nahe. Aber ich habe versucht, mir nichts anmerken zu lassen. Ich kann mich erinnern, dass Mary sich dauernd entschuldigte: Sorry, ist ja nicht vom Feinsten hier, tut mir leid. Und ich habe ihr auf die Schultern geklopft und gesagt: Ach, das kriegen wir schon hin, das machen wir uns schon schön. Ich glaube, ich wollte mich auch selber überzeugen, mehr als sie.

Das war nicht nur ein anderer Lebensstil in Barringun, das war eine ganz andere Welt. Ich habe mich gefühlt, als sei ich auf einem fremden Planeten ausgesetzt worden. Das Leben war um so vieles simpler und vor allem isolierter, als ich es gewohnt war. In Barringun stehen gerade mal drei Häuser. Paddys Eltern lebten in dem Pub, den sie bewirtschafteten, uns hatten sie die alte Post zugewiesen, ein Gebäude nebenan, das zwanzig Jahre nur als Rumpelkammer benutzt worden war. Bad und Küche gab es nicht, die Toiletten waren außerhalb des Hauses. Wir haben dann in kleinsten Schritten einiges renoviert, aber es blieb ein Provisorium.

Die Schönheit des Outbacks hat sich mir auch nicht auf Anhieb erschlossen. Die Weite, der Sternenhimmel, die Farben im Busch – das habe ich erst später schätzen gelernt. Als ich kam, war es trocken. Die Erde war rissig, nirgendwo Wasser, die Bäume wirkten wie graue Gespenster. Aber am meisten hat mir die Hitze zu schaffen gemacht. Ich konnte nachts nicht schlafen, in den ersten Jahren hatte ich im Sommer überhaupt keine Energie. Ich weiß noch, dass sich Freunde und Verwandte in Unna beschwerten, weil sie keine Weihnachtspost von mir bekamen. Nicht mal dazu konnte ich mich aufraffen, ich war oft wie gelähmt.

Im Sommer saßen wir von elf Uhr vormittags bis fünf Uhr nachmittags im Haus, draußen war es nicht auszuhalten. Ich habe den Kindern vorgelesen, wir haben stundenlang gespielt. Vor allem Josephine und Joffre erinnern sich gern an diese Zeit, aber ich habe manchmal einen Koller gekriegt. Ich konnte nicht mal eben schnell eine Freundin besuchen oder ins Kino gehen, da war ja nichts ringsum. Ich bin dann

Endlich ein neues Zuhause: Dorothee Crawley mit ihren Söhnen

schon mal ausgerastet oder habe bitterlich geweint. Andererseits: Paddy und seine Eltern fühlten sich ganz wohl, der Busch und die Kneipe, das war ihr Leben. Ich habe mit aller Gewalt versucht, mich anzupassen, und manchmal hat's geklappt, manchmal nicht. Dann gab's Streit, ziemlich heftig, und irgendwann war's auch wieder gut.

Wenn Paddy und ich zusammen etwas richtig Handfestes machen konnten, wenn's rausging in die Natur, dann bin ich immer aufgelebt, dann hab' ich mich fantastisch gefühlt. Paddy hatte anfangs noch 4000 Schafe, und die Zeit der Schur, das war das Beste am Leben da draußen. Wir sind zusammen Schafe eintreiben gegangen, er mit dem Motorrad voraus, ich blieb mit unserem kleinen Truck hinter den Schafen, die Kinder immer dabei. Wir sind über die Felder und Äcker gedonnert, mittags hat man unter einem Baum ein Butterbrot gegessen und Wasser getrunken. Die Kinder mussten die Lämmer einfangen, die zurückblieben – uns allen hat das einen riesigen Spaß gemacht. Wir sind um sechs Uhr aufgestanden an solchen Tagen, und es war dann auch egal, wie heiß es war. Ich fand das so toll, ich hätte juchzen können.

Als Josie und Joffre schulreif wurden, da veränderte sich mein Leben, da hatte ich plötzlich eine richtige Aufgabe. Ich war nicht mehr nur Mutter, ich war auch Lehrerin. Wir haben die beiden zur »School of the Air« angemeldet, und das bedeutete: Ein Raum wurde zum Schulzimmer umfunktioniert, mit Funkgeräten und allem Drumherum. Die Lehrer in Bourke stellten übers Radio die Aufgaben, ich musste mit den Kindern arbeiten. Und das habe ich dann auch mit deutscher Präzision durchgezogen. Josie und Joffre mussten pünktlich um acht Uhr aufstehen und frühstücken, um neun saßen sie auf ihren Schulbänken. Jakob war gerade geboren, der lag in einer Ecke des Zimmers in seinem Körbchen. Ich denke, wir haben das ganz gut durchgehalten. In der Freizeit war ich die Mama, während des Unterrichts die Lehrerin, durchaus auch streng.

Aber nach dreieinhalb Jahren war Schluss mit diesem Modellversuch. Inzwischen war auch noch Jasper geboren, ich hatte also vier Kinder im Schulzimmer, die alle beschäftigt sein wollten. Das Baby schrie, der Dreijährige fummelte an den Radioknöpfen herum. Joffre sollte Mathe machen, sah aber Paddy draußen auf dem Motorrad und wollte viel lieber mitfahren. Das ging über meine Kräfte, ich wurde unausstehlich. Wir haben dann beschlossen, die Kinder auf die Grundschule in Enngonia zu schicken. Enngonia ist ein winziger Ort, vierzig Kilometer entfernt von Barringun. Damals gab es dort so eine Art Zwergschule, die hauptsächlich von Aborigines besucht wurde. Der enge Kontakt zu den Ureinwohnen war eine wichtige Erfahrung für unsere Kinder, ich denke, sie haben davon sehr profitiert.

Wenn es Zeit ist für die Highschool, also mit zwölf, werden australische Outbackkinder in der Regel aufs Internat geschickt. Es gibt kaum eine andere Lösung, obwohl sie sehr kostspielig ist. Josie kam überhaupt nicht klar im Internat, sie fand es schrecklich. Sie war es nicht gewohnt, mit so vielen Mädchen zusammen zu sein, und hatte das Gefühl, gemobbt zu werden. Sie ist dann für ein Jahr nach Deutschland gegangen, hat in Unna ein Gymnasium besucht. Zurzeit wohnt sie mit Freunden zusammen in Bourke und bereitet sich auf ihren Abschluss vor. Joffre dagegen findet es toll im Internat. Er ist ein Supersportler, es macht ihm Spaß. Für Joffre bezahlen wir 15 000 Dollar im Jahr, obwohl die Schule nicht zu den teuersten gehört. Der Staat gibt zwar Zuschüsse, aber die Belastung ist doch beträchtlich.

Wir hatten in Barringun natürlich auch unsere Rituale, kleine Highlights im Alltag. Jeden Freitag zum Beispiel fuhren wir zum Einkaufen nach Bourke, das war ein richtiger Tagesausflug. Paddys Mutter hat sich dafür immer extra stadtfein gemacht, mit Hut, Handtasche, Parfüm und Nylonstrümpfen. Wir hatten eine Riesenkühlbox dabei und haben dann für eine Woche Lebensmittel besorgt; bloß nichts vergessen, so schnell kann man keinen Ersatz beschaffen. Auch Zeitungen musste man mitbringen, darauf freuten sich immer alle.

Einmal im Monat kamen die Pastoren aus Bourke zum Gottesdienst nach Enngonia, sie haben aber auch oft bei uns zu Hause die Messe abgehalten. Unsere Kinder sind damit groß geworden, sie haben ein ganz natürliches Verhältnis zur Religion, und fast alle sind über der Salatschüssel getauft worden. Nach Jasper wurde 2000 noch Luther geboren, und 2003 kam Mathilda zur Welt. Sechs Kinder – in Deutschland muss man sich dafür ja fast entschuldigen, aber ich wollte immer eine Großfamilie, schon ehe ich Paddy kennenlernte. Ich finde, hier in Australien sind die Bedingungen dafür gegeben, und es ist auch nicht unüblich. Viele unserer Freunde haben vier, fünf oder sechs Kinder.

Irgendwann habe ich beschlossen: Ich muss unbedingt versuchen, Arbeit zu finden. Unsere finanzielle Situation war nie besonders gut gewesen, aber mit den Jahren wurde sie immer schlechter. Das lag auch daran, dass der Pub nicht mehr viel abwarf. Als Paddys Eltern die Kneipe in den Siebzigern kauften, machten dort noch regelmäßig Truckies Halt. Einige blieben sogar tagelang, spielten Karten und tranken Bier. Aber der Druck auf das Transportgewerbe ist heute sehr groß, die meisten donnern nur noch durch. Und Schafschererteams kommen auch nicht mehr, seitdem die immer länger anhaltenden Dürren die Wollindustrie kaputtgemacht haben.

Die Dürre, in der wir zurzeit stecken, dauert nun schon sieben Jahre. Auch der letzte schwere Regen, der gerade um Broken Hill runtergegangen ist, hat uns wieder ausgespart. Man muss sich das vorstellen: sieben Jahre ohne nennenswerten Niederschlag. Viele Farmer haben inzwischen verkauft, einige sogar Selbstmord begangen. Solange ich denken kann, war die Situation auch für Paddy schwierig. Nie war Verlass darauf, dass es genug zu fressen gab für die Tiere. Diese ständige Sorge – kriegen wir sie nochmal über die nächsten Monate? Wir hätten zufüttern müssen, aber das konnten wir uns nie leisten. Viele von Paddys Schafen sind gestorben, einige hat er verkauft. Zuletzt war da nur noch ein Bestand von 300 Tieren. An denen hat er festgehalten, das hat ihm irgendwie einen Sinn gegeben. Aber schließlich hat er auch die verkaufen müssen, ehe sie krepierten.

Zeitweise war die Dürre so extrem, dass die Kängurus bis an den Straßenrand gehoppelt kamen, um sich dort auf die letzten Grasbüschel zu stürzen. Ich weiß noch: Wir sind nach Bourke gefahren und haben angefangen zu zählen, aber bei 600 war Schluss, da hatten wir keine Lust mehr. Normalerweise sind Kängurus äußerst scheu, aber an diesem Tag standen sie da wie die Zinnsoldaten.

Wir mussten unser Einkommen oft durch Sozialhilfe aufbessern, und mir hat das nie gepasst. Ich dachte: Jetzt habe ich vier Jahre studiert und lebe hier in Australien vom Staat. Das ging mir irgendwie gegen die Ehre. 2001 habe ich mich in Bourke bei Centrecare beworben. Das ist eine katholische Einrichtung, die sehr viele Hilfsprogramme anbietet, für Jugendliche, für Familien, auch Psychotherapie. Ausgeschrieben war eine Stelle als Familienhelferin, und ich hab' sie bekommen. Die Arbeit hat mir von Anfang an Spaß gemacht. Hauptsächlich hatte ich mit Aborigines zu tun, mit Frauen, für die ich die verschiedensten Kurse organisiert habe: Spielgruppen oder Müttertreffs zum Beispiel, aber ich bin auch zu den Menschen nach Hause gegangen. Ich mochte die Aborigines, ihren speziellen Humor, ihre Warmherzigkeit, und ich glaube, sie mochten mich auch. Die Aborigines sind sehr familienverbunden, und als sie hörten, dass ich ganz allein nach Australien gekommen bin, ohne Geschwister, ohne Eltern, Tanten oder Onkel, da hatten sie Mitleid mit mir. Sie haben mich quasi adoptiert. Wenn ich diesen Frauen heute in Bourke begegne, dann rufen sie meist schon von weitem, quer über Straßen und Plätze: »Hallo, Dorothee, how are yer?« Alles okay, geht's dir gut?

Zuerst habe ich zwei Tage in der Woche gearbeitet, später drei, schließlich vier. Natürlich konnte ich dann abends nicht mehr nach Barringun fahren, ich musste in Bourke übernachten, und es hat mir schon sehr wehgetan, dass ich meine Kinder nicht regelmäßig sehen konnte. Trotzdem: Die Berufstätigkeit war eine der besten Entscheidungen meines Lebens, eine große Wende. Dadurch, dass ich viel Anerkennung bekommen hab' für meine Arbeit, bin ich unabhängiger und auch selbstbewusster geworden.

Vor anderthalb Jahren hat mich meine Chefin zu einem Gespräch gebeten. Sie meinte: Ich würde dich gern im Hauptbüro sehen, in Forbes, aber du kannst und willst nicht weg von hier, oder? Ich hab' kurz nachgedacht und dann gesagt: Doch, das mach ich. Zu Hause habe ich Paddy damit konfrontiert: Man hat mir eine Versetzung mit einer Beförderung angeboten, und das möchte ich wahrnehmen. Er hat geschluckt und auch ein bisschen daran geknackt, war aber schließlich einverstanden. Zu seiner Mutter habe ich gesagt: In ein paar Monaten werde ich mit den Kindern wegziehen, und ich möchte eigentlich, dass Paddy mit uns kommt. Aber das müsst ihr untereinander ausmachen, ich setze niemanden unter Druck. Na ja, und das ist heute noch der Stand der Dinge. Paddy konnte sich nicht entschließen, seine Mutter mit der Kneipe allein zu lassen, und ich hatte keine Lust mehr auf Kompromisse.

Ich habe gelernt, dass ich mein Schicksal in die eigenen Hände nehmen muss, wenn ich etwas verändern will. In Australien heißt es: »You have to be cruel to be kind.« In etwa bedeutet das: Du darfst auch mal egoistisch sein, wenn etwas Gutes dabei rauskommt. Ich hatte ja immer gehofft, dass wir Barringun verlassen und irgendwo hingehen, wo es richtige Arbeit gibt, auch für Paddy.

Als sein Vater gestorben war, da dachte ich: Jetzt ist der Zeitpunkt da, lass uns Schluss machen hier. Seine Mutter meinte: Okay, in zwei Jahren. Darauf habe ich mich eingelassen, aber es wurde wieder nichts daraus. Mary ist 86, eine starke Persönlichkeit, und sie hängt an der Kneipe. Mal sehen, wie sich die Sache entwickelt. Ich weiß, dass es für Paddy eine schreckliche Zwickmühle ist. Er leidet darunter, er ist wirklich ein ganz lieber Kerl. Noch ist unsere Jüngste die meiste Zeit bei ihm, Mathilda findet es schön in Barringun. Aber wenn sie zur Schule muss, in anderthalb Jahren, wird auch sie zu uns nach Glenary kommen.

Von Glenary nach Barringun sind es an die 700 Kilometer, und das heißt: Paddy und ich können uns jetzt oft wochenlang nicht sehen. Und trotzdem: Ich bin glücklich. Ich fühle mich unheimlich wohl hier. Unser neues Haus liegt auch ziemlich einsam, mitten in der Natur, aber bis zum nächsten Dorf sind es nur zwei Kilometer. Und nach Forbes, wo ich arbeite und die Kinder zur Schule gehen, fährt man höchstens eine halbe Stunde. Wenn wir Joffre im Internat besuchen wollen, sind wir anderthalb Stunden unterwegs. Für mich ist das eine ungemeine Verbesserung, einfach mehr Lebensqualität. Jeden Abend habe ich meine Kinder um mich, und jeden

Samstag schaue ich ihnen beim Sport zu. Im Sommer spielen sie Kricket, im Winter Rugby.

Als wir nach Australien kamen, hatte ich schon sehr viel Heimweh. Viele meiner Freunde wohnen immer noch in Unna-West, und manchmal habe ich gedacht: Ach ja, schlecht wäre es da auch nicht. Aber als die Kinder größer wurden, war das kein Thema mehr. Für mich stand sehr schnell fest: Australien ist das Land, in dem sie aufwachsen müssen. Ich finde, es ist einfacher hier mit Kindern, leichter auch, ihnen eine unbeschwerte, schöne Kindheit zu bescheren. Eine Kindheit, wo auch eine Verbindung zur Natur besteht. Man hat hier die Möglichkeit, ihnen das auf natürliche Weise zu geben, was man in Deutschland oft künstlich erzeugen muss. Wenn ich daran denke, wie die Kleinen die Lämmer eingetrieben haben – solche Erfahrungen sind mit Geld nicht aufzuwiegen.

Als wir im letzten Winter alle zusammen nach Deutschland geflogen sind, da sind wir schon ziemlich aufgefallen. Im Flughafen von Sydney, auf der Rolltreppe, ging es gleich los. Ein junges deutsches Paar stand hinter uns, und ich hörte, wie er zur ihr sagte: Du, guck mal, ich glaube, die haben sechs oder sieben Kinder. Die wussten ja nicht, dass ich sie verstehe. Ich habe mich umgedreht und ganz ruhig gesagt: Es sind genau sechs.

Natürlich können wir unseren Kindern nicht alle materiellen Wünsche erfüllen, aber ich glaube, wir vermitteln ihnen andere Werte. Dass man nicht immer im Mittelpunkt stehen kann, dass man teilen und auch mal warten muss – ich finde, das sind wichtige Maßstäbe. Wenn ich mir so manche Familien mit Einzelkindern anschaue – die haben echt Schwierigkeiten, so etwas rüberzubringen. Die müssen sich anstrengen, während wir gar keine Wahl haben. Wir können es uns nicht leisten, ihnen alles zu geben. Sie müssen auf vieles verzichten, aber ich hoffe, dass sie irgendwann zu schätzen wissen: Das, was wir stattdessen bekommen haben, ist im Prinzip wertvoller.

Ich bin eigentlich ganz gern in Deutschland, und wenn ich nach Unna komme, dann muss ich erst mal schnell in die Fußgängerzone rennen, das ist Heimat. Aber ich bin jedes Mal aufs Neue schockiert, weil die Leute einem nicht in die Augen schauen oder zunicken, sich kaum ein Lächeln abringen. Daran muss ich mich immer erst gewöhnen. Und die Stadt ist so voll. Wir kriegen sofort Beklemmungen, vor allem Paddy, aber unsere Kinder auch. Mir ist schon wichtig, dass sie eine Beziehung zu Deutschland behalten, dafür spare ich jeden Pfennig, aber mir ist durchaus klar: Sie fühlen sich dort total eingeengt.

In Deutschland bin ich auch viel angespannter mit den Kindern. Ich weiß nicht, es liegt wohl daran, dass die Erwartungshaltung eine andere ist. Ich kann mich erinnern, dass wir im Sommer mal mit Verwandten nach Rimini gefahren und am Strand spazieren gegangen sind. Unsere Jungs sahen das Wasser, es gab kein Halten mehr. In Shorts und T-Shirts sind sie ins Meer gesprungen und anschließend tropfnass durch den Ort gehüpft. Mein Bruder fand das furchtbar, in Australien wäre es keinem aufgefallen. Die sind da viel unbefangener und natürlicher. Paddy begriff gar nichts und sagte immer nur genervt zu meinem Bruder: »Chill out, mate.« Komm runter, Junge. Und ich war wieder mal hin- und hergerissen zwischen dem, was wir als normal empfinden, und den Ansprüchen, die man in Deutschland verinnerlicht hat. Ich merke, dass ich mich in solchen Situationen verkrampfe.

Das passiert mir auch, wenn meine Eltern dabei sind. Bei ihrem letzten Besuch in Australien sind wir alle zusammen in den japanischen Garten in Cowra gegangen. Die Jungs sind vorausgelaufen, auf Felsen geklettert und dergleichen mehr. Ich habe förmlich gespürt, dass meine Eltern unruhig wurden, und die Kinder schließlich zurückbeordert. Ein australisches Ehepaar hörte das und rief, so richtig von Herzen: »Let them got, let them go.«

Eine andere Geschichte ist mir direkt unter die Haut gegangen. Als ich Josephine aus Unna abgeholt habe, waren die beiden Kleinen dabei und Winnie, eine von Paddys Schwestern. Winnie ist eine tolle Frau, eine sehr beliebte und kompetente Lehrerin. Sie ist ein bisschen flippig, so eine Art Späthippie mit Flatterkleidern und bunt gefärbtem Haar. Wir haben zusammen den Zoo in Gelsenkirchen besucht, und das war eigentlich sehr schön. Mir ist nur aufgefallen, dass Winnie im Laufe des Tages immer angespannter und stiller wurde. Und als wir abends auf einem Spielplatz standen, da ist es aus ihr herausgeplatzt: Ich muss hier weg, ich kann nicht mehr. Die Leute starren mich an, die zeigen mit dem Finger auf mich. Das fand ich schon sehr heftig. Es war mir nicht nur peinlich, es hat mir für sie wehgetan. Ich hätte weinen mögen.

20 »Alles selbst gehäkelt«
Und weit, weit weg ist Papenburg

New England heißt die Provinz, die wir auf unserem Weg in Richtung Ostküste durchqueren. Und an ländliche Gegenden, wie man sie vor allem aus dem Süden Großbritanniens kennt, erinnert sie auch. Hinter weiß gestrichenen Zäunen toben sich übermütige Zuchtpferde aus. Aus dem Grün der Hügel wachsen sporadisch schroffe Felsen. Ein üppiges Arrangement aus Rosen umwallt fast jedes der wenigen Häuser. Immer mal wieder formt sich über unserer Straße ein Baldachin aus den blauen Blüten der Jacarandas, den für New England typischen Bäumen. Ach, es ist eine Lust, unterwegs zu sein in dieser lieblichen Zone des australischen Outbacks, Kilometer für Kilometer vorwärtszustreben, voller Neugier auf die nächsten Begegnungen. Als das Autoradio Countrysongs spielt, die Musik der Region, summen wir in aufgewühlter Heiterkeit mit.

Moment mal: Stand auf dem Schild, das unser Blick eben nur schemenhaft wahrnahm, nicht ein deutscher Name? Anhalten. Rückwärtsgang rein. Umdrehen. Noch einmal genau hinsehen. Tatsächlich: »HANS RÖSING« heißt es in großen Buchstaben am Eingang zu einer Farm. Am liebsten würden wir sofort das einstöckige Wohnhaus in der Mitte des weitläufigen, von Wiesen und Wäldern umgebenen Grundstücks ansteuern. Doch teils aus Höflichkeit, teils aus Respekt vor den im Vorgarten tollenden Hunden verzichten wir auf die überfallartige Annäherung. Stattdessen notieren wir uns die unter dem Namen vermerkte Telefonnummer und rufen von der nächsten Zelle bei den Rösings an.

Molli. Putzi. Flori. Lilly. Als Erstes stellt uns der Bauer die Hunde vor, denen es in diesem arbeitsteiligen Betrieb obliegt, die Rinderherde zusammenzuhalten. »Alles selbst gehäkelt«, bemerkt, auf die Vorhänge an den Fenstern weisend, die Hausfrau Siglinde Rösing. »Selbst gebraut«, bemerken beide wie auf Kommando, als sie uns in der Wohnstube ein Bier anbieten. Man spürt sofort: Sich mitzuteilen und Aufmerksamkeit wie Anerkennung auf sich zu ziehen, ist ein Bedürfnis dieses Paares, das, wie sich bei unserem Gespräch schnell herausstellt, in völliger Abgeschiedenheit lebt und unseren Besuch offenbar auch als eine Art therapeutische Sitzung versteht.

Folgerichtig scheut sich der 68 Jahre alte Viehzüchter nicht, vor uns ohne Umschweife sehr persönliche Details aus seiner Kindheit auszubreiten, die er in Papenburg, einer norddeutschen Kleinstadt im Emsland, verbracht hat. Hans Rösing ist drei, als mitten im Krieg seine Mutter stirbt. Da sich sein Vater an der Front befindet, geraten er und seine vier Geschwister unter das Dach einer Nachbarsfamilie. Als jüngstes der Kinder bekommt er den Frust darüber, dass nun fünf Münder mehr zu stopfen sind, besonders drastisch zu spüren. »Als alle anderen schon ihre Plätze eingenommen hatten«, erinnert er sich an den ersten Tag in der neuen Umgebung,

»stand ich am Tisch und klammerte mich an der Kante fest. Der Nachbar entdeckte mich und bekam einen Wutanfall. Er schrie: ›Was will denn der hier noch?‹«

Diese Zurückweisung, die sich einbrennt in die Psyche des Knaben, ist der Auftakt zu einem Lebensabschnitt, den man wohl Martyrium nennen muss. »Man hat mich dann regelrecht verkommen lassen. 1945 kam mein Vater aus dem Krieg zurück. Die Frau, die er danach heiratete, hat mich überhaupt nicht beachtet. Dabei hätte ich gerade in dieser Zeit eine richtige Mutter gebraucht. Wenn mein Vater getrunken hatte, haben sich die beiden nur gestritten. Ich bin dann einfach abgehauen, zum Bauern in die Scheune. Ich wollte nur weg, am liebsten ganz weit weg.«

Weit kommt Hans Rösing zunächst nicht. Er bleibt in Papenburg, geht dort aber nach der Volksschule schon bald seine eigenen Wege. Er verdingt sich als Pflasterer, Fliesenleger, Maurer und Kraftfahrer. Vor allem aber: Er lernt Siglinde kennen, mit der er heute die Einsamkeit im australischen Outback teilt. »Siggi war der erste Mensch, der mich verstand. Sie hat mir wirklich sehr geholfen.«

Der Bauboom, der die aufstrebende Republik erfasst, erreicht in den sechziger und siebziger Jahren auch das abgelegene Papenburg, wo eine bedeutende Werft die Wirtschaft beherrscht. Hans Rösing gründet mit seiner Frau eine Baufirma, der aber ein solides Fundament fehlt. Aus Mangel an Geld und Zeit hat es bei dem Besitzer nicht zu dem Meisterbrief gereicht, der den Arbeitgeberstatus mit seiner Weisungsbefugnis absichert. Also muss Hans Rösing die Schwerstarbeit in seinem Unternehmen vor allem selbst leisten. Ständige Probleme mit dem Rücken zwingen ihn am Ende dazu, die Firma zu verkaufen.

Der stattliche Erlös lässt eine über ein paar erfolgreiche Jahre hinweg verdrängte Sehnsucht wieder aufleben: weg aus Papenburg, möglichst weit. Aber wohin? Australien, lautet die Antwort, als die Rösings bei ihren Erkundungen erfahren, dass man es auf diesem Kontinent mit den Berufsregularien nicht so ernst nimmt wie in der strikten Bundesrepublik. 1982 wechselt das Ehepaar, das nur rudimentär Englisch spricht und seine Heimatstadt noch nie verlassen hat, aus der norddeutschen Provinz in das weltläufige Sydney. Der siebzehnjährige Sohn Mark und die ein Jahr jüngere Tochter Petra kommen mit. Ihr habe diese Zäsur zu schaffen gemacht, klagt Petra Rösing später dem Reporter einer deutschsprachigen Zeitung.

Das gilt auch für die Eltern. Zwar fällt es dem Vater nicht schwer, für die Familie ein angemessenes Haus zu erwerben, jedoch muss er sich gleichzeitig der schmerzlichen Erkenntnis beugen, dass es in Australien nun doch nicht so unbürokratisch zugeht, wie er es erwartet hatte. Seine berufliche Realität: Er muss erst mal wieder zupacken auf dem Bau. Die Folge: Die Probleme mit dem Rücken verschlimmern sich.

Stundenlang geht der Auswanderer grübelnd am Strand spazieren. »Ja, ich habe auch an eine Rückkehr nach Papenburg gedacht. Aber die Sonne schien so wunderschön, und alles um mich herum war so freundlich, dass ich mir gesagt habe: Nein, aus Australien gehst du nicht wieder weg. Dann hab' ich mich mit meinem Sohn ins Auto gesetzt, bin die Ostküste hochgefahren nach Queensland und auch mal ins Landesinnere abgebogen. Eine Farm, hab' ich mir gesagt, das wär's. Schon als Kind bin ich ja immer abgehauen zum Bauern. Und das ist das Einzige, woran ich mich gern erinnere.«

Als er am Tor eines achtzig Hektar großen Besitzes den verlockenden Hinweis »for sale« entdeckt, sieht der Familienvater wieder eine Perspektive vor sich. Das Haus, das er in Sydney für 107 000 Dollar gekauft hatte, kann er für mehr als den doppelten Preis veräußern. Zusammen mit dem Rest der Ersparnisse aus Papenburg reicht das, um etwa hundert Kilometer westlich der australischen Goldküste einen neuen Lebensabschnitt zu beginnen. Die beiden Kinder, gerade der Jugend entwachsen, bleiben in Sydney zurück.

Nun sind Hans und Siglinde Rösing mit sich allein. Ihr aus Dänemark stammender Nachbar, der ihnen, wohl auch um seine eigene Einsamkeit zu mildern, vehement zu dem Kauf riet, zieht es schon bald vor, sich in eine belebtere Gegend abzusetzen. Die einzige Ablenkung, die bleibt, ist die Arbeit. Als Erstes muss ein Haus gebaut werden. Mit dem Tempo, das Hans Rösing in seinen frühen Maurerjahren vorlegte, geht das nicht mehr – wegen des Rückens. Also verbringt das Paar ein halbes Jahr in einem Zelt und teilt sich die Mühen. Er mörtelt und schichtet die Bausteine, die er aus dem Bett eines nahen Baches gewinnt. Sie bedient die drei Betonmischer. Der Baum, den nachts ein Orkan entwurzelt, verfehlt das Zelt nur knapp. »Dann wären wir wohl weg gewesen«, sagt Hans Rösing mit der Teilnahmslosigkeit eines Menschen, den das Leben abgehärtet hat.

Dem Zelt folgt eine Hütte, der Hütte das Haus, dem Haus die Rinderherde. Auf mehr als 120 Tiere lässt der Farmer sie nicht wachsen. Gewarnt durch seine Erfahrungen, will er das Risiko begrenzen, alles unter Kontrolle behalten. Innerhalb dieses engen Rahmens handelt er flexibel: Ein Teil der Herde dient der Fleischproduktion, der andere der Zucht. Doch die Gegebenheiten, die sich in diesem Haushalt der Kontrolle entziehen, reichen vom Anekdotischen bis hin zur Tragödie.

Schauplatz Casino, ein landwirtschaftliches Zentrum dreißig Kilometer östlich der Farm. Auf dem Viehmarkt des Städtchens will Hans Rösing ein Rind ersteigern. Er bietet als Einziger eine bestimmte Summe, versäumt es aber, den Deal durch das Heben der Hand zu besiegeln. Dieses Signal kommt von ihm erst, als der Auktionator die Summe längst um eine Stufe erhöht hat. »Da habe ich mich selbst überboten und ausgetrickst. Mein Englisch ist immer noch nicht gut genug, um dem wirren Gequake auf so einer Auktion folgen zu können.«

Über das Missgeschick von Casino kann Hans Rösing heute lachen. Die dramatischen Begleiterscheinungen der letzten Dürre treiben ihn noch immer um. »Da kamen die Tiere von der Weide bis an die Pforte unseres Hauses und brüllten wie wahnsinnig. Eine trächtige Kuh brach vor meinen Augen tot zusammen. Ihr Kalb musste ich erschießen. Ich dachte: Was haben die bloß? Es gibt doch immer noch genügend Gras. Heute weiß ich, dass die völlig ausgetrockneten Halme das Vieh von innen vergiften. In solchen Zeiten muss man mit frischer Nahrung zufüttern und Mineralstoffe beimischen. Für die nächste Dürre habe ich mir schon einen Vorrat angelegt.«

Der Farmer holt ein Foto aus einer Schublade. Er zeigt eine hübsche junge Frau mit kastanienbraunem Haar. Sie lehnt an einem Baumstamm. Ihr Blick ist in die Ferne gerichtet. »Petra, unsere Tochter«, klärt Hans Rösing uns auf. »Vor vier Jahren ist es dann passiert.«

»Was ist passiert?«

»Petra, die in Sydney studierte, war zu Besuch bei uns. Vierzehn Tage habe sie vorher so gut wie nicht geschlafen,

Einmal Australien und nie wieder zurück: der Viehzüchter Hans Rösing

sagte sie. Wir haben zusammen gefrühstückt, sie hat wohl heimlich das Brotmesser an sich genommen und ist mit den Worten in ihr Zimmer verschwunden: ›So, ich glaub', jetzt kann ich endlich schlafen.‹ Morgens, so zwischen sieben und acht, war das. Ich bin dann arbeiten gegangen und gegen eins zum Mittagessen nach Hause gekommen. Ich wunderte mich, dass Petra nicht am Tisch saß und bat meine Frau, mal nachzusehen in ihrem Zimmer …«

Die Stimme stockt. Siglinde Rösing, die bis dahin weitgehend geschwiegen hat, setzt die Schilderung fort. »Ich habe gesagt: ›Lass Petra doch endlich mal schlafen!‹ Aber als mein Mann das Haus wieder verlassen hatte, da hab' ich gedacht: Vielleicht hat er ja Recht. Ich hab' dann ganz leise die Tür aufgemacht – aber da war es schon zu spät. Es verging keine halbe Stunde, bis die Polizei aus Casino eintraf. Man hat uns verhört. Aber dann hieß es: ein typischer Selbstmord.«

»Etwas seltsam war Petra immer«, ergänzt Hans Rösing. »Aber Drogen hat sie nie genommen. Sie war manisch-depressiv, hat uns ein Arzt gesagt.«

Eine klaustrophobische Stimmung bemächtigt sich unserer Runde. Am liebsten würde man jetzt aufbrechen und den Highway nehmen, der zum Ozean führt. Aber das geht nicht. Hans und Siglinde Rösing, das in der Einsamkeit gefangene Paar, haben uns, indem sie uns so ausführlich vom Suizid ihrer Tochter berichteten, in die Pflicht genommen. Sie erwarten eine Antwort auf die Fragen, die sich in ihrem ebenso bangen wie erwartungsvollen Blick abzeichnen: Tragen wir eine Mitschuld am Tod unserer Tochter? Hätte sie sich auch die Pulsadern aufgeschnitten, wenn wir in Papenburg geblieben wären?

»Dass Sie nach Australien ausgewandert sind«, sagen wir mit gespielter Gewissheit, »hat mit diesem Selbstmord absolut nichts zu tun. Wer die Veranlagung zur Depression in sich trägt, den kann es überall treffen.«

Wir sind froh, dass wir mit unserer Einschätzung offenbar

ein fachmännisches Urteil bestätigen. »Das hat der Arzt auch gemeint«, sagt Hans Rösing, der, um wieder loszukommen von diesem bedrückenden Thema, einen rasanten gedanklichen Sprung macht. »Also, wenn ich den im Fernsehen sehe, dann denke ich: Der war doch völlig bekloppt, dieser Hitler. Wie der vor dem Mikrofon rumgehampelt hat – nee, nee. Wie konnte man diesem Typen bloß nachlaufen?«

Die düstere Kindheit und Jugend in Papenburg, das mangelnde Selbstwertgefühl, die oft pausenlose Schwerstarbeit – all das hat Hans Rösing offenbar davon abgehalten, sich in der Bundesrepublik für gesellschaftliche und politische Zusammenhänge zu interessieren. Dass er nun ausgerechnet durch das australische Fernsehen, das sich intensiv mit der Nazivergangenheit Deutschlands beschäftigt, Nachhilfeunterricht erhält, hat auch etwas Absurdes.

»Wie oft waren Sie in den 25 Jahren, die Sie mittlerweile in Australien leben, in Deutschland?«

»Noch nie«, antwortet der Viehzüchter.

»Ich würde ja gern, aber mein Mann will nicht«, ergänzt seine Frau. Die Frage nach dem Warum, die wohl wieder zurückgeführt hätte zu den traumatischen Tagen in der norddeutschen Provinz, bleibt uns erspart, weil Hans Rösing uns zu einer Tour in das Revier seiner Rinder einlädt. Wie ein Känguru hoppelt der Pritschenwagen von Schlagloch zu Schlagloch. Auf der Ladefläche spielen die vier Hunde vor Arbeitseifer verrückt, als sie der von keinerlei Ordnung disziplinierten Herde gewahr werden. Die Sonne gibt sich milde an diesem Frühlingsnachmittag in Queensland.

»Klick« macht unsere Kamera, als der Landwirt wie ein Feldherr auf dem Hügel, seinem Hügel, steht und die Rinder, seine Rinder, zählt. Das Foto, das wir später betrachten, zeigt einen stattlichen älteren Herrn mit wehendem weißblonden Haar, strahlend blauen Augen und einem Lächeln, das Besitzerstolz ausdrückt. In diesem eingefrorenen Augenblick wirkt Hans Rösing wie ein Hans im Glück.

V Surf und Sonne
Im ewigen Frühling der Goldküste

21 »In Australien stehen auch dem Außenseiter alle Türen offen« Lebenskunst im Regenwald

Die Ohren frei oder bedeckt?«

»Frei, bitte!«

»Schere oder Rasiermesser?«

»Schere.«

»Für den Bart Stufe eins, zwei oder drei?«

»Stufe zwei.«

Auf die fachlichen Notwendigkeiten beschränkt sich der Dialog mit Mandy, der Frisörin im Salon »The Edge« in Byron Bay. Nach ihren Arbeitsbedingungen und ihrer Perspektive wollte man sie fragen und das Gespräch am Ende auf mögliche deutsche Freunde bringen. Doch Mandy, deren kieksige Stimme noch immer von Satz zu Satz hüpft, hatte gestern »Party« bei sich zu Hause. Und das ist das Thema, um das in diesem mit Discoklängen beschallten Haarstudio die Gespräche kreisen.

Im Grunde ist immer und überall »Party« in Byron Bay. Durch die Parks dieses Städtchens am südlichen Zipfel der australischen Goldküste wabert ständig der Rauch von den Grillstellen, um die sich Grüppchen zumeist jugendlicher Touristen scharen. Stets hat einer von ihnen seine Gitarre dabei, deren weicher Klang sich am Gekreische der zwischen den Bäumen und Büschen umherflatternden Papageien bricht.

Hinter den Balustraden der »Backpacker«-Unterkünfte wummert, zum Leidwesen der Klientel in den vornehmeren Herbergen, schon am Nachmittag der monotone Takt des Heavy Metal. Wenn Mitte November, also zum Ausklang des australischen Frühlings, Hunderte von Teenagern in Byron Bay einfallen, um in der aufgekratzten Atmosphäre einer Partyhochburg ihren Highschoolabschluss zu begießen, legen Polizei, ärztliche Ambulanzen und psychologische Notdienste Sonderschichten ein. Zu schnell und zu oft gerät außer Rand und Band, was als fröhliche Invasion beginnt.

Die Kulisse für das nicht enden wollende Fest liefert, sozusagen frei Haus, die Natur, die sich in dieser subtropischen Region von ihrer paradiesischen Seite zeigt. Ein atemberaubend weiter und weißer Strand breitet sich wie ein überdimensionaler Teppich zwischen dem türkis leuchtenden Pazifik und dem dunklen Grün des Regenwaldes aus. Über dessen Saum erheben sich mystisch verschleierte Bergkegel. Wie besoffen von seiner Kraft schlägt der Ozean gegen einen Fels, auf dem ein Leuchtturm thront. Wo die Wellen sich am höchsten türmen, lauern die von der rastlos scheinenden Sonne gebräunten Surfer auf den Kick, der süchtig macht. Ihre sportliche Maxime beschreibt gleichzeitig die Lebensphilosophie eines ganzen Ortes: Immer schön an der Oberfläche bleiben!

Wie immer an einem neuen Schauplatz greifen wir unmittelbar nach unserer Ankunft zum Lokalblatt und studieren, in der Hoffnung auf deutschstämmige Inserenten, den Anzeigenteil. Die meisten Annoncen in der *Byron Shire News* bieten esoterischen Balsam an – »spirituelle Reinigung« oder »Heilung per Gebet«, »Harmonie-Therapie für Paare« oder »Entdeckungsreisen in die Welt der Gefühle«. Gleich unter der Offerte, in der eine Psychologin namens »Ava« kundtut, dass sie bei ihren Sitzungen »die Engel konsultiert«, überrascht ein Elektromeister mit einer Botschaft, die in diesem Umfeld erfreulich klar und kurz daherkommt: »Kummer mit der elektrischen Anlage? Kein Problem. Rufen Sie ›Jürgen the Blitz‹ an! Komme sofort!« Ein gezacktes Symbol neben dem Text unterstreicht die Entschlossenheit.

 Jürgen Israel, Jahrgang 1955, wächst in Kassel auf, einer

der, wie er selbst sagt, »langweiligsten Städte Deutschlands«. Er fällt sein vernichtendes Urteil auf der von trockener Frühlingsluft erwärmten und von verschwenderischer Flora umwucherten Veranda seines Hauses westlich von Byron Bay. Die beiden Begriffe, mit denen er sein Verdikt begründet, schlagen wie verbale Blitze in unser Gespräch ein: »Verwaltungsstadt« und »Schlechtwetterzone«.

Realschule, Lehre als Elektriker, Fachoberschule: Die erste Lebensetappe des Jürgen Israel fügt sich noch in den Kasseler Komment und die Vorstellungen des Vaters, der in einem Vorort eine Gesamtschule leitet. Ein paar Hilfsjobs bei der renommierten Kunstausstellung »documenta«, wo er auch dem eigenwilligen Plastiker und Zeichner Joseph Beuys begegnet, bleiben sein einziger Kontakt zur avantgardistischen Variante der Existenz.

Doch dann erreicht die 1968 an den deutschen Universitäten ausgelöste Welle des Aufbegehrens auch die nordhessische Provinz, und der mit seinem eintönigen Dasein hadernde Sohn eines konservativen Pädagogen lässt sich bereitwillig von ihr mitreißen. So zieht er in eine Wohngemeinschaft, die gleichzeitig den Kasseler Atomkraftgegnern als Schaltstelle dient. »Da habe ich miterlebt, wie mitten in der Nacht ein Polizeikommando das Haus stürmte. Die Männer kamen auf Strickleitern über den Balkon und hatten ihre Maschinenpistolen im Anschlag. Plötzlich war da ein Riesenspektakel im Flur. Ich reiß' die Tür auf – und schon steht da ein Typ mit der Knarre vor mir. Die haben sämtliche Bücher aus den Regalen gerissen und nach politisch brisanter Lektüre gesucht.«

Einer auch stark von Action, Selbstfindung und Chaos geprägten Phase folgt systematische Sozialarbeit. Jürgen Israel mietet mit Gleichgesinnten eine alte Fabrik, in deren Werkstätten man zum Beispiel Möbel vom Sperrmüll restauriert. Diese »Arbeiterselbsthilfe« unterstützt auch Strafgefangene bei der Wiedereingliederung in die Gesellschaft. »Das Projekt lief hervorragend. Selbst unser Vermieter stand hinter uns. Aber die Behörden haben uns bekämpft, wo immer sie konnten. Vor allem vom Arbeitsamt, das in uns wohl eine Konkurrenz sah, ging ein solcher Psychoterror aus, dass der Besitzer des Grundstücks eines Tages entnervt aufgab.«

Die Gruppe gründet eine neue Firma, die sich darauf spezialisiert, heruntergekommene Fachwerkhäuser mit traditionellen Methoden zu renovieren. Das Kollektiv arbeitet erfolgreich mit Lehm und tauscht beim Auswechseln der Balken Eiche gegen Eiche und nicht gegen Kunststoff. Nun sind es die mit umweltbelastenden Mitteln arbeitenden Handwerksbetriebe, die das alternative Projekt hintertreiben. »Irgendwann hatte ich von Kassel die Schnauze dermaßen voll, dass mich mein Freund nicht lange überreden musste, als er 1981 im saukalten Winter einen Trip nach Australien anregte.«

Als dem Duo mitten im Bundesstaat New South Wales das Geld ausgeht, schaltet es auf Selbstversorgung um. Die zwei für ein paar Dollar erworbenen Schafe verarbeitet ein aus der Bundesrepublik stammender Schlachter, der sich den beiden angeschlossen hat, zu Steaks und Würstchen. Die Besitzerin eines Obststandes überlässt den seltsamen, aber liebenswerten Deutschen ihre Restbestände. In einem selbst gebauten Lehmofen wird Brot und Kirschkuchen gebacken. Die Kirschen stammen von einer Farm, auf der sich die Kumpane gelegentlich als Pflücker verdingen und auf deren Gelände sie auch ihr Zeltlager aufschlagen. Die kostenlose Nutzung des Grundstücks macht der Besitzer von einer einzigen Bedingung abhängig: Die autarken Hippies müssen bereit sein, sich hin und wieder australischen Touristen zu zeigen. »Die Leute kamen in Scharen. Besonders beliebt war bei ihnen unser Kirschkuchen.«

Die Heimreise nach Deutschland dient nur einem Ziel: bei der australischen Botschaft die Einwanderung beantragen und dann schnell wieder zurück auf den Kontinent, der eine dauerhafte Alternative zum grauen Kassel verheißt. »Als ich

Keinen Bock mehr auf Kassel: Jürgen Israel oder »Jürgen the Blitz«

den Antrag ausfüllte, war ich meinem Vater nachträglich dankbar, dass er darauf bestanden hat, dass ich eine Lehre als Elektriker mache. Denn dieser Abschluss war wohl entscheidend für das schnelle Okay.«

Jürgen Israel bezieht mit seiner aus Deutschland stammenden Freundin eine Hütte in einem Tal in der Nähe von Byron Bay, damals ein weltbekanntes Dorado der Blumenkinder. Die in ihrem Kreis weit verbreitete Philosophie, sich mit dem Anbau und dem Genuss von Drogen und dem großzügig gewährten Arbeitslosengeld durchs Leben zu lavieren, ist dem Lehrersohn schon bald zuwider. Er geht, ganz bürgerlich, in seinen Beruf als Elektriker zurück, arbeitet zunächst für den Staat, studiert einige Semester Stadtplanung, erwirbt ein Haus im Grünen, gründet eine Familie und 1987 sein eigenes Unternehmen.

»War das kompliziert?«

»Überhaupt nicht. Da war so ein Inspektor. Der hat mir zwanzig Fragen gestellt. Die meisten habe ich wohl richtig beantwortet. Und schon hatte ich meine Firmenlizenz. Heute ist das auch in Australien komplizierter, aber bei weitem nicht so wie in Deutschland.«

Von der Frau, mit der er sich im Regenwald bei Byron Bay eine Existenz aufbaute, lebt Jürgen Israel mittlerweile getrennt. Streit um das Grundstück, das Haus, die Ersparnisse, den gemeinsamen Sohn – wenn es um den Besitz geht, kann man auch im Paradies die Hölle erleben. Seine Erfolge im Beruf und eine neue Partnerschaft haben dem Handwerker wieder zu jenem Optimismus verholfen, mit dem er die Herausforderung des Auswanderns meisterte und der auch seine neueste unternehmerische Initiative beflügelt. Zusammen mit Freunden gründete er eine Firma, die auf einer Papua-Neuguinea vorgelagerten Insel einen Windkraftpark installieren will. »Wenn ich meine Bekannten und Verwandten in Kassel damit konfrontiert hätte, dann hätten sie mir als Erstes erzählt, warum das nicht funktionieren kann. Hier sagt man: ›Toll, diese Idee!‹ Und in Deutschland muss man eben zum Establishment gehören, wenn man etwas durchsetzen will. In Australien stehen auch dem Außenseiter alle Türen offen.«

»Wann waren Sie zum letzten Mal in Kassel?«

»Anfang 2007.«

»Was ist Ihnen am meisten aufgefallen?«

»Dass Kassel multikultureller geworden ist; Gott sei Dank. Türkische Gemüsehändler, asiatische Küche … das hat's zu meiner Zeit in diesem Ausmaß nicht gegeben. Aber tauschen möchte ich trotzdem nicht. Schon mit diesem grauen Wetter würde ich nie wieder klarkommen.«

In einer paradiesischen Landschaft auf einer soliden ökonomischen Basis als Individualist leben – Hunderte von arrivierten Aussteigern aus der Bundesrepublik lockte diese Aussicht in das Hinterland des Städtchens Byron Bay, in das man sich gelegentlich zum Einkaufen, Dinieren, Surfen oder auch – wie Jürgen Israel – zum Arbeiten begibt, das man aber ansonsten dem Trubel des Tourismus überlässt. »Viele dieser Deutschen«, weiß der »Elder Statesman« unter den Aussteigern, »haben lange Zeit für ihre Firma in asiatischen Ländern gearbeitet. Dort wollten sie nicht bleiben, weil sie wegen der völlig fremden Kultur nie ganz heimisch wurden. Eine Rückkehr in ihre Heimat kam für sie aber auch nicht in Frage, weil sie mit der deutschen Mentalität nicht mehr klarkamen. Australien ist der Kompromiss – und die Gegend um Byron Bay das Ideal.«

Jürgen Israel, der mit seinen dunkelbraunen Augen, seinen von silbernen Fäden durchwirkten Locken und seinem leicht melancholischen Lächeln an den ägyptischen Schauspieler Omar Sharif erinnert, kramt in einer mit Visitenkarten gefüllten Schublade. Über den Sinn seiner Bemühung besteht kein Zweifel: Er will uns mit Adressen von anderen Deutschen versorgen. Wir rechnen: Jürgen the Blitz ist jetzt 52 Jahre alt, also benötigen wir jetzt unbedingt einen jüngeren Kandidaten. In der Hoffnung, dass dem Auswanderer aus Nordhessen die direkte deutsche Art nicht fremd geworden ist, artikulieren wir unseren Wunsch unverblümt.

Ein Anruf, ein kurzes Gespräch, ein Resultat. »Der Jens aus Sachsen freut sich darauf, euch zu treffen. 26 Jahre ist der alt und ein interessanter Typ.«

22 »Hier wirst du mit Arbeit totgeschmissen«
Als Zimmermann im Hippieland

Der Weg zu Jens, dem Typen aus Bad Düben bei Leipzig, führt über Nimbin, einem der seltsamsten Orte Australiens, vielleicht sogar der Welt. Durch seine Straßen und Gassen wabert der süße Duft des Rauschgifts, das man in den weicheren wie den härteren Varianten in aller Öffentlichkeit erwerben kann. Sogar dem Kuchen, den das mit Aboriginekunst dekorierte »Rainbow Café« serviert, ist Haschisch beigemengt. Überlebensgroße Porträts so unterschiedlicher Idole wie des Revolutionärs Che Guevara, der Mutter Maria und des Dalai Lamas zieren die Fassaden.

Die im Zentrum auf eine unübersehbare Tafel gemalten Weisheiten des tibetischen Religionsführers gemahnen den Betrachter ziemlich aufdringlich an die »Widersprüche unseres Zeitalters«. Von »steilen Profiten, aber flachen Beziehungen« sei es geprägt, von »immer mehr Wissen, aber immer weniger Urteilskraft«, von »immer größeren Häusern, aber immer kleineren Familien«. Ein Trommelfeuer von Imperativen begleitet solche Erkenntnisse: »Sei nicht neidisch!«, lautet einer der »Nimbin-Codes«. Oder: »Behandele andere so, wie du selbst behandelt werden möchtest!«

Während sich das gut fünfzig Kilometer entfernte Küstenstädtchen Byron Bay seines Blumenkinderappeals weitgehend entledigte und immer mehr zum Wallfahrtsort einer betuchten Klientel avanciert, hält das auf einem Hügel ausgebreitete Nimbin krampfhaft an seiner alternativen Tradition fest. Sie geht zurück auf ein avantgardistisches Kunst- und Musikfest, das 1973 Tausende von Hippies anlockte und das für den Fünften Kontinent eine ähnliche Bedeutung hat wie Woodstock für Amerika. Viele von den Besuchern, die sich entschlossen, in Nimbin zu bleiben, tragen noch immer Rastalocken. Zu den großväterlichen, von tiefen Furchen durchzogenen Gesichtern nimmt sich diese Haarpracht eher komisch aus.

Mit Wasserlilien bewachsene Teiche, steil aufragende Felsen und saftige Wiesen säumen die holprige Piste zu den Kommunen, die sich in der Umgebung Nimbins angesiedelt haben. Tibetische Gebetsfahnen markieren die Standorte dieser im subtropischen Grün versteckten, von Jüngern der Esoterik bewohnten Ansiedlungen. »Kinder und Tiere haben Vorfahrt«, heißt es am Eingang der Kommune Billen Cliffs, auf deren Gelände unser Interviewpartner aus Sachsen seinen Wohnwagen abgestellt hat. »Lasst uns in ein Café fahren«, sagt der junge Mann mit den schulterlangen Haaren. Sein offenes Gesicht verheißt ein unverkrampftes Gespräch.

Jens Röstel, 26

Als ich vor einem Jahr nach Australien kam, da hab' ich mir als Erstes ein »Working Holiday«-Visum besorgt und gleich danach einen Wohnwagen. Mit dem zockele ich quasi von einer Baustelle zur nächsten, um Miete zu sparen, und das klappt richtig gut. Hier in Billen Cliffs ziehen wir gerade eine Schule hoch, aber die nächsten Aufträge kommen mit Sicherheit. Bei mir waren schon Leute, die gefragt haben: Und was machst du, wenn du fertig bist? Einer will einen Carport, ein anderer einen kompletten Hausumbau, und sonst liegt auch noch einiges an.

In Australien ist es kein Problem, Arbeit zu finden. Eher umgekehrt: Nicht zu arbeiten, das ist schwierig. Du wirst tatsächlich totgeschmissen mit Arbeit. Ich kenne einen Zimmermann in Brisbane, der dringend Leute sucht und niemanden findet, obwohl er fünfzig Dollar die Stunde zahlt. In Deutschland habe ich 13,50 die Stunde verdient, als Vorarbeiter, und ich stand fünf Tage in der Woche jeweils dreizehn Stunden auf dem Bau, am Samstag nochmal sechs Stunden.

Klar, meine Mutter ist nicht besonders glücklich, dass ich so weit weg bin, und meinen Großeltern ist es auch nicht recht. Neulich kam ein Brief von meiner Oma, in dem stand: Ja, Jens, in Deutschland geht es wieder aufwärts mit der Wirtschaft, wann kommst du?

Ich weiß nicht, vielleicht klingt es ja egoistisch, aber ich finde: Jetzt bin *ich* dran. Ich fühle mich wohl hier, ich will hier bleiben, auf jeden Fall die nächsten zehn oder fünfzehn Jahre. Eigentlich wollte ich mir ein Jahr geben, um zu entscheiden, ob ich bleibe oder nicht, aber schon nach drei Monaten war für mich klar: Hier gehste nicht wieder weg.

Hier ist es warm, es gibt viel Arbeit, es ist relaxed, und die Leute sind nett.

Ich habe als Zimmermann in etlichen Ländern gearbeitet, die wirklich okay waren, wo man sich auch hätte ansiedeln können, Norwegen und Irland zum Beispiel. Da gab's auch gute Arbeit, die Leute waren auch nett – aber das Wetter? Regen und Schnee, nee, erledigt. Hier habe ich alles. Das Meer und die Berge, viel Sonne, und dann diese Wahnsinnswellen. Surfen, das ist irre, ich kann schon verstehen, dass man süchtig wird danach. Ich surfe auch, aber als guter deutscher Handwerker nur nach Feierabend oder am Wochenende. Es ist tatsächlich so: Wenn in Byron Bay der Surf gut ist, dann geht kein Aussie arbeiten, dann sind alle mit ihren Brettern am Strand. Aber hier kann man sich das auch leisten. Ich kenne Leute, die arbeiten nur drei Tage in der Woche und haben trotzdem ihr Häuschen.

Die Frage ist doch, was du vom Leben erwartest. Ich habe kein Problem damit, hart zu arbeiten, aber ich muss ein Ziel sehen. Morgens um fünf aufstehen, nach sechs Uhr abends nach Hause kommen, todmüde ins Bett fallen, und das alles nur, um deine 800 Euro Miete zahlen zu können – nee, das geht nicht, das sehe ich für mich nicht ein. Und dann musst du noch ständig allen möglichen Leuten sonst wohin kriechen, um überhaupt Arbeit zu kriegen. Wenn ich hier in Australien den Hintern zusammenkneife und in den nächsten zwei Jahren richtig ranklotze, dann hab' ich den Grundstock für ein Stück Land. Ich kenne eine Gegend, wo der Boden noch nicht so teuer ist. Da will ich dann mein Haus hinstellen und irgendwann auch eine Familie haben. Das sind jedenfalls meine Pläne, so sehe ich meine Zukunft.

Geboren bin ich in Wittenberg und aufgewachsen in Bad Düben, das liegt etwa dreißig Kilometer von Leipzig entfernt. Ich war acht, als die Mauer fiel, und ich habe einerseits noch den Zusammenhalt der Leute in der DDR mitgekriegt, andererseits aber auch den Druck der Marktwirtschaft zu spüren bekommen. Man musste zum Beispiel froh sein, überhaupt eine Lehrstelle zu finden, da war keine große Auswahl. Für mich gab es drei Möglichkeiten: Landwirtschaft, Koch oder Zimmermann. Ich habe bei einer Baufirma in Leipzig zur Probe gearbeitet, und das hat geklappt. Die Lehrzeit war hart. Ich bin morgens um vier aufgestanden, um den Bus nach Leipzig zu kriegen, und um sieben Uhr abends war ich wieder zu Hause. Trotzdem: Die Arbeit hat mir Spaß gemacht, und ich hätte da auch bleiben können nach der Ausbildung. Aber ich wollte immer irgendwie raus, ich hatte Hummeln in der Hose.

Beim Arbeitsamt habe ich dann von einem Projekt gehört: Arbeiten in Schottland und Wales für Kost und Logis. Das war mein Ding, da war ich nicht mehr zu halten. Acht Wochen lang haben wir dort Hütten gebaut, mir hat das sehr gut gefallen. Ich hatte damals schon eine Freundin, und eigentlich wollten wir nach meiner Rückkehr zusammenziehen. Aber ich hab' zu ihr gesagt: Anja, pass auf, das wird so nichts,

Ein Surfer, der aus Sachsen kam: Jens Röstel

ich kann noch nicht sesshaft werden. Sie hat gefragt: Und was willst du machen? Meine Antwort kam ganz spontan: Ich glaube, ich geh' auf Wanderschaft.

Ich habe mir eine Bruderschaft gesucht und mir eine Zimmermannsmontur schneidern lassen, die Standardausrüstung kostet 800 Euro. In den ersten Wochen begleitet dich einer von der Bruderschaft, um dir ein paar Hilfestellungen zu geben, und dann musst du dich entscheiden: Willst du dieses Leben auf der Straße oder nicht? Das ist ja kein Kindergarten, es gibt Verhaltens- und Ehrenkodexe. Du darfst drei Jahre nicht nach Hause, und wichtig ist, dass du arbeitest und dir dadurch deine Reisen finanzierst. Unterwegs sein kannst du auf der ganzen Welt.

Ich bin gleich am Anfang komplett um die Ostsee gereist, über Schweden, Finnland, das Baltikum und Polen – das war das Beste, was mir bis dahin passiert ist. Ich fand es einfach toll. Und ich glaube auch, dass man eine Menge lernt, wenn man auf der Walz ist. Man lernt zum Beispiel, mit wenigen Sachen zufrieden zu sein. Man hat ja im Endeffekt fast nichts, nur das, was man mit sich rumschleppt. Man hat keine Wohnung, kein Haus, nix. Und das gibt einem ein Gefühl von endloser Freiheit, eine Erfahrung, die super war für mich.

In Australien bin ich per Zufall gelandet. Ich hatte in Bremen eine junge Frau kennengelernt, die war nicht ganz happy in Deutschland, hat sich aber nicht richtig getraut, allein irgendwo anders hinzugehen. Ich hab' zu ihr gesagt: Buch einfach ein Ticket, Wiebke, egal wohin, ich bin dabei. Ich hab' dann lange nichts mehr von ihr gehört und gedacht: Okay, wir hatten beide was getrunken, das hat sich wohl erledigt. Ich war schon auf dem Sprung nach Chile, als eine Mail von ihr kam: Fliege am 6. Dezember nach Sydney, kommst du mit?

Die Geschichte mit Wiebke hat nicht lange gehalten, dafür hab' ich mich in Australien verliebt. Es war von Anfang an kein Problem, Arbeit zu finden. Die Leute haben mich in meiner Kluft gesehen und auf der Straße angesprochen. Eine Zeit lang habe ich Bühnen für Festivals gebaut, bis eines Tages mein Kumpel Niels vor der Tür stand und fragte: Hast du nicht Bock, mit nach Nimbin zu kommen? Wir bauen da eine Steiner-Schule im Busch. Wir haben uns zusammen auf den Weg gemacht, und die Gegend hat mir gleich gut gefallen. Alles ist so grün hier, sehr intensiv. Ich könnte nicht leben, wo die Erde ausgedörrt und verbrannt ist.

Nach drei Monaten war mein Visum abgelaufen, und ich bin zurück nach Deutschland geflogen. Dort war Winter, es schneite wie Sau, und auf den Bahnhöfen herrschte Chaos. Die Züge fuhren gar nicht oder mit Verspätung, die Leute tobten: Katastrophe, Schweinerei, ich muss arbeiten, die Bahn weiß doch, dass Winter ist, wieso kriegen die das nicht hin? Und bla und blubb. Ich hab' mir nur gedacht: Jungs, ihr könnt es doch eh nicht ändern, regt euch doch nicht so auf. Dieses Hektische, dieser Stress, das war mir immer schon auf die Nerven gegangen in Deutschland, und mir war damals klar: Ich will ganz schnell zurück nach Australien.

Ich habe mir dann in Norwegen als Vorarbeiter Geld zusammengespart, für das Ticket und als Polster für die Anfangszeit, und am 8. November 2006 war ich wieder in Nimbin. Mein befristetes Visum ist jetzt abgelaufen, ich warte zurzeit auf eine permanente Aufenthaltsgenehmigung. Wenn alles klappt, bekomme ich sie im März oder April. Die Australier machen es einem heute nicht mehr so leicht wie noch vor zwanzig Jahren. Du musst deine Ausbildung penibel nachweisen. Ich habe jede Menge Unterlagen an die Behörde geschickt, unter anderem meinen Gesellenbrief, die Ausbildungsverordnung und mein Wanderbuch, aber das hat denen nicht genügt. Die wollten auch Referenzen sehen, die meine Mutter dann mühsam besorgt hat. Natürlich musst du auch zahlen, mich hat die ganze Prozedur bisher an die tausend Dollar gekostet.

Grundsätzlich finde ich: Handwerker sind hier besser angesehen als bei uns. Wenn du in Deutschland jemandem erzählst, du bist Maurer oder Zimmermann, dann kannst du förmlich sehen, wie es in dem arbeitet: Wie, kein Architekt, kein Ingenieur? Hier ist jeder ein Supertyp, der ein paar Latten zusammennageln kann.

Nein, eine feste Beziehung habe ich nicht im Moment. Meine letzte Freundin ist mit einem knackigen Surfie aus Neuseeland durchgebrannt, und jetzt bin ich wieder auf der Suche. Klar, Byron Bay ist voll von hübschen Mädchen, aber die meisten sind auf der Durchreise. Ich hätte schon gern eine Freundin. Ich brauche einen Mittelpunkt, ich bin mir selbst nicht Mittelpunkt genug. Ich bin ein Mensch, der gern was für andere macht.

Zum Glück habe ich inzwischen ein paar junge Leute in Byron Bay gefunden, mit denen ich was unternehmen kann. Es ist schwer, sich hier einen Freundeskreis aufzubauen. Die Leute sind zwar offen und es ist leicht, jemanden kennenzulernen. Die Sache zu vertiefen, das ist schon schwieriger. Die Australier sehen eben alles viel lockerer. An meinem Geburtstag habe ich mit drei Leuten dagesessen, obwohl ich 25 eingeladen hatte. Das ist eine Mentalität, mit der man erst mal klarkommen muss.

Ich habe mir ein Ziel gesetzt: Mit vierzig will ich aufhören, körperlich schwer zu arbeiten. Bauen ist eine ziemlich anstrengende Sache hier, die Hölzer sind viel härter und mindestens doppelt so schwer wie in Deutschland. Auf Dauer hältst du das nicht durch. Ich möchte mich später auf Planungen und Entwürfe konzentrieren, und ich denke, das müsste zu schaffen sein.

23 »Ich hätte am liebsten den Boden geküsst«
Die Rentner vom Coomera River

Mit dem Auto 11 237 Kilometer zurückgelegt, von der Wüste bis zum Regenwald fast alle landschaftlichen Zonen des Kontinents durchmessen, über weite Strecken jeden Tag das Motel gewechselt, fast zwanzig Interviews von insgesamt mehr als sechs Stunden geführt – die Zwischenbilanz, die wir exakt zwei Monate nach Beginn unserer Recherchen ziehen, verlangt nach Ruhe und Reflexion, nach einer schöpferischen Pause. Wir gönnen sie uns in Coolangatta, einem Badeort an der Goldküste, die mit einem der längsten Strände Australiens und 300 Sonnentagen im Jahr lockt. 22 Grad beträgt die Durchschnittstemperatur.

Vom Balkon unseres Apartments blicken wir auf eine Bucht, deren postkartenhafte Schönheit den Vergleich mit der Novembertristesse im fernen Hamburg provoziert und Gedanken ans Auswandern aufblitzen lässt. Der Spaziergang vor dem ersten abendlichen Wein führt durch einen Park, in dem sich zum Abgesang des Tages Tausende wild durcheinanderzwitschernder Wellensittiche einfinden. Stundenlang schauen wir manchmal von einem Riff den waghalsigen Manövern der Surfer zu oder den Delfinen, die sich, als wollten sie teilhaben am ausgelassenen Treiben, bis dicht vor das Ufer trauen. Auch die Echsen auf der Promenade, die mit ihren flinken Zungen hin und wieder in das Gewusel einer Ameisenstraße fahren, machen keinerlei Anstalten, den Feriengästen zu weichen.

An den Wochenenden dient der Strand als Freilichtbühne für Trauungen. Der Bräutigam und der Pfarrer tragen feierliches Dunkelblau. Die Braut erscheint in wallendem Weiß. Perfekte Kleidung, denkt man – bis man auf die Füße blickt. Die stecken, aus Gründen der Bequemlichkeit, in Badelatschen.

Nach fünf, sechs Tagen Müßiggang geraten wir wieder in

den Sog unserer Neugier. Sie richtet sich auf die Täler westlich des Pacific Highway, der Coolangatta mit Brisbane verbindet, der prosperierenden Hauptstadt des Bundesstaates Queensland. Wir wissen, dass diese Gegend in Australien als Rentnerparadies gilt und dass sie auch vielen pensionierten Auswanderern aus Deutschland als Alterssitz dient.

Der Pensionär Götz Pütter, in Cottbus geboren, in Berlin aufgewachsen und 1959 nach Australien gekommen, residiert in einer Seniorensiedlung am Riverbrooke Drive in Upper Coomera. Der Komplex besteht aus 82 einstöckigen Häusern, in denen insgesamt 140 Menschen leben. Mindestens 55 Jahre alt muss man sein, wenn man hier einziehen will. Götz Pütter ist 78.

Der Weg zu seinem 140 Quadratmeter großen Quartier führt durch eine Zone kalter Funktionalität: Stopp vor dem eisernen Tor am Eingang. Auf einer elektronischen Tafel die Hausnummer des Besitzers eingeben. Warten, bis er per Knopfdruck die Sperre löst und sich das Tor wie von Geisterhand öffnet. Fahrt durch eine Wohnlandschaft, von der, da man hinter der akkuraten Anordnung der Beete und Bürgersteige, Teiche und Parks das Diktat des Reißbretts spürt, etwas Klinisches ausgeht.

Der Hausherr empfängt uns mit der überzogenen Verbeugung eines Zirkusdirektors und setzt mit dieser selbstironischen Geste ein Zeichen gegen die äußere Sterilität seiner Umgebung. Als spüre er, dass wir uns in diesem gepflegten Ghetto für die ältere Generation noch etwas unbehaglich fühlen, preist er überschwänglich dessen Vorzüge. »Der Fluss dahinten eignet sich fantastisch zum Fischen. Im Club kann man sich mit anderen Bewohnern zum Musizieren, Billard, Tennis oder Minigolf treffen. In die Bibliothek kann man gehen, ins Kino oder ins Restaurant. Wie gesagt: Man kann. Wer es nicht möchte, lässt es. Niemand nimmt es ihm übel.«

Und dann weist der braungebrannte, durchtrainiert wirkende 78-Jährige auf den Himmel. »So blau ist der fast jeden

Tag. Bis zum Strand brauchen wir mit dem Auto keine dreißig Minuten. Es vergeht kein Morgen, an dem wir nicht zum Schwimmen und Joggen rausfahren an den Pazifik.«

Warum der Pensionär »wir« gesagt hat, klärt sich auf, als er uns seine neun Jahre jüngere Frau Helga vorstellt. Erst 2004 haben die beiden geheiratet. Die Art, wie sie sich kennenlernten, bereichert unsere Recherchen um eine ungewöhnliche Liebesgeschichte.

In Australien vereinsamt ein Witwer in seinem Haus in der Nähe der Goldküste. Seine Frau ist an Krebs gestorben – und irgendwann sagt er sich: Ohne eine Partnerin hat das Leben keinen Sinn mehr. Er setzt sich an seinen Computer, klickt sich bei einer elektronischen Partnervermittlung ein und sendet sein Profil samt Ehewunsch in alle Welt.

In der deutschen Hauptstadt Berlin leidet eine seit fünfzehn Jahren geschiedene Bibliothekarin zunehmend unter ihrer Einsamkeit. Als sie im Urlaub am Strand von Usedom spazieren geht und ihr ein händchenhaltendes Paar nach dem anderen begegnet, sagt sie sich: Ohne einen neuen Partner hat das Leben keinen Sinn mehr. Ihr Sohn hat ihr gerade einen Computer installiert – und so surft sie sehnsüchtig durch die einschlägigen Angebote. Die witzigsten und sympathischsten Mitteilungen schreibt ein Pensionär namens Götz. Der Code lässt auf Australien schließen, das Land, nach dem sie während ihrer Existenz in der DDR die größte Sehnsucht verspürte. Das Opernhaus in Sydney, der Ayers Rock, das Great Barrier Reef … »Da wirst du nie hinkommen«, hat sie damals gedacht.

Man tauscht Fotos aus, schreibt sich Briefe, telefoniert. Und irgendwann schickt der rüstige Rentner von der Goldküste ein Flugticket nach Berlin. »Wenn das man gutgeht«, unken die Freundinnen. »Das wird schon klappen«, ist sich die kurz vor der Pensionierung stehende Bibliothekarin sicher.

Es klappt. Sofort ineinander verliebt hätten sie sich, sagen Götz und Helga Pütter, als sie uns vom Augenblick ihrer ers-

Im Paradies der Pensionäre: Helga und Götz Pütter

ten Begegnung berichten. Dass sich die Rentnerin nach ihrer Übersiedlung im September 2004 »wie im Märchen« fühlt, liegt auch an der grandiosen Natur, die sich so wohltuend abhebt von den grauen Häuserschluchten im Osten Berlins. »Wir frühstücken hier jeden Morgen im Garten«, berichtet die Hausfrau. »Von den Früchten auf dem Tisch habe ich in der DDR nicht mal zu träumen gewagt. Und die Vögel, die hier herumfliegen, hat man damals höchstens in der Voliere gesehen.« Die bunte Vogelschar findet sich auf den Stickereien wieder, die Helga Pütter in Heimarbeit gefertigt hat und die im Wohnzimmer einen Stich des mittelalterlichen Nürnberg flankieren.

An den Tiefpunkten des Lebens nicht kapitulieren, sondern kämpfen – die Maxime, die dem Auswanderer aus Cottbus eine späte Liebe bescherte, zieht sich wie ein Leitfaden durch seine Vita. Den ersten Rückschlag erleidet er Anfang der fünfziger Jahre, als er seinen stinkigen Job als Packer in einer Hamburger Fischfabrik gegen ein Verkäuferdasein bei einer Karstadt-Filiale eintauscht. »Doch da gab es einen Abteilungsleiter, der hat mich jeden Tag fertiggemacht. Der sagte immer: ›Sie haben ja nicht mal Abitur und auch sonst nichts gelernt – was wollen Sie hier eigentlich?‹ Ein grauenvoller Typ war das. Abitur … das war für einen Jüngling, den sie kurz vor Toresschluss an die Front geschickt haben, doch überhaupt nicht drin. Na ja, und dann habe ich zusammen mit meinem Freund Klaus beschlossen: Wir wandern aus nach Australien!«

Seine zweite Enttäuschung erlebt Götz Pütter ausgerechnet in dem Land, von dem er sich eine Perspektive in der Kaufhausbranche erhofft. Nicht die gänzlich andere Mentalität und Küche machen ihm zu schaffen, sondern die kleinen, in ihrer Summe aber bedeutenden Unterschiede in seiner beruflichen Praxis als Verkäufer und Disponent in Sydney. »Damals rechnete man in Australien noch in Pfund und Shilling. Das war für mich am Anfang so kompliziert, dass die Kasse selten stimmte. Und einige Zahlen wurden auch anders geschrieben als in Deutschland. Wenn ich durch die 7 einen Strich gemacht habe, las man das als 4, und als ich mir den Strich endlich abgewöhnt hatte, deutete man die 7 als 1.«

Auch Götz Pütters erste Frau, die als Schneiderin arbeitet, hat mit solchen ungeahnten Kalamitäten zu kämpfen. Als sie zum Beispiel für einen Kunden einen Reißverschluss besorgen muss, rechnet sie in Zentimetern und der Lieferant in den landesüblichen Inches. »Natürlich«, erinnert sich Götz Pütter, »passte das Ding nicht. Wenn einem so etwas häufiger unterläuft, dann ist das schon ziemlich frustrierend.«

Als die Pütters 1965 von Freunden hören, dass Deutschland von einem »Wirtschaftswunder« erfasst sei, entscheiden sie sich für die Rückkehr nach Hamburg. Doch kaum hat ihr Schiff im Hafen angelegt, werden sie mit einer anderen deutschen Realität konfrontiert: dem Aprilwetter. »Schneeregen peitschte uns ins Gesicht. Unsere Schuhe versanken im Matsch. Wir hatten keine Wintersachen mit und froren erbärmlich.

Unsere Kinder, die wir vorausgeschickt hatten, erkannten wir nicht wieder, als sie uns begrüßten. So blass waren die. In Australien hat man uns immer gewarnt: ›Das Wetter in Deutschland wird euch zu schaffen machen!‹ Und ich habe immer geantwortet: ›Mein Gott, das Wetter … das ist doch nur eine Nebensache!‹ Heute weiß ich: Es ist eine Hauptsache im Leben. Wenn es hier mal zwei graue Tage hintereinander gibt, dann werden wir schon unruhig.«

Nur 48 Stunden nach ihrer Ankunft suchen die Pütters in Hamburg das australische Konsulat auf. Ihr Ziel: Visa für die Rückkehr nach Australien. »Über dem Schreibtisch des Beamten hing ein riesiges Bild von der Harbour Bridge in Sydney, wo wir ja jahrelang gelebt haben. Als wir das Foto sahen, kamen uns beiden die Tränen. Wir haben den Mann regelrecht angefleht: Lassen Sie uns zurück nach Australien!«

Der Beamte ist so beeindruckt von den Besuchern, dass er keinen Moment zögert, die Visa zu genehmigen. Nur: Bezahlen muss das Paar die Passage diesmal selbst. Knapp ein Jahr dauert es, bis Götz Pütter durch allerlei Jobs so viel Geld zusammenhat, dass man den erneuten Sprung in die so ganz andere Welt wagen kann. »Als wir in Australien ankamen, fühlte ich mich wie der Papst. Ich hätte am liebsten den Boden geküsst.«

Der zweite Versuch wird zum Volltreffer. Götz Pütter lässt die Mühen der beruflichen Ebene schnell hinter sich und steigt bei einer Kaufhauskette zum Manager auf. Seine Frau findet einen Job in Sydneys elegantestem Pelzgeschäft und züchtet später als Rentnerin an der Goldküste mit großem Erfolg Langhaardackel. Für ihren Mann ist die Leere, in die er nach seiner Pensionierung stürzt, die nächste große Herausforderung. Er meistert sie, indem er im Hinterland für einen Kaufhauskonzern Reklamezettel für Billigangebote verteilt. 2000 Häuser gehören zu seinem Bezirk. Und da er sie, statt das Material einfach vor der Tür abzulegen, mit preußischer Disziplin beliefert, stockt sein Arbeitgeber die Prämie von Jahr zu Jahr auf. Schon bald verdient er mit dem Hilfsjob, der ihm auch über den Krebstod seiner Frau hinweghilft, fast genauso viel wie früher als Führungskraft.

»Hat es Sie Überwindung gekostet, als ehemaliger Manager mit Reklamezetteln durch eine Gegend zu laufen, in der Sie fast jeder kennt?«

»Klar, in Deutschland würden dich die Leute schief angucken und fragen: Hat der denn so etwas nötig? Hier klopfen sie dir auf die Schulter und sagen: Toll, dass du das in deinem Altern noch machst!«

»Welche Pläne haben Sie?«

»Zu meinem achtzigsten Geburtstag unternehmen wir eine große Deutschlandreise.«

»Könnte es sein, dass bei Ihnen und Ihrer Frau der Wunsch aufkommt, den Lebensabend in der Heimat zu verbringen?«

»Heimat? Unsere Heimat ist Australien. Selbst wenn man uns eine Million Dollar böte, würden wir nicht zurückkehren. Nein: Wir werden demnächst unser Haus verkaufen und ein noch schöneres Grundstück 500 Kilometer weiter nördlich beziehen.«

Mobilität – für Helga Pütter, die ihre besten Jahre im Bannkreis der Berliner Mauer verbrachte, ist das eine ähnlich neue Erfahrung wie die Offenheit, die in Australien das soziale Klima prägt. »In der DDR«, sagt sie, »hat doch jeder dem andern misstraut. Es dauert Jahre, bis man sich von seinem Verfolgungswahn befreit. Wenn sich ein Auto ganz langsam unserem Wohnkomplex nähert oder mich ein Unbekannter länger ansieht, dann denke ich manchmal noch heute: Stasi!«

24 »Die Königin hatte ich viermal vor der Linse« Vom Blechschlosser zum Regierungsfotografen

Auf den gut fünfzig Kilometern, die er parallel zur Goldküste verläuft, ist der Verkehr auf dem Pacific Highway ähnlich dicht wie auf der Autobahn zwischen Frankfurt und Mainz oder Wuppertal und Köln. Allerdings gibt es zwei gravierende Unterschiede. Die Beschränkung der Geschwindigkeit auf maximal 110 Kilometer in der Stunde schont die Nerven und ermöglicht den gelegentlichen Blick auf die Schönheiten der Natur, zu denen die Pelikankolonien an den Mündungen der türkis schimmernden Flüsse gehören, und wenn man eine der Ausfahrten ins Hinterland wählt, gerät man nicht sofort in ein neues Labyrinth aus Kreuzungen, Unterführungen und Schilderwäldern, sondern in eine Gegend, in der man sich als Autofahrer ganz schnell wieder einsam fühlt.

Farne, hoch wie Bäume, säumen nach zwei, drei Ampeln die Piste. Wer auf seiner immer schmaler und steiniger werdenden Strecke eine der wenigen Abzweigungen verpasst, dem kann es passieren, dass sein Weg irgendwann vor einer Felswand, einem Steilhang oder am Ufer eines von wilden Schwänen bewohnten Sees endet.

So ergeht es uns auf dem Weg nach Canungra, wo wir an einem sonnigen Novembertag für zehn Uhr mit Albert Wiedemann verabredet sind, einem früheren baden-württembergischen Meisterboxer. Wir wählen seine Telefonnummer, als unsere Straße abrupt endet. Doch auch unser Anruf geht ins Leere. Welch ein Glück, dass wir bei unserer Planung einen Umweg einkalkuliert haben und der Müllmann, den wir um Auskunft bitten, sich in dieser Region bestens auskennt. So nähern wir uns in Canungra trotz aller Widrigkeiten auf die Minute genau dem Grundstück Nummer 3243, wo uns der Hausherr mit dem demonstrativ festen Händedruck eines Faustkämpfers begrüßt. Als er auf dem Knie eines seiner deutschen Besucher ein gerade zum Stich ansetzendes Insekt entdeckt, schlägt die Rechte, mit der er sich einst in Schwaben den Landestitel im Bantamgewicht erkämpfte, mit einer solchen Wucht zu, dass noch Tage später ein blauer Fleck an diese Rettungstat erinnert.

Der erste Erkundungsgang über das 1,2 Hektar große Gelände gleicht einer zoologischen Lehrstunde. Sie beginnt mit einer ins Erdreich führenden Röhre, von deren schwarzem Grund das gedämpfte Quaken eines Frosches ertönt, führt über eine Koppel mit zwei trotzig stampfenden Reitpferden und endet an einer Pflegestation für verletzte Vögel. Manche brachen sich einen Flügel, als sie mit Autos kollidierten. Andere wurden – wie der Kakadu »Billy« – von ihren Eltern aus dem Nest bugsiert. Der aus Leonberg stammende Rentner päppelt sie auf und lässt sie vom höchsten Berg der Region wieder in die Freiheit flattern. »Ein wunderbarer Moment ist das«, sagt Albert Wiedemann. Und als er, den Mund zu einem sanften Flöten gespitzt, Zwiesprache hält mit seinen Patienten, drängt sich sofort das Klischee vom Boxer auf, in dessen gestähltem Körper ein ach so weiches Herz schlägt.

Eines der wichtigsten Trainingsgeräte dieses Sports, der Sandsack, baumelt in diesem Haushalt von der Decke der Veranda. Auch die daneben installierte, halb mit Wasser gefüllte Schiffsboje dient der Schulung der Reaktionsfähigkeit, die der ehemalige Champion heute als einer der führenden Ringrichter Australiens benötigt. Sechs Stunden dauert das Gespräch, das wir in diesem eigenwilligen Ambiente mit einem ebenso außergewöhnlichen Gastgeber führen.

Albert Wiedemann, 64

Ich glaube nicht, dass ich dumm bin, aber ich war nie ehrgeizig genug, um reich zu werden. Als ich vor 47 Jahren nach Australien kam, da hab' ich mir alles angeschaut und gedacht: Wenn man hier richtig ranklotzt, fünf oder zehn Jahre lang, dann kann das was werden. Mir war aber schnell klar – ich hätte schuften müssen, um ganz nach oben zu kommen, schuften und schuften, Tag und Nacht. Mir schien das verlorene Zeit, ich hab' mir überlegt: Das Leben ist zu kurz, machen wir lieber schön langsam. Und mit dieser Philosophie hat's ja auch ganz gut geklappt.

Wir sind jedenfalls zufrieden, wir leben jetzt genau so, wie wir uns das immer vorgestellt haben. Vor sechs Jahren haben wir dieses Stück Land gekauft, 12 000 Quadratmeter sind das. Hier ist Platz, der nächste Nachbar wohnt 500 Meter entfernt. Wenn ich was an- oder umbauen will, dann kann ich das machen. Und die Natur ist herrlich. Am späten Nachmittag kommen die Wallabys, gleich danach Scharen von Rosakakadus. Die lassen sich in meinem Vorgarten nieder und warten auf ihr Futter. Ich denke, es ist ein Riesenglück, dass wir diesen Platz gefunden haben.

In Deutschland war ich zum letzten Mal vor elf Jahren, der Drang dahin ist einfach nicht mehr da. Obwohl ich dort noch eine Schwester und zwei Brüder habe – mich zieht nichts mehr rüber. Das Geld für ein Ticket kann ich besser verwenden. Nein – Deutschland, das ist weit weg.

Es war genau an meinem achtzehnten Geburtstag, als ich in Bremerhaven aufs Schiff gelotst wurde, »Castel Felice« hieß es, das weiß ich noch genau. In Bremerhaven habe ich zum ersten Mal Angst bekommen. Ich dachte: Ja, was mach ich hier eigentlich? Vorher war mir nicht so richtig bewusstgeworden, was das bedeutet – auswandern. Da war Abenteuerlust im Spiel, Probleme mit der Stiefmutter, mit der Freundin, keine Lust auf die Bundeswehr – ich hab' halt gedacht: Das Einfachste ist, ich hau' erst mal ab, ich geh nach Australien.

Aufgewachsen bin ich in Leonberg, unsere Eltern kamen aus Bayern. Mein Vater war Bauschlosser. Er hat in den Dreißigern mitgeholfen, Hochspannungsleitungen über ganz Süddeutschland zu ziehen, auf diese Weise ist er in Württemberg gelandet. Wir waren die einzigen Katholiken zwischen lauter

Lutheranern, und erst später ist mir klargeworden: Ach, deswegen war das so und so. Es gab schon Vorurteile und Diskriminierungen. Wir waren neun Geschwister, ich war der zweitjüngste. Meine Mutter starb, als ich zwölf war, was das Leben nicht einfacher machte.

Aber trotz aller Schwierigkeiten – mein Vater hatte Prinzipien. Jeder von uns musste einen Beruf erlernen, und jeder sollte Sport treiben, ganz egal was. Viele Möglichkeiten gab es nicht in diesen Zeiten. Mein Bruder Wolfgang, der war ein begabter Fußballer. Aber jeden Sonntag kam er heim mit dreckigen Klamotten, und die Mutter sagte: Das geht nicht, das schaff ich nicht, wir können ja nur alle vier Wochen die Waschküche benutzen. Geh du zum Boxen, da braucht man nicht so viel Kleidung. Na ja, das tat er dann, und die anderen Brüder sind ihm gefolgt. Ich war der Schwächste, der Kleinste, aber ich war der Erste, der einen Meistertitel nach Hause geholt hat.

Als ich meine Lehre als Blechschlosser anfing, hat der Vater wieder geheiratet, eine Ostpreußin, eine sehr unangenehme Frau. Eigentlich sollte ich ihr dankbar sein, denn sie hat mir den Wunsch eingegeben, so weit weg wie möglich zu kommen. Anfang 1960 schickte mir eine Tante einen Zeitungsausschnitt, in dem stand: Australien ruft. Ich war mit der Ausbildung fertig, hab' mich beworben, und es ging ruck, zuck. Nach drei Monaten hatte ich das Visum. Man musste sich für zwei Jahre verpflichten, dafür gab es finanzielle Unterstützung von der australischen Regierung. Die Tante hat mir außerdem mit Geld geholfen, ich war ja gerade erst Geselle geworden und hatte kaum ein paar saubere Socken. Sie hat mir einen Anzug und Schuhe gekauft, ich hatte großen Respekt vor ihr. Sie stammte aus dem Mittelstand, war die Schwester meiner Mutter. Meinen Vater konnte sie nicht leiden, weil er Arbeiter war. Im katholischen Bayern war das damals so: Meine Mutter wurde enterbt, weil sie einen Arbeiter geheiratet hatte.

Die Tante hatte immer Angst, dass die Russen rüberkommen, auch deshalb wollte sie, dass ich nach Australien gehe. Ich weiß noch, wie geredet wurde. Es hieß: Die Russen stehen vor der Tür, wenn sie loslegen, in vier Tagen sind sie durch Deutschland durch und stehen am Rhein.

Mein ältester Bruder, der Ernst, der war schon 1954 nach Australien ausgewandert und holte mich in Melbourne vom Schiff ab. Ich konnte am Anfang bei ihm wohnen, bis ich eine eigene Unterkunft fand. Arbeit habe ich auch schnell bekommen. Mein Bruder war zwar skeptisch, aber ich bin mit dem Fahrrad los und habe überall gefragt. Bei Bosch war nichts, und bei VW standen auch schon dreißig Leute vor der Tür, die Arbeit suchten. Vor mir war einer, der fragte auf Deutsch, ob sie einen Blechschlosser brauchen könnten. Zu dem wurde gesagt, ist nichts, und ich wollte schon nach Hause gehen. Aber dann hab' ich es doch in holprigem Englisch versucht: »I am looking for a job as a sheet metal worker.« Und erstaunlicherweise kriegte ich den Job, achtzehn Pfund die Stunde, mein Bruder wollte es gar nicht glauben.

Ich habe viele Überstunden gemacht, gutes Geld verdient, und als ich 23 war, habe ich meine Freundin geheiratet, eine Australierin holländischer Abstammung. Eigentlich wollten wir nach der Hochzeit Deutschland und Holland besuchen, aber dann hab' ich mir gedacht: Jetzt bist du schon so lange in Australien und hast noch nichts vom Land gesehen. Ein Arbeitskollege gab mir den Tipp: Versuch's mit einem »Working Holiday«. Ich wusste gar nicht, was das ist, und er hat mir erklärt: Du fährst einfach von Stadt zu Stadt und suchst dir Jobs. Als wir dann noch den Film »The Sundowners« mit Robert Mitchum gesehen hatten, das ist so eine Art australischer Western mit herrlichen Landschaftsbildern, da gab es kein Halten mehr. Meine Frau und ich beschlossen, auf Reisen zu gehen, wir wollten Australien einmal umrunden. Ich habe meinen sicheren Job gekündigt, einen Caravan gekauft, und dann ging's los.

Fünfzehn Monate waren wir unterwegs, und es war fantastisch. Zuerst ein paar Wochen Adelaide, dann 800 Kilometer Schotterpiste nach Alice Springs, rüber nach Cairns und Brisbane – wir hatten eine wunderbare Zeit. Die weiten Flächen, die rötliche Erde, keine Zäune, die grünen Hügel oder die Salzseen – es war herrlich. Die Natur hat uns begeistert, aber du konntest auch Angst kriegen in dieser unendlichen Einsamkeit. Arbeit zu finden, war überhaupt kein Problem. Meine Frau hat in Motels saubergemacht oder in Cafés bedient, ich war meistens in meinem Fach tätig. Papiere wollte keiner sehen, du musstest einfach beweisen, dass du es kannst.

Elf Monate haben wir gearbeitet, vier Monate Urlaub gemacht, und wir konnten trotzdem noch sparen. Wir hatten keine besonderen Ansprüche, und die Caravan Parks waren günstig. Aber das Beste daran waren die Menschen, auf die man traf. Alle abenteuerlustig, das war ein ganz besonderer Schlag. Und dann dieses immense Gefühl von Freiheit, eine ganz andere Art zu leben, man konnte süchtig werden danach.

Wir waren es wohl schon, denn nach diesen fünfzehn Monaten hatten wir eigentlich zur Ruhe kommen wollen. Aber dann die Überlegung: Mensch, wir kennen Darwin noch nicht, das schauen wir uns auch noch an. Diese Entscheidung hat mein Leben in ganz neue Bahnen gelenkt. Wer weiß, was aus mir geworden wäre ohne diesen Trip ans Top End.

Darwin war damals ein Dreckloch, eine richtige Frontstadt. Wenn du reinfuhrst, hattest du das Gefühl, auf einer Abfalldeponie zu landen. Überall Bierdosen, überall Müll. Die Aborigines machten Probleme, und auch unter den Weißen gab es verkrachte Existenzen. Darwin war eine raue Stadt, aber eine, die im Aufbruch begriffen war, die durchaus Chancen bot. Ich habe anfangs bei einem Chinesen als Blechschlosser gearbeitet, unser Zuhause war wieder der Caravan Park. Und dort habe ich eines Tages einen Mann kennengelernt, der einen interessanten Job hatte. Er war Fotograf und hatte sich darauf spezialisiert, Kinder und Familienporträts im eigenen Heim aufzunehmen. Dieser Mann suchte einen Gehilfen und bot mir an, bei ihm als Verkäufer einzusteigen. Ich war zwar skeptisch, hab' aber trotzdem zugesagt. Nie hätte ich gedacht, dass man damit so viel Geld machen könnte. Wir gingen von Haus zu Haus, klopften an die Tür und sagten: Wir sind grad in der Gegend, wollt ihr schöne Fotos von den Kindern oder der ganzen Familie? Morgens machten wir die Verabredungen, nachmittags wurde fotografiert. Die Kinder saßen meist auf dem Küchentisch. Man spielte mit ihnen, bis das richtige Lächeln da war, die Hand immer am Kabel, und dann: »Knips!« Leicht war der Job nicht. Alle halbe Stunde ein Termin, das war ein ziemlicher Druck. Bei dreißig Grad Hitze haben wir 500-Watt-Lampen aufgestellt, die Filme wurden im abgedunkelten Auto entwickelt. Trotzdem, mir hat das Spaß gemacht. Mein Chef hat mir alles beigebracht, und als er in Brisbane sein eigenes Studio eröffnen wollte, hab' ich den Laden übernommen. Zusammen mit meiner Frau bin ich Tausende von Kilometern gereist, wir haben das Northern Territory, Queensland und den Norden von New South Wales bedient. Die Mindesteinnahme pro Sitzung war neun Dollar; ein Farbfoto, 20 mal 25, kostete achtzehn Dollar. Wir haben gut verdient, aber das meiste Geld war natürlich in den abgelegenen Gegenden zu holen. Das hieß, wir mussten uns über einspurige Straßen vorwärtsquälen, oft waren es nur Sandpisten. Man hing stundenlang hinter schweren Trucks, und die zu überholen, war jedes Mal ein Abenteuer. Dass ich nie einen größeren Unfall hatte, kommt mir heute noch wie ein Wunder vor. Kleine und mittlere Katastrophen gab es natürlich viele, ich denke, ich könnte allein über meine Reisen ein Buch schreiben. Zwischen Katherine und Darwin ist mir mal ein Riesen-Wildschwein stockvoll vorn reingelaufen, ich hab' gespürt, wie der Wagen die Vorderachse hochhob, das

Schwein unten durchrollte und die Hinterachse traf. Und bei Longreach, ich fuhr mit achtzig so dahin, sah ich plötzlich mitten auf der Straße ein Dutzend Rinder im Scheinwerferlicht. Ich drückte auf die Bremse, zog den Wagen von der Straße, die Räder versanken sofort im Dreck. Die Viecher muhten und galoppierten, es hat Stunden gedauert, bis wir den Caravan ausgegraben hatten. Manchmal saßen wir wochenlang wegen Überflutungen fest, ein paarmal hat's den Wagen so in eine Querrinne gehauen, dass die Achsen beschädigt waren.

Ein paar Jahre haben wir diesen Job gemacht, dann ging die Ehe in die Brüche. Meine Frau zog mit der Tochter zurück nach Melbourne, ich ließ mich dazu verleiten, in Darwin mein eigenes Studio zu eröffnen. Ich hatte zwar einen guten Namen, man kannte mich, aber die Leute kamen trotzdem nicht. Die haben es einfach nicht geschafft, sich und die Kinder fein anzuziehen und in die Stadt zu bringen. Und so schlitterte ich langsam in die Pleite, als eine Naturkatastro-

Tierfreund und Lebenskünstler: der Boxer Albert Wiedemann

phe eintrat, die all die kleinen und großen Alltagsprobleme nichtig erscheinen ließ: Weihnachten 1974 traf uns Taifun Tracy. Ich kann mich erinnern, dass ich nachmittags im Radio die Warnungen hörte und beschloss, das Studio zu verlassen und nach Hause zu fahren. Auf dem Weg in unseren Vorort sah ich, dass der Sturm schon Bäume entwurzelt und Strommasten gekippt hatte. Ich hab' dann alles verriegelt und vernagelt, saß da in meinem Wohnzimmer und wartete. Der Orkan wurde immer schlimmer, bis es plötzlich ganz still war, und da wusste ich: Jetzt sind wir im Auge. Ich bin raus und hab' vorsichtig ums Eck vom Haus geschaut, und da hat's mir fast den Kopf weggerissen. Und gleich danach: Ein gewaltiges Heulen, es krachte, und dann hat man richtig gespürt, wie's das Haus getroffen hat. Alles hat gewackelt, ach du lieber Himmel, Scheiben waren zerschlagen, Wasser kam rein. Ein Teil vom Dach war weg, aber die Wände standen noch.

Am nächsten Morgen wurde es allmählich ruhiger, und so langsam fing man das Denken wieder an. Man hörte, dass es viele Tote gegeben hat, und man sah, dass die meisten Häuser zerstört waren. Mein Wohnzimmer war das einzig trockene in der Nachbarschaft, und ich weiß noch, dass schließlich dreißig Leute bei mir saßen. Es gab keinen Strom, aber eine Frau brachte einen Gaskocher mit, in meine Badewanne hatte ich vorsorglich Wasser einlaufen lassen, und so konnten wir wenigstens Tee kochen.

Viele Menschen wurden damals evakuiert, aber ich bin in Darwin geblieben. Ich habe erst mal Blechstücke von der Straße gesammelt und mein Dach geflickt, und dann habe ich überlegt, wie's weitergehen soll. Mir war klar, dass in naher Zukunft niemand Geld für Familienfotos ausgeben würde, und so hab' ich mich denn bei der Kommission für Wiederaufbau beworben. Da musste ich erst mal wieder ganz unten anfangen, ich war so eine Art Laufbursche. Aber später habe ich den Auftrag bekommen, den Wiederaufbau zu fotografieren. Zwei Jahre nach dem Taifun war nicht mehr viel davon zu sehen, und ich habe das alles schön dokumentiert. Wenn's nicht so zynisch klingen würde, könnte man sagen: Der Taifun hat Darwin erst richtig auf den Weg gebracht. Danach wurde alles schöner, die Häuser wurden besser und sicherer gebaut. Dass wir 1977 dann die Selbstverwaltung bekamen, hat auch zum Aufschwung beigetragen. Vorher waren die Beamten aus Canberra gekommen, die blieben in der Regel zwei Jahre und haben sich nicht viel gekümmert.

Als das Wiederaufbaubüro seine Arbeit einstellte, bin ich Regierungsfotograf beim Department of Northern Territory geworden, und dort habe ich bis zu meinem Eintritt in den Ruhestand vor zehn Jahren ausgehalten. Dieser Job war vor allem deshalb interessant, weil er so abwechslungsreich war. Ich habe so ziemlich alles fotografiert. In meiner Erinnerung geblieben sind viele Bauprojekte, die Entwicklung des Tourismus rund um den Ayers Rock und die Staatsbesuche. Die englische Königin Elizabeth habe ich mindestens viermal vor der Linse gehabt, und auch Diana und Charles waren bei uns. Der Prinz kam auf mich zu und sagte: Du bist ziemlich klein für einen Fotografen, hast du immer eine Leiter dabei?

Der Taifun, meine Scheidung, die neuen Jobs – 1977 hatte ich das Gefühl, ich brauche eine Auszeit und bin nach Deutschland geflogen, es war mein erster Besuch seit sechzehn Jahren. Drei Monate bin ich geblieben, und es war eine wunderbare Zeit. Meine Brüder Wolfgang und Dieter, beide sehr erfolgreiche Boxer, haben mich gleich zum Training mitgenommen, und ich merkte: Mensch, ich kann's ja noch. Nach acht Wochen war ich so fit, dass mir ein kleines Comeback gelungen ist. Ich habe mehrere Kämpfe bestritten und auch gewonnen.

Es wurde viel gefeiert damals, mit den Schulfreunden, mit der Familie, mit den Sportskameraden. Ich habe so richtig aufgetankt, aber nicht eine Sekunde daran gedacht, in Deutschland zu bleiben. Mir war immer bewusst: Urlaub und Alltag, das sind zwei verschiedene Geschichten. Klar, du bist gut angesehen, wenn du zu Besuch bist. Und du genießt die herrlichen Weine, das Bier, das gute Essen, die schöne Landschaft – aber wenn du eine Arbeit und Wohnung finden musst, sieht die Sache schon ganz anders aus. Ich kenne etliche Deutsche, die sich täuschen lassen haben, die eigentlich nur auf Urlaub kamen und geblieben sind. Später haben sie es bereut. Nein, Australien war längst mein Zuhause geworden. Da kannte ich die Menschen, die Sprache, da hatte ich Arbeit. Und da war mir alles sympathischer als in Deutschland.

Ich erinnere mich, dass ich während meines Besuchs mit dem Zug von Leonberg nach Pforzheim gefahren bin und mir eine Rückfahrkarte gekauft hatte. Am Sonntag bin ich hin, am Montag früh zurück. Der Schaffner kontrollierte und belehrte mich: Die Karte gilt nicht. Ich hab' geantwortet: Aber das ist eine Rückfahrkarte. Ja, meinte er, gestern ist gestern, heute ist heute. Und heute gilt sie nicht mehr. Er sagte das in einem Ton, als hätte ich ein Verbrechen begangen. Ich dachte mir nur: Das ist wieder typisch, jeder kleine Beamte ist ein Herrgott in diesem Land. So etwas gibt es nicht in Australien.

In Deutschland habe ich damals Gerda kennengelernt. Sie ist mir später nach Darwin gefolgt und wurde meine zweite Frau. Zusammen haben wir in Darwin gelebt, bis ich 1997, da war ich 55, in den Ruhestand gegangen bin. Ich hatte mir immer vorgenommen, mit dem Arbeiten aufzuhören, sobald ich vom Zins meiner Ersparnisse leben konnte. Irgendwann haben wir unsere Kreuzerle gezählt und gesagt: Jetzt ist es so weit. Ich habe bei der Regierung gekündigt, und wir sind ins Hinterland der Gold Coast gezogen. Darwin war schön und recht gewesen, aber wir wollten ein gemäßigteres Klima.

Langweilig ist mir nie, ich finde kaum Zeit zum Golfspielen. Wenn ich zweimal die Woche spiele, habe ich schon ein schlechtes Gewissen. Ich baue ständig an und um, dahinten ziehe ich gerade eine Mauer hoch, vorn entsteht ein Unterstand. Dann sind da die Vögel, um die wir uns kümmern, und fürs Boxen geht auch viel Zeit drauf. Als ich damals aus Deutschland zurück nach Darwin kam, habe ich mich sofort aufs Boxen gestürzt. Wenn man so will, habe ich in Darwin das Amateurboxen begründet. Es hat mir viel Ärger gebracht in all den Jahren, hat Nerven gekostet, aber es hatte seine Momente, wir waren erfolgreich. Ich habe jedes Jahr ein Team nach Indonesien gebracht. Inzwischen bin ich Ringrichter beim Schwergewicht, bis vor kurzem war ich Vorsitzender der Ringrichter in Queensland.

Die Boxer zu schützen, das ist ein gewisser Stolz von mir. Man darf nicht erlauben, dass Boxer verhauen werden, wie das noch in den Sechzigern in Australien üblich war. Als Ringrichter hat man die Kontrolle über die Boxer, über die Qualität, über Sauberkeit und Gesundheit, deshalb wollte ich das unbedingt machen. Man muss einem Boxer die Chance geben, sich durchzukämpfen, aber man muss auch wissen: Der hat genug.

Wir haben vor allem deshalb einen frühen Ruhestand angestrebt, um reisen zu können. Der Plan war: Ich höre auf zu arbeiten, wir kaufen einen großen Caravan und ziehen quer durch Australien, ein paar Jahre lang. Aber 1993 wurde unser Sohn Leon geboren, und jetzt müssen wir warten, bis er mit der Schule fertig ist. Aber dann geht's los, ganz bestimmt. Und wie ihr seht: Der Caravan steht bereit. Ich glaube, da habe ich einen richtigen Tick. Auch wenn ich ihn kaum benutze – ein Caravan muss da sein, sonst fühle ich mich nicht wohl.

25 »Hier darfst du Fehler machen« Die Aufsteiger aus Alpirsbach

Selbst in den Kleinstädten Australiens haben die Supermärkte die Größe von Lagerhallen. Das liegt wohl auch daran, dass in der heimischen Küche die Masse noch immer vor der Klasse rangiert und allein die landesübliche Lust am Grillen riesige Fleischtheken erfordert. Unser Domizil Coolangatta, das 5440 Einwohner hat, macht da keine Ausnahme.

Umso euphorischer reagieren wir, als wir zwei Tage vor unserem Abschied von der Goldküste in der Ecke eines Einkaufszentrums doch noch den Delikatessenladen entdecken, nach dem wir seit unserem Start in Darwin suchen. Elsässer Leberpastete, Oliven aus der Toskana, Roquefort, Parmaschinken … Es wird der teuerste Einkauf unserer Reise. Doch sein Wert erschöpft sich nicht im kulinarischen Genuss.

Wie fast immer bei solchen Gelegenheiten kommen wir mit der Verkäuferin ins Gespräch, und schon bald nach dem üblichen Einstieg (»How was your day so far?«) stellt sich heraus, dass sie aus Österreich stammt und mit einem Deutschen aus dem Schwarzwald verheiratet ist. Und so steht unser Finale in Coolangatta ganz im Zeichen einer Begegnung, die an einer Feinkosttheke ihren Anfang nimmt. Wir besichtigen das auf einem Hügel gelegene Haus des Paares, von dessen Terrasse man einen fantastischen Blick auf die Bucht hat. Wir sitzen in einem der vielen Cafés des Ortes beim Cappuccino zusammen und speisen abends gemeinsam in einem thailändischen Restaurant. Und bei all diesen Treffen mit Regina und Martin Bartsch reden, reden und reden wir.

Martin: Im Urlaub bin ich gern in Deutschland. Ich besuche meine Geschwister im Schwarzwald, setze mich in eine Kneipe und trinke mein Bier. Das gefällt mir. Diese Gemütlichkeit, die findest du nicht in Australien, das gibt's hier nicht. Andererseits, wenn ich höre, was da am Stammtisch geredet wird – da geht's um Probleme, die gar keine sind. Wenn in so einem kleinen Ort mal was passiert, dann wird es gleich zu einer großen Sache aufgeblasen. Manchmal denke ich mir dann: Genau so wär's mit dir geworden. Wenn du im Schwarzwald geblieben wärst, hättest du dein Häusle, deine

Frau, deinen Verein und fertig, bis zur Rente. In so einer Kleinstadt kannst du genau absehen, wie dein Leben verläuft. »So wird's gemacht«, und dann macht man's, wie's immer gewesen ist. Für Leute, die ein geregeltes Leben wollen, ist das ja okay, aber wir waren immer abenteuerlustig und auch sehr eigensinnig.

Regina: Wir wollten uns nie etwas sagen lassen, auch von unseren Eltern nicht. Wir hatten keine Lust, uns dreinreden zu lassen in unser Leben. Hier in Australien darfst du Fehler machen, hier darfst du etwas ausprobieren. Und wenn's schiefgeht, dann hast du Pech gehabt und versuchst etwas Neues. Martin hat zum Beispiel nach zwanzig Jahren einen tollen Job in Sydney hingeschmissen, weil es ihm einfach langweilig geworden war. Das hat zu Hause keiner verstanden. Australier sagen: »If you don't like it, change it.«

Martin: Wir waren sehr jung, als wir geheiratet haben, ich gerade neunzehn, sie 21. Kennengelernt haben wir uns in Alpirsbach, das ist eine Kleinstadt im Schwarzwald. Regina hat im »Rössle« als Serviererin gearbeitet, ich habe eine Ausbildung zum Kraftfahrzeugmechaniker gemacht. Nach der Hochzeit sind wir nach Österreich gezogen, zur Schwiegermutter. Sie hatte ein großes Haus, und wir dachten, das ist erst mal eine gute Lösung. Aber es ist schiefgegangen, hat einfach nicht gepasst. Die Schwiegermutter wollte, dass alles nach ihren Vorstellungen ablief, sie wusste alles besser. Wir haben dann überlegt: Was machen wir jetzt? Zurück nach Deutschland, das war für Regina überhaupt kein Thema, und in Österreich wollten wir auch nicht bleiben. Ein besseres Klima wäre schön, haben wir gedacht, mehr Sonne, mehr Wärme, und da kam Australien ins Spiel.

Regina: Mein Vater lebte schon seit ewigen Zeiten in Sydney, er hatte meine Mutter und mich verlassen, als ich zwei Jahre alt war. Er hat nie etwas bezahlt für mich, aber jetzt wollte er mich plötzlich kennenlernen. Warum nicht?, hab' ich gedacht, kann ich gleich mal auskundschaften, wie das so läuft in Australien, ob man da überhaupt leben kann. Für drei Wochen bin ich auf Urlaub gefahren, und schon nach ein paar Tagen habe ich Martin Bescheid gegeben: Mach die Papiere fertig für die Auswanderung.

Martin: Ich hab' mir einen Tag freigenommen und bin gleich zur Botschaft nach Wien. Ich kann mich erinnern, damals waren Unruhen in Polen, und vor der Botschaft hatte sich eine endlose Schlage von Flüchtlingen aufgebaut. Die hatten sogar Schlafsäcke und Luftmatratzen dabei, die haben gecampt vor dem Gebäude. Menschenskinder, hab' ich gedacht, was mach' ich denn jetzt? Ich war dann unverschämt, bin einfach vorbei an der Schlange und hab' jemanden an einem Schreibtisch angesprochen. Der hat mich tatsächlich zur Seite gewinkt, und zusammen haben wir die Anträge ausgefüllt. Und schon kurze Zeit später hieß es, wir sollen zum Interview kommen. Regina hat ein bisschen Englisch in der Schule gelernt, aber ich konnte gar nichts. Ich hab' die einfachsten Fragen nicht beantworten können.

Regina: Es hat trotzdem geklappt. Unsere Berufe waren gefragt, Automechaniker und Gastgewerbe, das hat viele Punkte gebracht. Es ging dann alles ganz schnell. Ostern war ich noch in Sydney gewesen, und im September 1983 sind wir ausgewandert. Wir haben unser Hab und Gut verkauft, das Auto, die Möbel, und es ist uns überhaupt nicht schwergefallen. Ich weiß noch – alles war so aufregend, wir wollten unbedingt weg. Natürlich, einige Leute haben gesagt: Ihr seid ja verrückt, euer Sohn ist gerade erst ein Jahr alt. Aber viele waren auch positiv und meinten: Geht mal raus in die Welt.

Martin: Wir haben dann das billigste Ticket gekauft, das wir kriegen konnten, bei Air India, 1200 DM, *one-way*. Der Flug ging über Rom, Abu Dhabi, Bombay, Delhi, Perth – es dauerte insgesamt 55 Stunden. Reginas Vater hat uns vom Flughafen abgeholt, wir haben uns bei ihm einquartiert und gehofft, wir können bleiben, bis wir Fuß gefasst haben. Aber

Nach Jahren harter Arbeit einen Gang zurückgeschaltet: Regina und Martin Bartsch

nach zwei Wochen hat er uns einen Brief in die Hand gedrückt: Wir müssten ausziehen, wir würden ihn in seinem Sexleben stören. Ich glaube, seine Freundin war eifersüchtig.

Regina: Das Geld war knapp, wir hatten nur ein Startkapital von zweieinhalbtausend Mark, es musste also schnell etwas passieren. Zum Glück gab es da einen Freund meines Vaters, einen Engländer, der sich um uns gekümmert hat. Er hat geholfen, Formulare auszufüllen, und bei den Behördengängen, wir konnten ja kaum Englisch. Und er hat uns Jobs und eine Wohnung besorgt. Mich hat er in einem deutschen Restaurant vorgestellt, und die haben mich sofort genommen. Wir sind heute noch mit der Familie befreundet.

Martin: Mein erster Job war auf einer Baustelle. Die Arbeit war hart und nicht ganz ungefährlich. Ich musste hoch aufs Gerüst, und das war damals noch nicht so sicher wie heute. Außerdem war's heiß, bis zu vierzig Grad. Ich weiß noch, dass man manchmal die Bleche, die wir da verlegen mussten, nicht anlangen konnte. Aber das war schon okay.

Ich habe viele Überstunden gemacht und gut verdient, das war die Hauptsache. Wenn du irgendwo Fuß fassen willst, musst du erst mal ranklotzen.

Regina: Martin hat am Tag gearbeitet und ich abends. Wenn er nach Hause kam, bin ich ab ins Restaurant, sechs Tage die Woche. Das klingt hart, aber wenn ich zurückdenke: Wir waren nie gestresst. Für uns war das alles wie Urlaub, ein einziges großes Abenteuer. Anfangs standen nur ein Doppelbett, ein Kinderbett und ein gebrauchter Fernseher in unserer Wohnung, wir sind monatelang am Boden gesessen. Aber das hat niemanden gestört, uns nicht und unsere Besucher schon gar nicht. Das war in Australien ohnehin ganz anders als zu Hause: Niemand hat geschaut, hast du viel oder wenig, welcher Religion gehörst du an, welche Sprache sprichst du – man hat dich genommen, wie du bist. Das hat uns sehr imponiert.

Martin: Die Baustelle, das war gutes Geld, acht Monate lang. Ich habe fast jeden Tag gearbeitet, zehn bis zwölf Stunden am Tag. Man war jung, man brauchte ein Startkapital. Danach habe ich mich bei Mercedes beworben, und die haben mich auch genommen. Mein Englisch war inzwischen okay. Die Baustelle war eine gute Schule gewesen, man musste Englisch reden mit den Kollegen, aber das meiste habe ich durchs Fernsehen gelernt. Unser Sohn war schuld, dass wir auch zu Hause bald nur noch Englisch gesprochen haben. Er kam eines Tages vom Kindergarten nach Hause und sagte: »Mama und Papa, *you speak funny*. Ich möchte das nicht mehr.« Klar, er wollte nicht anders sein als die anderen Kinder, und wir haben das akzeptiert. Heute kann ich mich besser im Englischen als im Deutschen ausdrücken. Vor allem im Fachbereich fällt's mir schwer, die richtigen deutschen Begriffe zu finden, da muss ich nachdenken.

Regina: Wir haben hart gearbeitet, aber wir haben es uns auch gutgehen lassen. Jeden Donnerstag, wenn's Geld gegeben hatte, sind wir einkaufen gegangen, Möbel und andere schöne Sachen. An den Wochenenden haben wir Ausflüge gemacht, meist an einen der vielen Strände, zum Schwimmen oder Surfen. Martin hat das Tauchen angefangen, und irgendwann ist er auch Motorradrennen gefahren. Das hätten wir uns so nicht erlauben können daheim. Da wären auch Einwände gekommen von der Familie: Ihr spinnt wohl, dafür Geld ausgeben, unmöglich. Die erste Wohnung, die wir nach drei Jahren gekauft haben, hat 75 000 Dollar gekostet. Später haben wir sie für das Doppelte verkauft und uns dafür ein Penthouse für 240 000 Dollar angeschafft, das beim Verkauf dann auch wieder doppelt so viel wert war. Immobilien, das ist hier immer eine gute Geldanlage. Na ja, zurzeit sind die Preise zu hoch und die Zinsen auch.

Martin: Bei Mercedes wurde ich als Mechaniker eingestellt, und ich habe mich hochgearbeitet. Erst zum Vormann, später war ich eine Art Manager. Ein guter Job, aber nach zwanzig Jahren hatte ich genug. Auf der Karriereleiter ging's nicht weiter nach oben, es wurde mir fad. Zweimal hatte ich die Firma umgebaut, ich kannte alles, ich wollte unbedingt etwas anderes machen. In dieser Phase kam das Angebot von Riviera. Ich sollte ihre Werkstatt in Rushcutters Bay übernehmen, im Hafen von Sydney. Riviera baut Luxusboote, Millionenobjekte, und entsprechend anspruchsvoll sind die Kunden. Wenn die Unsummen für so ein Ding ausgeben, dann glauben sie, du bist ihr Besitz. Die rufen dich Weihnachten an, Ostern, meist wegen Bagatellen, aber dein Tag war kaputt. Ich habe bis zu sechzig Stunden die Woche gearbeitet, der Job war interessant, aber Stress pur. Du bist heimgegangen, konntest nicht abschalten, in der Nacht wachst du auf und überlegst: Hast du was vergessen …? Ich habe nur noch für die Arbeit existiert, am Ende war das kein Leben mehr. Nach einem Jahr bei der Firma haben wir uns gesagt, so geht es nicht weiter, und wir haben das Planen angefangen.

Regina: Vielleicht wäre alles anders gekommen, wenn wir

nicht eine Erfahrung gemacht hätten, die unsere Lebensphilosophie verändert hat. Ehe Martin nämlich bei Riviera eingestiegen ist, sind wir auf Reisen gegangen. Zwei Monate waren wir unterwegs mit einem *mobile home*, und das war der beste Urlaub unseres Lebens. Von Sydney sind wir hochgefahren nach Cape Tribulation, du konntest anhalten, wo und wann du wolltest, Zeit spielte keine Rolle. Es gab überhaupt keinen Druck. Uns ist damals klargeworden – es gibt eine Welt, die ist fast stressfrei, und von da an konnten wir nicht mehr richtig Fuß fassen in unserem vorherigen Leben.

Martin: Wir haben uns dann überlegt: Wenn ich nur die Firma wechsle, ändert sich nichts. Ein anderer Name, der gleiche Stress. Sobald du im Management bist, musst du zwölf bis vierzehn Stunden arbeiten. Also haben wir beschlossen: Wir müssen weg von Sydney. Zu Hause war die Reaktion: Ihr spinnt ja, jetzt seid ihr Mitte vierzig und wollt nochmal alle Zelte abbrechen.

Regina: Jedenfalls haben wir vor anderthalb Jahren Nägel mit Köpfen gemacht. Das Haus, mein Sportwagen, unser Boot – alles wurde verkauft, wir wollten uns verkleinern, nicht mehr so viel Spielzeug haben. Dann sind wir nach Byron Bay gezogen. Das kannten wir von vielen Urlauben, das mochten wir. Wir haben ein Haus auf dem Land gemietet, achtzehn Kilometer entfernt vom Ort, das Grundstück war 40 000 Quadratmeter groß. Wir waren fest entschlossen, sesshaft zu werden auf dem Land. Die Gegend war wirklich wunderschön, sehr grün, aber es war eben auch sehr isoliert. Wenn ich meinen Abfall loswerden wollte, musste ich mich jedes Mal ins Auto setzen und 600 Meter weit fahren, auch zum Briefkasten. Aber das Schlimmste waren die Viecher, diese Riesenspinnen und die Schlangen. Drei Pythons haben am Haus gelebt, und unter den Stiegen hatte sich eine hochgiftige *brown snake* eingenistet. Nee, das war nichts für mich, ich bin fast verrückt geworden, wenn der Martin tagsüber nicht da war.

Martin: Eigentlich hatte ich mir eine Auszeit nehmen wollen, ein paar Monate gar nicht arbeiten. Vielleicht später mal einen »Fish and Chips«-Stand in Byron Bay eröffnen – das waren so unsere Überlegungen. Aber dann fand ich eines Tages ein Inserat in der Zeitung. Die deutsche Firma Würth suchte einen Vertreter, und ich dachte mir: Menschenskinder, ich kenne die Firma, ich kenne ihre Produkte, das wäre eine schöne Aufgabe, ich geh' mich da vorstellen. Und so kam's, dass ich nach vier Wochen Pause schon wieder gearbeitet habe. Aber dieser Job ist stressfrei. Ich kann mir meine Zeit einteilen, bin jeden Abend zu Hause. Die Idee mit den »Fish and Chips«, das wäre ohnehin schwierig geworden. Ich habe rumgehorcht und rausgefunden: Die Konkurrenz in Byron Bay ist unwahrscheinlich, und die Ladenmieten sind immens. In Byron Bay musste schon so mancher seine Träume begraben.

Regina: Unser Landleben haben wir nach einem Jahr beendet und sind hierher an die Gold Coast gezogen. Das neue Haus ist wunderbar gelegen, mit Meerblick, mit netten Nachbarn. Das sind Australier, alle in unserem Alter. Man trifft sich zum Barbecue, und gegen Ende der Saison schauen die Männer gemeinsam *footy* im Fernsehen. Den Job im Delikatessenladen habe ich mir besorgt, um ein bisschen Taschengeld zu verdienen, und weil es Spaß macht. Nein, ich glaube nicht, dass wir es in Deutschland so weit gebracht hätten wie hier. Irgendwie war alles einfacher und freier hier. Wir durften machen, was unser Herz begehrt, und wenn es noch so viele Fehler waren. Ich denke, aus den Fehlern kann man ja auch lernen. Wir sind aus einem ganz kleinen Ort gekommen, wo jeder jeden kannte. Und wenn du was falsch gemacht hast, haben alle darüber geredet. Hier hat sich niemand eingemischt, hier hat man uns in Ruhe gelassen, und das war gut so.

Martin: Ich mag Europa, seine Geschichte, das hat halt alles starke Wurzeln. Wenn ich im Ruhestand bin, möchte ich öfter und länger Urlaub machen dort, darauf arbeite ich hin. Aber leben könnte ich in Deutschland nicht mehr, das weiß ich. Ich bin ein Outdoor-Mensch, ich bewege mich gern draußen. Kurze Hose, T-Shirt – das genieße ich. Wenn's drüben so richtig nasskalt ist, und das über Wochen oder Monate, das ist eklig. Menschenskinder, für mich ist das eine Qual. Das Klima hier, das ist schon sehr wichtig. Die Wärme, das Meer, die Freiheit – das alles würde ich vermissen.

VI Charme und Chancen
Die Magie der Metropolen

26 »Wenn's beim Aldi Gummibärchen gibt« Annette und die Yogis

Der erste Deutsche, der uns in Sydney begegnet, ist ein Schäferhund. »Gypsie« fungiert als Türwächter in unserem Hotel im Bezirk Kings Cross. Allerdings erinnert nur noch seine physische Hülle daran, dass seine Urahnen als Wölfe durch die germanischen Wälder streiften. Die eruptive Kraft, die angesichts eines solchen Erbes seine Sehnen spannen und seinen Blick schärfen müsste, ist unter der domestizierenden Wirkung ständiger Streicheleinheiten längst Reaktionen gewichen, die nur beim Anblick einer frisch geöffneten Chappi-Dose über das Temperament eines Bettvorlegers hinausreichen. Mit grummelnder Arglosigkeit gibt er auch dem Fremden die Pfote. Und es ist zu vermuten, dass er selbst den Einbrecher schwanzwedelnd begrüßt.

Wie der Hund, so der Herr. Müde trägt er unsere Namen in eine Kladde ein, um gleich wieder zu seinem Stuhl vor dem Eingang zurückzuschlurfen, den schon am helllichten Tag eine Batterie leerer Bierflaschen flankiert. Ein Plausch mit der Nachbarin, ein Schluck, ein Blick ins Boulevardblatt, ein Schluck … Der Sommer naht in Sydney. Und das bedeutet: ausgebucht. So oder so.

Wie der Herr, so die Herberge. Auf dem Teppich im Flur, auf dem sich während seiner seltenen Anfälle von Aktivität der Schäferhund wälzt, kann man kaum noch das Muster von den Flecken unterscheiden. Auf einer Kommode arrangieren sich ein Globus, ein Ständer mit Prospekten, ein paar Pullen Mineralwasser und ein Teller mit Essensresten zu einem Manifest mangelnden Ordnungssinns. Die Treppe knarrt wie in einer Agatha-Christie-Verfilmung. Eine haushohe Fabrikwand verstellt den Sonnenstrahlen den Weg in das schmucklose, aber akzeptable Zimmer.

Wir sind, da wir den Highway entlang der Küste zur Genüge kennen, von Brisbane nach Sydney geflogen und haben in einer der teuersten Städte der Welt die besonders preiswerte Kategorie »budget« gewählt. Das bringt, sieht man es pragmatisch, den immensen Vorteil mit sich, dass man sich gar nicht erst einrichten kann in der Kommodität eines stilvollen Ambientes, sondern nach dem Auspacken sogleich hinausstrebt auf die Straße, wo das Leben brodelt.

Und wie es brodelt auf der MacLeay Street. In den überfüllten Gärten der Restaurants stößt die Jeunesse dorée auf den nächsten Karriereschritt oder einfach auf den unbeschwerten Nachmittag an. Vor dem Brunnen im Zentrum des Viertels streiten sich Ibisse, Tauben und Möwen um die Bissen, die aus einem Straßencafé in ihre Richtung segeln. Transvestiten, Flaneure, Junkies, Biedermänner, Börsenmakler, Hausfrauen, Straßenmusikanten, Pflastermaler: Das gesamte Spektrum einer pluralen, von Licht wie Schatten geprägten Gesellschaft drängt sich auf dieser Meile inmitten der Metropole.

Kaum mehr als zehn Minuten zu Fuß sind es von hier nach Elizabeth Bay, eine der schönsten der mehr als vierzig Buchten, an die Sydney sich schmiegt. Nach nur wenigen Bushaltestellen öffnet sich am Circular Quay eines der grandiosesten Panoramen des Kontinents. Das Opernhaus mit seiner frechen Dachkonstruktion gehört dazu, die mächtige Harbour Bridge, die gläserne Front des Geschäftsviertels, der Botanische Garten mit seinen gewaltigen Bäumen, an deren Geäst vampirähnliche Wesen mit der zoologischen Bezeichnung *flying foxes* hängen. Am Eingang zu dieser Oase im Herzen Sydneys zeugt ein Hinweisschild vom antiautoritären Geist dieser Metropole: »Bitte, betreten Sie den Rasen! Lassen Sie sich auf dem Grün zum Picknick nieder! Genießen Sie den Duft der Rosen und sprechen Sie mit den Vögeln!«

Die junge Frau, mit der wir hier verabredet sind, stammt aus einem fernen Land, das den Zehn Geboten ein elftes hinzufügte. Es lautet: Betreten des Rasens verboten! Wir sprechen mit ihr über eine Vereinigung, hinter deren kryptischem Namen »Yogis« sich eine interessante Facette der Gemeinde der deutschen Auswanderer verbirgt.

Annette Baldauf, 42

Wir treffen uns oft im Botanischen Garten, meist am Samstagvormittag. Wir machen Picknicks, und wir reden. Auf Deutsch, natürlich, das ist ja der Sinn der Sache. »Yogis« ist eine Abkürzung und steht für *Young German Speakers in Sydney*. Zurzeit hat unsere Truppe 47 Mitglieder, und da ist nix mit 'nem Vereinshaus oder so, wir sind wirklich nur eine lose Gruppierung. Den Mitgliedsbeitrag erheben wir deshalb, weil wir eine Haftpflichtversicherung abschließen müssen, wenn wir Veranstaltungen organisieren. Das Geld geht lediglich für diese Versicherung drauf.

Die Yogis wurden vor zehn Jahren gegründet. Da haben sich Leute zusammengefunden, die frisch im Land waren und so eine Art Anlaufstelle suchten. Klar, man hätte sich auch an den alteingesessenen deutschen Club »Concordia« wenden können. Den gibt's seit ewigen Zeiten, seit den fünfziger Jahren, glaube ich. Aber mir ist da alles zu bierzeltmäßig, und die Leute sind so viel älter als ich: zwanzig, dreißig Jahre älter.

Wir machen keine Umtatamusik und sitzen da in Lederhosen; wir sprechen einfach nur deutsch. Am Anfang war das auch deshalb wichtig, weil es ja dauert, bis man sich im Englischen so ausdrücken kann, dass auch die Persönlichkeit rüberkommt. Inzwischen hab' ich kein Problem mehr damit, aber zuerst war halt die Schlagfertigkeit net da.

Ich stamme aus Landau, das ist mitten in der Pfalz, und bin 2000 nach Australien gekommen, kurz nach den Olympischen Spielen. Damals hatte ich ein bisschen Geld von meiner Oma geerbt und mir gedacht: Ich mach' das jetzt, was mir schon so lange im Kopf rumspukt, ich geh' ins Ausland. Der Grund war nicht, dass ich mich unwohl fühlte in Deutschland. Ich hatte BWL studiert und immer gute Jobs gehabt, da war kein Druck, aber ich wollte raus. Diese Sehnsucht war immer da gewesen, und als ich dreißig wurde, bin ich schon mal ausgebrochen. Mit einer Freundin bin ich als Backpacker durch Neuseeland und Australien gereist, und anschließend habe ich auf einem Campingplatz in Griechenland gearbeitet. Das war genial. Was man da an Leuten kennenlernte – einfach super.

Ich wusste, dass ich mit meiner kaufmännischen Ausbildung null Chancen auf eine Arbeitsgenehmigung in Australien gehabt hätte. Und für das »Working Holiday«-Visum war ich zu alt, das gibt's nur bis dreißig. Also musste ich mir etwas anderes einfallen lassen, um legal arbeiten zu dürfen. Illegal, das wollte ich nicht. Ich fand dann eine Sprachenschule, bei der ich mich für ein halbes Jahr einschreiben las-

Aus der Pfalz nach Sydney: Annette Baldauf vor der Kulisse der Harbour Bridge

sen konnte. Und die haben dir nicht nur Sprachkurse, sondern auch eine Art Arbeitspraktikum vermittelt. Sie haben sich das bezahlen lassen, klar, aber das war es mir wert.

Gelandet bin ich beim National Trust. Das ist eine Organisation, die sich um Denkmalschutz kümmert und von Spenden und Mitgliedsbeiträgen lebt. Ich habe in der Marketingabteilung gearbeitet und im *giftshop*, und ich muss das wohl ganz gut gemacht haben. Jedenfalls wurde ich nach dem Praktikum gefragt, ob ich nicht bleiben wollte. Ich hab' gesagt: Von mir aus gern, aber dann müsst ihr mir helfen. Mein Visum lief ab, und wenn ich bleiben wollte, brauchte ich einen *sponsor*, einen Bürgen. Der National Trust war bereit, mich zu unterstützen, aber ehe sie jemanden aus dem Ausland einstellen durften, mussten sie nachweisen, dass es im Inland niemanden gab für diese Arbeit. Damals war gerade die Mehrwertsteuer eingeführt worden in Australien, und keiner hatte so richtig Ahnung. Für mich war das kein Problem, ich kannte das von meinen Jobs in Deutschland, und auch deshalb wollten die mich unbedingt haben.

Der National Trust hat jede Menge Inserate aufgegeben, aber es fand sich niemand für die Stelle, und nach drei Monaten war mein Visum durch. Meine Mutter war am Boden zerstört, als sie hörte, dass ich in Australien bleiben wollte. Mein Vater ist gestorben, als ich sechzehn war, und ich bin das einzige Kind. Meine Mutter und ich, wir sind extrem unterschiedlich. Ich bin jemand, der rauswill, und sie eben net. Sie tat mir leid, aber festhalten konnte sie mich letztendlich nicht.

Die Reaktion der Freunde – das war gemischt. Die meisten haben gesagt, und das ist eigentlich heute noch der Standard: Ich find's toll, dass du das machst, ich bewundere dich dafür, aber für mich wär das nichts, ich hätte mich das nie getraut. Da kommen dann so Fragen: Was ist mit der Rente, was ist hiermit, was ist damit – ich finde, bei uns ist das Sicherheitsdenken extrem ausgeprägt, jedenfalls im Vergleich zu Australien. Man kann's ja irgendwie verstehen, aber man lebt schließlich nur einmal. Und wenn man nur auf das setzt, was eventuell mal in dreißig Jahren ist oder auch net … Man weiß es ja nicht, vielleicht schafft man es gar nicht bis zur Rente, und dann hat man auf etwas hingelebt, was überhaupt nicht stattfindet.

Irgendwann wurde mir klar: Beim National Trust, da kann ich nicht bleiben, auf Dauer ist das nichts für mich. Aber durch die Sponsorship war ich an die Firma gebunden, du kannst dann halt net weg. Damals war ich schon mit meinem Freund zusammen, einem Neuseeländer, und wir haben uns überlegt: Dann versuchen wir es eben über die Partnerschaft. Die Australier sind da ziemlich liberal, du musst nicht heiraten, aber du musst natürlich nachweisen, dass eine Beziehung da ist. Das ist eine Menge Papierkram, aber wir haben das durchgezogen, und nach zwei Jahren hatte ich die unbeschränkte Aufenthaltsgenehmigung.

Als ich wechseln durfte, habe ich mich sofort nach einem neuen Job umgesehen und bin bei Siemens gelandet. Das hat mir auf Anhieb gefallen. Die Arbeit war wieder so, wie ich sie kannte: geordnet. Okay, es geht nichts ohne fünf Unterschriften, und das ist manchmal hinderlich. Aber es gibt eben auch das, was mir zum Teil gefehlt hat: eine Struktur. Ich möchte die zwei Jahre beim National Trust nicht missen, ich habe viel gelernt über Australien, aber es war schon sehr chaotisch dort. Du denkst: Ich will das jetzt, wieso geht das net, wieso legen einem 500 Leute Steine in den Weg. Net absichtlich, aber dahinter steckt auch die Einstellung: Komm ich heut net, komm ich morgen. Ich hab' mir manchmal gedacht, wenn ich nicht schon Erfahrungen in Griechenland gemacht hätte, dann hätte ich die ersten zwei Jahre hier nicht überstanden.

Bei Siemens wird auch besser bezahlt als beim National Trust, wo du für einen Hungerlohn arbeiten musstest. Ich bin zwar noch in der gleichen Abteilung wie am Anfang, aber ich habe inzwischen intern Karriere gemacht. Für mich war auch wichtig, dass ich mir durch diesen Job eine Hintertür nach Deutschland offenhalte. Wenn ich mal zurückwill, dann ist es besser, in den Papieren steht »Siemens« statt »National Trust«.

Ich gebe zu: Ich hab' schon manchmal Heimweh. Vor allem dann, wenn ich nach einem vierwöchigen Deutschlandurlaub zurück nach Sydney komme. Ich brauche einen Monat, bis ich hier wieder richtig drin bin, aber in Landau fühle ich mich nach fünf Minuten zu Hause. Ich laufe über den Markt und treffe jemanden, und das ist in Australien halt net so. Die richtigen Freunde, die sind eben alle in Deutschland. Das ist sicher anders, wenn man mit zwanzig ausgewandert ist, aber ich war schließlich schon 35. Und das ist dann auch der konstante Kampf bei mir, wo mir immer wieder Zweifel kommen: Mach' ich das jetzt richtig hier? Bleibe ich oder gehe ich zurück? Bisher hat immer Australien gewonnen, und dafür gibt es natürlich auch gute Gründe.

Da ist zuallererst mal mein Partner, und dann kommt gleich das Wetter. Zu Hause in der Pfalz, da bin ich im Winter immer in so was Ähnliches wie Depressionen verfallen. Es hat mich net gestört, dass es kalt war. Aber das Graue, das Trübe, keine Blätter an den Bäumen – von November bis April musstest du die Zeit irgendwie überbrücken. Ich finde, das ist Verschwendung, wenn man stattdessen in einem Land leben kann, wo es fast immer warm und sonnig ist. Und Sydney ist schon eine tolle Stadt. Mit Charme und Herz, eine echte Metropole. Andererseits: Du hast nicht das Gefühl, in einer Großstadt zu leben, die dich erdrückt. Da ist das viele Wasser, und egal wo du bist – in fünf Minuten kannst du im Grünen sein.

Es stimmt, dass die Australier *easy going* sind, nicht so verbissen wie die Deutschen. Das kann einerseits hinderlich sein, wenn du was erledigt haben willst, anderseits erleichtert es das Leben: Warum soll man sich unbedingt krummlegen, wenn's net drauf ankommt. Mir gefällt auch, dass man hier nicht so nach Äußerlichkeiten beurteilt wird wie in Deutschland. Man kann eher ein bissl rumspinnen, ohne dass man komplett abgestempelt wird. Man wird halt net so taxiert wie zu Hause. In Deutschland ist man immer so ein bissl der Mode unterworfen. Du wirst komisch angeschaut, wenn du aus der Reihe tanzt. Hier interessiert das niemanden. Ich habe inzwischen gelernt, mich mehr nach dem Lustprinzip zu kleiden. Ich ziehe hier Sachen an, das würde ich mir daheim zweimal überlegen.

Im Juli haben wir uns ein Haus gekauft, mein Freund und ich. Wir haben gedacht: Jetzt ist es an der Zeit, an die Zukunft zu denken. Mit der Rente, das ist hier nämlich nicht so toll, das löst man am besten über Immobilien. Fünf Jahre hatten wir zur Miete gewohnt, für Australien eine ungewöhnlich lange Zeit. Hier kauft man früh, die meisten verschulden sich total dabei. Aber man verkauft auch wieder, es ist unglaublich, wie schnell hier Häuser auf den Markt kommen. Die Einstellung ist halt eine ganz andere als bei uns, daran hab' ich mich auch erst gewöhnen müssen. Meine Freunde in der Pfalz, die haben alle Häuser gebaut, und da bleiben sie bis zur Rente. In Deutschland setzt man sich fest und weiß, darin stirbt man jetzt. Das ist normal, und das ist natürlich auch typisch deutsch.

Häuser sind in Sydney unglaublich teuer. Anfangs dachten wir, das wird nie was, das günstigste Objekt lag bei einer Million Dollar. Aber schließlich haben wir mit viel Glück ein Reihenhaus in Glebe gefunden. Glebe ist ein sehr lebendiger Stadtteil, ziemlich zentral gelegen. Wir sehen das Ding nicht als Alterssitz, wir planen für die nächsten zehn bis fünfzehn Jahre. Wir wollen noch net raus aus der Stadt, wir wollen abends unterwegs sein, für uns ist die Stadt immer noch spannend. Klar, wenn du weiter draußen wohnst, hast du einen schönen Garten, aber du überlegst es dir dreimal, ob du nach der Arbeit nochmal reinfährst in die City.

 Bei den Yogis habe ich viele Freunde gefunden, aber es

kommen auch Leute, da denkt man: Die wären besser in Deutschland geblieben mit ihren Ansichten. Die sind halt ständig am Stänkern: Wieso machen wir das jetzt net so, wie's daheim üblich ist? Ja, mein Gott, wir sind hier in Australien! Bei unseren Treffen reden wir über Privates und über Berufliches. Wenn sich zum Beispiel jemand selbstständig machen will, dann wird das natürlich diskutiert. Aber man gibt sich auch ganz banale Tipps. Als vor anderthalb Jahren eine deutsche Bäckerei eröffnet hat im Queen Victoria Building, da hat man sich gegenseitig informiert. Und wenn's Gummibärchen gibt beim Aldi – das verbreitet sich wie ein Lauffeuer.

27 »Lieber Gott, hilf mir, das zu überstehen!« Die ehrbaren Zimmerleute von Canberra

Nur knapp vier Autostunden trennen Sydney von Canberra. Und dennoch liegen Welten zwischen der heimlichen und der offiziellen Hauptstadt Australiens: hier die vor Vitalität vibrierende Metropole von fast vier Millionen Einwohnern, dort der amorphe Sitz des Parlaments, der Regierung, der Botschaften. Jeder zweite der 344000 Bürger, so scheint es, trägt eine Aktentasche. Wie schon so oft hätten wir Canberra, das seinen privilegierten Status nur einer unüberbrückbaren Rivalität zwischen den Diven Sydney und Melbourne verdankt, großräumig umfahren, gäbe es da nicht die bewegende Geschichte von den »Jennings Germans«. In der Zeitung *Die Woche*, die sich vornehmlich an Auswanderer richtet, sind wir auf sie gestoßen.

Sir Albert Jennings, damals Australiens größter Bauunternehmer, erhält wenige Jahre nach dem Zweiten Weltkrieg den Auftrag, in der erst 1913 gegründeten Stadt innerhalb von 24 Monaten mehr als 1800 Häuser zu errichten. Ohne ausländische Arbeitskräfte ist ein solches Mammutprojekt, von dem auch die Zukunft der Firma abhängt, nicht zu bewältigen. Der mit dem Tycoon befreundete und schon seit längerer Zeit in Australien lebende Rundfunkreporter Walter Schäuble gibt den Tipp, sich doch in der jungen Bundesrepublik nach den so dringend benötigten Zimmerleuten und Tischlern umzusehen.

Tatsächlich ringt sich Jennings 1951 dazu durch, den deutschstämmigen Journalisten und einen technisch versierten Begleiter in das Land zu schicken, mit dem Australien eben noch verfeindet war. Die Emissäre schalten Anzeigen in allen wichtigen Gazetten zwischen den Alpen und der Nordsee und können am Ende unter 2500 Bewerbern wählen. Die 150, die übrig bleiben, haben nicht nur fachliche und gesundheitliche Härtetests bestanden, sondern auch einen politischen Check. Wer auch nur in dem geringsten Verdacht einer Komplizenschaft mit den Nazis steht, hat keine Chance.

Die 23 bis vierzig Jahre alten Gesellen unterschreiben für zwei Jahre. Die Kosten für die Überfahrt schießt ihnen ihr neuer Arbeitgeber vor, der das Doppelte der deutschen Löhne zahlt. Ihr Fachorgan, die »Schreinerzeitung«, verabschiedet sie mit einem Artikel, der die übergeordnete Bedeutung ihrer Mission würdigt und sie damit auch moralisch in die Pflicht nimmt: »Abschließend wollen wir feststellen, dass wir uns freuen, wenn das Ausland heute gerade wieder deutsche Facharbeiter wünscht und wenn Deutsche im Ausland den altbewährten Ruf deutscher Qualitäts- und Handwerksarbeit wieder festigen, aber wir hoffen zugleich, dass nicht alle für immer ihrer Heimat fernbleiben, sondern zurückkehren, um mit geweitetem Blick und reicher Erfahrung dem Handwerk im eigenen Land zu dienen.«

Zunächst müssen diese Pioniere erst einmal ankommen in Australien. Mit wie vielen Beschwernissen dies verbunden ist, dokumentieren ihre in einer Chronik aufgezeichneten Reiseberichte. »Die Hügel, Häuser und Felder meiner geliebten Heimatstadt Biberach an der Riss verschwanden im frühen Herbstmorgen«, beschreibt einer der Handwerker den Start mit der Eisenbahn. Seine Schilderung der Schiffspassage fällt weniger romantisch aus: »Ein fürchterlicher Sturm kam auf. Alle Außentüren waren verriegelt, niemand durfte mehr an Deck. Die meisten von uns lagen flach auf dem Rücken und kämpften gegen die Seekrankrankheit an. Das Schiff stöhnte, bebte und schien, als seine Schraube aus dem Wasser ragte, auseinanderzubrechen.«

Ein anderer Passagier gibt zu Protokoll: »Ich ging auf das Deck und sah zum ersten Mal in meinem Leben gewaltige Wellen auf mich zurollen. Es wurde dunkel und ich fühlte mich krank und elend. Und als es zu regnen anfing, dachte ich: ›Lieber Gott, hilf mir, das zu überstehen!‹ Dann ging ich an die Reling und fütterte die Fische.«

Nachdem das Schiff am 27. Dezember 1951 im Hafen von Melbourne festgemacht hat, steht sofort ein Landgang auf dem Programm. »Ich selbst war mit einem leichten Anzug bekleidet«, berichtet der Zeitzeuge. »Aber die anderen trugen ihre traditionellen bayerischen Lederhosen mit den entsprechenden Hüten. Die Einheimischen, die uns sahen, verschlossen wahrscheinlich ihre Türen, weil sie dachten, Wesen von einem anderen Stern seien in Melbourne gelandet.«

Nur 25 der 150 Handwerker, die damals den Sprung über die Weltmeere wagen, kehren nach dem Ablauf ihrer Verträge in ihre Heimat zurück. Von den Männern, die blieben, leben noch fünfzig – zwei von ihnen in der Hauptstadt Canberra. Wir treffen Alfons Stuetz und Edmund Scheckenbach, die beide am Beginn ihres neunten Lebensjahrzehnts stehen, in der Gaststätte des deutschen Clubs »Harmonie«. Ein Eichenblatt ziert das allgegenwärtige Vereinswappen. An den Wänden hängen Fotos vom Brandenburger Tor, vom Alten Land bei Hamburg, von der sächsischen Stadt Meißen und von Bundespräsident Horst Köhler. Das aus Legosteinen montierte Schloss Neuschwanstein ist der Blickfang am Eingang. Die Geschichten, die uns die beiden alten Herren in diesem Ambiente erzählen, bereichern unsere Recherchen um einen neuen Aspekt: den segensreichen Einfluss, den Pioniergeist und Pragmatismus zu Zeiten politischer und kultureller Verwerfungen ausüben.

Mitten im australischen Busch schickt sich ein Kaff an, in die Rolle der Hauptstadt zu wachsen. Zu der Aufbruchstimmung, die Canberra damals beseelt, tragen Bürger unterschiedlichster Herkunft bei. Sie haben ein gemeinsames Ziel, sind aufeinander angewiesen und ergänzen sich – wie der Bautischler Alfons Stuetz aus dem bayerischen Pfarrkirchen und der aus Österreich stammende Jude Karl Schreiner, der vor den Nazis nach Australien floh.

Alfons Stuetz träumt von einem eigenen Haus. Um sich seinen Traum erfüllen zu können, muss er sparen, sparen, sparen. Das kann er nur, wenn er sich einen Nebenverdienst verschafft. Also arbeitet er an seinen freien Wochenenden für den Bauunternehmer Karl Schreiner, mit dem ihn auch ein sehr persönliches Verhältnis verbindet. »Irgendwann hat er mich zum Essen eingeladen. Und da hab' ich ihm erzählt, dass ich gern meine Freundin nach Canberra holen würde, mir aber für die Überfahrt noch die Mittel fehlen. Da hat er sofort in die Hosentasche gegriffen und mir ein Bündel Geldscheine in die Hand gedrückt. ›Wenn du's hast, zahl es zurück‹, hat er gesagt. ›Wenn du's nicht hast, dann lass es.‹ Ich hab's ihm später zurückgezahlt.«

Der Handwerker aus Pfarrkirchen gehört zu den zehn »Jennings Germans«, die nach dem Auslaufen ihrer Zweijahreskontrakte in ein festes Arbeitsverhältnis bei dem jüdischen Unternehmer wechseln. Seine Hobelbank steht in der Werkstatt direkt am Fenster – und wenn er auf die von baulichen Aktivitäten beherrschte Straße blickt, lodert bei ihm, nachdem er sich den Traum vom Eigenheim erfüllt hat, neuer Ehrgeiz auf: Er möchte sich selbstständig machen, sein eigener Herr sein. »Und dann beobachtete ich, wie ein Tscheche, den ich ganz gut kannte, ein Gebäude hochzog. Ich hab' ihn angesprochen und gefragt, ob da noch Platz für eine Möbel-

Bauten Siedlungen in Canberra: Alfons Stuetz (links) und Edmund Scheckenbach

werkstatt sei. Kein Problem, hat er gesagt. Ja, und dann hab' ich mir zwei Partner besorgt und mit ihnen die ›Canberra Furniture Manufacturing Company‹ gegründet. So einfach war das damals.«

Als der zum Unternehmer avancierte Auswanderer eine Kraft für seine Buchhaltung sucht, meldet sich eine Australierin, deren Mann im Krieg als Bomberpilot gegen die Deutschen kämpfte. »Ein bisschen mulmig war mir schon, als sie mich zum Essen zu sich nach Hause einlud. Ihr Mann hat zwar gesagt, dass er froh darüber sei, im Krieg auf der richtigen Seite gestanden zu haben, mir aber gleichzeitig angeboten, mich kostenlos in Englisch zu unterrichten. Da hab' ich natürlich nicht Nein gesagt.«

Sechzig Mitarbeiter beschäftigt Alfons Stuetz in der Blütezeit seiner Firma. Zu seinen Kunden gehört Edmund Scheckenbach, der nach einigen Vorarbeiterjahren bei einem Energieprojekt in den Snowy Mountains als selbstständiger Einzelgänger von Baustelle zu Baustelle eilt. »Es ist unglaublich, wie viel ich gebaut, angebaut und umgebaut habe«, erinnert er sich. »Ich kann's nicht mehr zählen. Auf jeden Fall habe ich dabei so viel verdient, dass ich mir auch ein eigenes Haus bauen konnte. Meinen Lebensabend verbringe ich im Wohlstand.«

»Glauben Sie, dass Sie das auch geschafft hätten, wenn Sie nicht ausgewandert wären?«

»Ich kann mir nicht vorstellen, dass ich in Deutschland die Courage gehabt hätte, mich selbstständig zu machen. Klar – auch hier kann man sich die Finger verbrennen, wenn man zu viel riskiert. Aber dann passt man beim nächsten Mal eben besser auf. Irgendwie wirst du hier immer wieder aufgefangen.«

»The Jennings Germans« – innerhalb weniger Jahre wird dieser Begriff in Australien zum Markenzeichen. Das liegt nicht nur am Beitrag der Handwerker zum Aufbau der Hauptstadt, sondern auch an ihren vielfältigen kulturellen und folkloristischen Aktivitäten. In den Ballsälen Canberras spielt ihre Band am Wochenende zum Tanz auf. Ihre Schuhplattlergruppe bereichert die vielen Veranstaltungen auf den öffentlichen Plätzen der Stadt. »Eine absolute Neuigkeit«, begeistert sich anlässlich eines Sportfestes die Zeitung *The Canberra Times*, »war der bayerische Tanz, den zwei junge Männer aus einem Dorf im Chiemgau darboten. Ein nicht enden wollender Beifall belohnte sie.«

Als einer der Meilensteine in der Integrationsgeschichte der Handwerker gilt ein Platzkonzert, das ihre Musikkapelle im Herzen der Hauptstadt gibt. Den Erlös, den der anschließende Verkauf selbst geschnitzter Kunstwerke einbringt, spendet man wohltätigen Zwecken. In einem Land, das in der angelsächsischen Tradition des karitativen Engagements steht, kommen solche Gesten besonders gut an.

1976 versammeln sich die »Jennings Germans« im fünfzehn Jahre zuvor gegründeten Club »Harmonie« zum 25. Jahrestag ihrer Ankunft in Australien. Das Fest gerät zum

Gipfeltreffen gesellschaftlicher Aufsteiger. »Die Wagenauffahrt«, schreibt das Auswandererblatt *Die Woche*, »glich einer Mercedes-Schau und das Festessen einer kulinarischen Orgie. Gefeiert wurde einige Tage lang.« Im Grußwort des deutschen Botschafters heißt es: »Die jungen Tischler und Zimmerleute haben aber nicht nur dank ihrer Tüchtigkeit und Strebsamkeit Leistungen vollbracht, auf die wir alle stolz sein können. Sie haben auch dazu beigetragen, das durch den Zweiten Weltkrieg belastete Verhältnis zwischen Deutschland und Australien zunächst zu bessern und später zu normalisieren.«

Mitte Dezember 2007. Die keineswegs devote, aber doch ehrerbietige Körpersprache des Personals im Club »Harmonie« verrät, welche Wertschätzung die Veteranen genießen, die uns, hocherfreut über das Interesse aus Deutschland, mit Informationen versorgen. Alfons Stuetz, ihr Sprecher, trägt zu diesem Anlass einen Anzug in dezentem Grau. Ein dunkelrotes, zum gesteiften Hemd passendes Einstecktüchlein, ein im burschikosen Australien ziemlich rares Accessoire, unterstreicht den Stellenwert einer Gruppe, die sich im Gemisch Dutzender deutscher Vereinigungen in Australien wie ein Orden ausnimmt.

Zum Abschied überreicht uns der Pensionär Alfons Stuetz die Chronik der »Jenning Germans«. Im Grußwort eines australischen Ministers heißt es: »Das Einzige, was zu den deutschen Einwanderern zu sagen ist – es kommen nicht genug von ihnen nach Australien.«

28 »Ich habe mir hier meinen Traum erfüllt« Ein Wissenschaftler in Canberra

Am liebsten würden wir uns bei Canberra entschuldigen, als wir die Stadt etwas intensiver erkunden. Es stimmt schon: Als Ganzes wirkt sie so steril, wie es die Reiseführer beschreiben und wie wir es bei unserer ersten Rundtour bestätigt sahen. Doch wo sonst findet man in einer Kapitale eine solche Anzahl weitläufiger Parks, die, und sei es für die Dauer einer Mittagspause, einen Gegenpol bieten zur kalten, klimatisierten Welt der Großraumbüros und Kaufhäuser? Der künstliche, von allerlei schnatterndem Getier bewohnte See im Herzen der Stadt hat eine solche Dimension, dass man ihn in Deutschland, wenn auch mit leichter Übertreibung, »Meer« nennen würde.

Die Erhebungen, die sich wie ein Ring um Canberra schließen, reichen von den alpinen Skigebieten der Snowy Mountains bis zu den Hügeln, an deren Hängen sich die weitläufigen Vororte ausbreiten. Als städtebauliches Scharnier zwischen dem urbanen Kern und der eher ländlichen Umgebung dient ein Gürtel aus Einfamilienhäusern, der einen schnellen Zugang zu beiden Welten garantiert und deswegen als Wohngebiet besonders begehrt ist.

Der Geologe Dr. Ralf R. Haese, 1966 in Hamburg geboren, wohnt mit seiner aus Bremen stammenden Frau Kristina und dem siebenjährigen Sohn Moritz in einem einstöckigen Klinkerbau in der Canning Street im idyllischen Ainslie-Viertel. Der Spezialist für Meeresgeochemie, der ein Stipendium an der renommierten University of California absolvierte und seine Dissertation mit »summa cum laude« abschloss, hätte nichts dagegen gehabt, sich als Forscher in einer deutschen Stadt niederzulassen – doch das scheiterte an einem Mechanismus, den er in einer Analyse »die universitäre Sackgasse« nennt.

Der Kern seiner bitteren Rückschau: Der akademische Betrieb in der Bundesrepublik erstarrt in Hierarchie und Bürokratie; er spart am falschen Ende und verbaut durch eine restriktive, nur sehr bedingt an der Leistung orientierte Personalpolitik dem wissenschaftlichen Nachwuchs die Perspektive. »Ein unberechenbares Roulettespiel« sei zum Beispiel das Bewerbungsverfahren. »Mit unserer Entscheidung, aus

Deutschland auszuwandern«, so die alarmierende Botschaft des Reports, »liegen wir im Trend.«

Also setzt der des Glücksspiels müde Akademiker auf Alternativen zu Deutschland. Das staatliche Forschungsinstitut »Geoscience Australia«, bei dem er sich bewirbt, gehört zu den renommiertesten Wissenschaftszentren der Welt.

»Selbst gebacken«, sagt Kristina Haese, als sie uns an einem lauschigen Dezemberabend im Garten des Hauses an der Canning Street mit Marmorkuchen begrüßt. »Und im Übrigen«, fügt sie hinzu, »sollten wir uns duzen, wie das in Australien üblich ist.« Als wir unversehens in den deutschen Brauch zurückfallen und ihren Mann mit »Herr Haese« anreden, kommt keine Sekunde später die Korrektur: »Ralf!«

Kristina: Das förmliche Sie, das kommt mir nicht mehr über die Lippen. Ich glaube, wenn wir demnächst mal wieder nach Deutschland fliegen, dann müssen wir das vorher mit Moritz üben: Guten Tag, Herr Soundso, guten Tag, Frau Soundso. Das ist ja das Schöne an Australien: Die Mentalität der Menschen, die ist hier viel entspannter. In Deutschland sind die Menschen häufig sehr negativ, so grantelig, auch nicht so offen und frei. Und mir ist aufgefallen: Sie klagen sehr viel, aber auf hohem Niveau. Sie wissen oft gar nicht, wie gut es ihnen geht. Hier in Australien, da beschwert sich kaum einer über sein Schicksal, hier ist das Bierglas eher halb voll. Also, ich fühl' mich nicht so, als könnte ich in Deutschland jemals wieder richtig zu Hause sein. Heimweh hab' ich jedenfalls viel seltener, als ich mir das vorgestellt hatte.

Ralf: Na ja, es wird weniger. Es kommt so in Wellen, und wenn man von einer Welle erfasst wird, dann beißt es auch schon mal. Dabei sind es eher die Kleinigkeiten, die man vermisst. Weihnachten im Winter zum Beispiel, mit der Familie, den Liebesapfel auf dem Bremer Markt, Wurst von Stockinger oder, ganz einfach, Spazierengehen an der Weser.

Kristina: Was mir persönlich fehlt, das sind alte Gebäude.

Diese heimelige Atmosphäre von Kronleuchtern, Stuck oder dergleichen, das musste man aktiv abschreiben, das gibt's halt nicht mehr. Aber man stellt sich um. Neulich haben wir in unserem Stadtteil in einem Pub gesessen und gesagt: Ist es hier nicht schön? Als wir zum ersten Mal da waren, hab' ich noch gedacht: Ist es nicht furchtbar hier? Der Fokus verschiebt sich, geht völlig weg von Äußerlichkeiten. Das, was schön ist im Leben, kriegt andere Akzente. Schick ausgehen, in einem feinen Restaurant tafeln – das ist nicht mehr so wichtig. Stattdessen sitzt du draußen, die Sonne scheint, die Vögel zwitschern, die Leute sind entspannt, und du genießt dein frisch gezapftes Bier.

Ralf: 1999 haben wir unsere Flitterwochen in Australien verbracht. Fünf Wochen lang, mit dem Campervan von Sydney nach Cairns. Völlig ungeplant, mal sehen, wo wir bleiben – es war traumhaft schön. Aber damals haben wir noch nicht daran gedacht, uns in Australien anzusiedeln. Es war eher Zufall, dass wir in Canberra gelandet sind. Ich hätte ohnehin nie geglaubt, dass ich mal aus beruflichen Gründen auswandern müsste. Schon als Jugendlicher hatte ich den Leitgedanken verinnerlicht, die Besten würden immer gebraucht.

Mein Studium hatte ich erfolgreich absolviert, anschließend bin ich für weitere Forschungsarbeiten in die Niederlande gegangen – mir schien das fast eine Art Bilderbuchkarriere, die für die wissenschaftliche Zukunft Türen öffnen müsste. Aber als ich 2002 anfing, mich in Deutschland nach einer Stelle umzusehen, die mir den Aufbau einer eigenen Forschungsgruppe ermöglicht hätte, wurde ich schnell eines Besseren belehrt. Für mein Fachgebiet wurde gerade mal *eine* Juniorprofessur im Zeitraum von zwei Jahren ausgeschrieben. Und ich hatte den Eindruck, bei Bewerbungsverfahren votiert die Mehrheit der Kommissionsmitglieder nicht für den fachlich Besten, sondern für den Kandidaten, der am besten zum eigenen Ego und den persönlichen Interessen passt. Jedenfalls landete ich auf Platz zwei bei dieser Bewerbung.

Genommen wurde jemand, der nachweislich nicht so viel Lehr- und Auslandserfahrung hatte wie ich.

Ich habe mich dann noch bei einem französischen Meeresforschungsinstitut vorgestellt, aber da war ich nur so eine Art internationales Feigenblatt. Es stand von vornherein fest, dass ein Einheimischer den Job bekommen würde. Das waren schon Frusterlebnisse, ganz klar. Tatsache ist, dass bei uns an den Universitäten der wissenschaftliche Mittelbau in den letzten Jahrzehnten fast vollständig abgebaut wurde. Fest angestellte Forscher gibt es kaum noch, ihre Aufgaben werden zum größten Teil von Leuten mit Zeitverträgen übernommen, den sogenannten Postdocs. Aber wenn man Mitte Dreißig ist und eine kleine Familie hat, dann will man natürlich wissen, wo man bleibt, und sich nicht von einer befristeten Stelle zur nächsten hangeln.

Na ja, wir saßen also in Utrecht, unsere Zeit lief ab, ein Job musste her. In dieser Situation hielt mir eine holländische Kollegin ein internationales Fachblatt mit einer Stellenausschreibung unter die Nase und meinte: »Das bist du. Du solltest dich da bewerben.« Die Stelle war in Australien angesiedelt, und gesucht wurde jemand für ein Programm, das die Wasserqualität in Krisengebieten untersuchte. Ich bin spezialisiert auf Wasser- und Sedimentchemie, also, ich schau mir detailliert die Interaktion von Mikroorganismen, Wasser und der Festphase an. Die Stelle war mir tatsächlich auf den Leib geschrieben, aber nach all dem Frust hatte ich nicht viel Hoffnung. Ich habe das also ziemlich gelassen angegangen, hab' schließlich gedacht, na, versuchst's halt, und mich per E-Mail beworben, einen Tag vor Ablauf der Frist. Damals tobten gerade Buschfeuer rings um Canberra, und als ich eine Weile nichts hörte, dachte ich: Vielleicht ist das Telefonnetz zusammengebrochen und gar nichts angekommen. Ich hab' dann sicherheitshalber nachgefragt und prompt kam die Antwort: Wir haben alles empfangen, sind sehr interessiert, wollen gern ein Telefoninterview mit dir machen.

Das Interview fand noch im Januar 2003 statt, und das war auch so ein Moment, den ich nie vergessen werde. Für morgens um sieben war das Telefonat anberaumt, und ich wusste nun gar nicht, wie ich mich darauf vorbereiten sollte.

Das war ja ein Kulturunterschied, und ich hatte keine Ahnung, was die mich fragen würden. Ich saß da an diesem bitterkalten Wintermorgen, hab' auf das Klingeln gewartet und gedacht: Soll ich schon mal einen Kaffee trinken, vielleicht ein paar Mundbewegungen machen, um überhaupt was rauszukriegen, oder besser Englisch üben ...? Also, es war schon ein komisches Gefühl, aber dann lief alles ganz gut. vierzig Minuten dauerte das Interview, und es war wirklich substanziell. Am anderen Ende der Leitung saß ein komplettes Gremium. Die haben sich erst mal vorgestellt, und dann kamen viele Fragen, auch zu persönlichen Dingen. Ich hatte das Gefühl: Die wissen genau, was sie wollen, die haben ein klares Profil vor Augen.

Kristina: Nach dem Telefonat ging alles sehr schnell. Schon ein paar Tage später kam per Mail die Einladung: Wir würden dich gern persönlich kennenlernen. Das war natürlich ein tolles Ding, und wir sind sofort zu einem besseren Herrenausstatter gerannt.

Ralf: Ich bin, was Kleidung angeht, sonst eher auf der geizigen Seite. Also mehr so ein Campus-Typ, der im großkarierten Hemd rumläuft – Forschung über alles. Aber ich wusste: Irgendwie hat es geklickt zwischen dem Gremium und mir, das passt. Für unsere Verhältnisse haben wir ein Vermögen ausgegeben für Hemden, Krawatten, Jacke und Bundfaltenhose, aber egal. Ich hatte angebissen, ich wollte den Job mit allen Konsequenzen. In meinem neuen Outfit bin ich nach Canberra geflogen, und nach drei Tagen war alles geklärt. Das Gehalt stimmte, und mit dem Visum ist es auch kein Problem, wenn eine Bundesbehörde hinter dir steht.

Kristina: Ich war gleich begeistert, aber ich gestehe, dass es auch Zeiten gab, da hab' ich gedacht: Wie wird das, so weit weg … Als ich einen alten Freund in Bremen anrief und ihm davon erzählte, sagte der: Oh, das ist aber mutig. Ich kann mich erinnern, dass ich überlegt habe: Bin ich wirklich mutig? Ich weiß eigentlich gar nicht.

Ralf: Wenn man einen so großen Schritt macht, muss man vom Gefühl her einfach wissen, dass es gutgeht. Und wenn man es vergleicht mit den Menschen, die in den Fünfzigern aufs Schiff gegangen sind und keine Ahnung hatten, was sie erwartete – das war doch alles viel schwieriger damals. Heute gibt es die billigen Telefonkontakte, das verkürzt die Entfernung nach Hause, das macht schon einen Riesenunterschied. Und die digitalen Medien, die nutze ich fast täglich. In der Mittagspause lese ich im Internet den *Spiegel*, und ich schaue natürlich, wie Werder Bremen gespielt hat. Das ist aber auch ein Anliegen, so ein bisschen auf dem Laufenden zu bleiben.

Kristina: Ostern war die Entscheidung gefallen, am 4. September 2003 sind wir ausgewandert, und wir haben uns schnell eingelebt. Wir haben Moritz gleich im deutschen Kindergar-

Heimweh nur zu Weihnachten: der Geologe Ralf Haese mit Frau Kristina und Sohn Moritz

ten angemeldet, und über diese Verbindung habe ich auch hilfreiche Kontakte gefunden. Was mich am Anfang am meisten erschüttert hat, das war diese ungeheure Weite. Alles war auf einmal so groß, von Holland war man ja eher ans Puppenstubenformat gewöhnt. Und in Holland, dieser graue Himmel, der fällt einem doch fast auf den Kopf. An den endlosen Himmel in Australien musste ich mich erst gewöhnen. Ich hatte anfangs immer das Gefühl, ich schwebe gleich nach oben weg. Ich fühlte mich irgendwie nicht mehr verankert. Es ist mir auch schwergefallen, so viel Auto fahren zu müssen. Aber Canberra breitet sich so ungeheuer aus – du kannst hier kaum etwas zu Fuß machen. Selbst zum Shop um die Ecke würdest du eine halbe Stunde laufen müssen. Die Orientierung ist mir zuerst auch nicht leichtgefallen. Du hast dich mitten in der Stadt bewegt und sahst auf einmal viel Grün und Kühe – oh Gott, dachte ich, jetzt hab' ich mich verfahren. Aber irgendwann fügen sich die Puzzleteile zusammen, und dann arrangiert sich der Rest.

Man muss natürlich auch selbst was tun, wenn man Anschluss finden will. Ich habe innerhalb von einem Monat einen Buchclub gegründet, und ich bin einer Theatergruppe beigetreten. Von allein passiert nichts. Man muss sich ein Netzwerk aufbauen, aber wenn man das erst mal gelernt hat, kann man das überall anwenden. In Australien war es viel einfacher als in Holland. Was mich überrascht hat: Es war überhaupt kein Problem für mich, Arbeit zu finden. Hier existiert ja so was wie Vollbeschäftigung, und das spürt man. Ich habe anfangs so ein bisschen nebenbei gejobbt, aber als Moritz in der Schule verankert war, habe ich gedacht: Jetzt ist es Zeit, wieder in meinen Beruf einzusteigen. Inzwischen bin ich Kommunikationsmanager im Marketingbereich, und das kann ich gut mit der Familie vereinbaren. Moritz geht von neun bis drei in die Schule, danach noch eine Stunde in den Hort. Um vier hole ich ihn ab, und dann kommt der Rest des Programms: Karate, Fußball, Gitarrenunterricht.

Ralf: Für mich ist Australien die Erfüllung eines Traumes. Die wissenschaftliche Arbeit, die ich mache, die könnte nicht schöner sein, und das wäre auch so in Deutschland nicht möglich gewesen. Mein Chef hat mir von Anfang an klargemacht, dass er sich mehr und mehr zurückziehen will, und inzwischen habe ich seine Rolle übernommen. Ich bin sozusagen ins kalte Wasser geschmissen worden, und das war einerseits eine Herausforderung, andererseits eine Riesenchance. Ich hatte viele Freiheiten, unter anderem die Möglichkeit, mit interessierten Wissenschaftlern eine kleine Gruppe aufzubauen und zu führen.

Geoscience Australia ist das nationale Forschungs- und Managementinstitut für alle geowissenschaftlichen Fragen. Zu den Aufgaben gehören die klassischen Sektoren wie Erdöl-, Kohle- und Erzexploration, Abschätzungen des Risikos von Naturkatastrophen oder die Degradation von Böden durch Übernutzung. In meiner Abteilung geht es im Wesentlichen um die Erkundung der Wasserqualität im küstennahen Bereich, und zurzeit haben wir drei Projekte aktiv am Laufen. In Westaustralien, bei Adelaide und in Darwin, wo wir beispielsweise untersuchen, was passiert, wenn Kläranlagen Wasser in Mangrovenwälder leiten. Wir schauen uns an, ob die Mangroven die zusätzlichen Nährstoffe aufnehmen und ob sich das Ökosystem dadurch verändert. Wir arbeiten natürlich auch vor Ort, und auf diese Weise komme ich an die schönsten Stellen Australiens. Ich lerne Menschen kennen, auch ihre Umweltsorgen – also, mir macht das alles ungeheuren Spaß.

Das Verhältnis unter den Mitarbeitern ist entspannter als bei uns, es gibt auch kaum Ellbogengerangel. Aber da sind auch genügend Möglichkeiten für den Einzelnen, sich hervorzutun. Was ich sehr gut finde: Wir haben einen sogenannten »Performance Plan«, in dem wir die Aktivitäten, die jährlich angestrebt werden, festlegen. Es geht vor allem um Weiterentwicklung, damit man kontinuierlich in einem dynamischen Berufsfeld mithalten kann. Ich bin schon zweimal nach Sydney zum Managementtraining geschickt worden, für mich als Wissenschaftler eine tolle Erfahrung. Das war ein Bereich, den ich nicht kannte und der mir auch die Augen geöffnet hat.

Kristina: Was die Situation auf dem Immobilienmarkt angeht, da hatten wir falsche Vorstellungen. Ich hab' echt gedacht: In Australien, da ist viel Platz, da gibt es bestimmt auch billigen Wohnraum. Aber das hat sich leider als Trugschluss erwiesen, bisher haben wir es noch nicht geschafft, ein Haus zu kaufen.

Ralf: Mein Gehalt ist ganz gut, aber der Markt ist total überhitzt. Und die Bausubstanz ist schlecht, umso mehr ärgern mich die Preise. Also, das ist hier ein ganz anderer Standard. Diese deutsche Gründlichkeit, das Solide, das fehlt komplett. Du kriegst eigentlich nichts fürs Geld. Du kannst mit den Fingern die Wände durchbohren, kein Bild bleibt hängen. Unsere Bilder liegen alle unter den Betten.

Kristina: Trotzdem, eines Tages werden wir ein Haus kaufen. Auch deshalb, weil wir bleiben wollen. Vielleicht gehen wir irgendwann mal für ein halbes Jahr zurück, um als Familie den deutschen Alltag zu leben. Wir haben schließlich unsere Wurzeln in Deutschland, und ich möchte, dass Moritz begreift, wo wir herkommen, woher unsere Werte stammen. Er muss nicht unbedingt als Deutscher aufwachsen, aber er sollte verstehen, warum wir in mancher Hinsicht doch anders sind als die Australier.

29 »Der Kookaburra lacht ein Höllengelächter« Ein Auswanderer schreibt Briefe an seinen Lehrer

Wässrige Flocken klatschen gegen die Scheiben. Schneematsch spritzt auf, wenn die Autos Gas geben. Die große Stadt hüllt sich in ihren grauen Wintermantel. Der

Frost, der sich ihrer manchmal bemächtigt, spiegelt sich in den Gesichtern ihrer Bürger. Das wird – Telefonate mit Freunden in Hamburg führen es uns drastisch und plastisch vor Augen – in wenigen Wochen unsere Realität sein.

In Australien hat gerade der Sommer begonnen. Wie Süchtige, die ihren Stoff immer wieder strecken, kosten wir ihn auf jedem der knapp tausend Kilometer aus, die uns bis Melbourne, dem Ziel unserer letzten Etappe, bleiben. Wir meiden die Autobahn und bewegen uns vorwiegend auf einsamen Landstraßen, die mal unter dem Baldachin miteinander verflochtener Baumwipfel verlaufen, mal durch ein Spalier knorriger Rebstöcke führen, mal steil hinunterfallen in enge Täler, die, wie Warnschilder signalisieren, zur Regenzeit im Hochwasser versinken.

Schimmert dahinten im Osten nicht der Pazifik? Bloß nicht verpassen, diese vielleicht letzte Gelegenheit, die Meeresluft einzuatmen, barfuß über die Dünen zu wandern, dem Fischadler beim Sturzflug zuzuschauen und diese Bilder zu speichern, damit wir sie, wenn uns ein nasskalter Januar, Februar, März, April, vielleicht ja auch Mai aufs Gemüt schlägt, aus dem Gedächtnis abrufen können.

Wir haben den Bundesstaat Victoria erreicht, von dem nicht wenige Australier behaupten, er sei die abwechslungsreichste Region des Landes. Auf jeden Fall hat er, wie wir der Autokarte entnehmen, auch Alpen im Angebot. Also kämpfen wir uns die Serpentinen hinauf, bis der höchste Punkt den Blick freigibt auf die sich bis zur Ebene staffelnde Felslandschaft. Nebel umwallt sie – wie auf einer chinesischen Tuschzeichnung.

Am Abend in unserem Motel, der 32. Unterkunft auf dieser Reise, verzichten wir auf das ohnehin nicht sonderlich inspirierende Fernsehprogramm. Stattdessen studieren wir die Briefe, die uns Ewe Buck-Weigl, die Frau des deutschen Philosophieprofessors aus Adelaide, mit auf den Weg gab. Ein deutscher Auswanderer, Hans Grässel mit Namen, hat sie Anfang der fünfziger Jahre an ihren Vater, den Realschullehrer Hans Buck aus Hamburg-Bergedorf, geschrieben. Wir haben die Lektüre trotz unserer Neugier bis zu diesem Zeitpunkt hinausgezögert, weil das Geschehen exakt in der Gegend spielt, die wir seit einigen Tagen durchmessen.

Der Verfasser schlug sich in Deutschland nach seiner Entlassung aus der Kriegsgefangenschaft als Holzfäller, Werkzeugmacher, Landwirt, Polizist und kaufmännischer Angestellter durch. Da er offenbar auch ein erzählerisches Talent besaß, erhellen seine Mitteilungen an den norddeutschen Pädagogen detailliert die Mühen, Rückschläge und Erfolge auf den Anfangsetappen einer Existenzgründung. Immer wieder geben sie auch Auskunft über die Natur und die Stimmung auf dem Kontinent seiner Sehnsucht. Der manchmal etwas willkürlich und chaotisch anmutende Wechsel der Impressionen, Schauplätze und Themen zeugt von der für solche Zäsuren typischen Mischung aus Begeisterungsfähigkeit und Orientierungslosigkeit.

Der erste Brief trägt das Datum »21. 4. 53«. Hans Grässel schickt ihn aus seinem neuen Heimatort Bundanoon ab.

»Am 30. 10. 1952 ging es dann mit der MS ›Nelly‹ von Bremerhaven in See. Eine Pankokenkapelle am Columbuspier spielte ›Muss i denn zum Städtele hinaus‹ und das Deutschlandlied. Tränen der Rührung beiderseits, bei den glücklichen Bürgern, die weiterhin in Deutschland bleiben dürfen, und bei den Glücklichen, die nicht länger in Deutschland zu leben brauchen.

Fliegende Fische begleiteten uns auf dem Weg nach Kapstadt. Am 5. 12. machte das Schiff endlich in Melbourne fest. Ich hatte ein Zeitungsinterview und die Gelegenheit, über den Rundfunk zu sprechen. Begrüßung durch den deutschen Botschafter und Vertreter der australischen Regierung.

Anfang Januar erhielten wir dann unsere erste Arbeit auf einer Milchviehfarm. Ich hatte morgens und abends 85 Kühe zu melken, maschinell natürlich, und anschließend die Anlage zu reinigen. Meine Frau arbeitete im Farmhaushalt. Da wir aber schlecht bezahlt wurden und Reklamieren keinen Zweck hatte, gingen wir nach fünf Wochen ins Camp zurück. Da gerade günstige Saisonarbeiten vergeben wurden, ging ich in den äußersten Nordwesten Victorias zum Weinpflücken und meine Frau zirka eine Tagesreise von mir entfernt in eine Konservenfabrik. Nach fünf Wochen haben wir ca. achtzig Pfund gespart, und wir gingen wieder ins Camp zurück. Dort erhielten wir sofort wieder eine Arbeit. Ich glaube, diesmal ist es das Richtige.

Wir arbeiten jetzt auf einer Gemüse- und Kartoffelfarm in einer landschaftlich ganz herrlichen Gegend. Diese Farm wurde mir von einem Sydneyer Geschäftsmann zur Bearbeitung und Vergrößerung übergeben. Eine Kuh und Hühner erhalten wir in den nächsten Tagen, ebenso ein Auto. In den ersten drei Monaten erhalten wir einen festen Lohn und dann wird der Ertrag der Farm zu gleichen Teilen zwischen dem Boss und mir geteilt. Also habe ich die besten Aussichten …

Pflanzen, die wir von Deutschland nur aus dem Blumentopf kennen, werden mannshoch. Brombeerbüsche werden bis zu sechs Meter hoch und nehmen einen riesigen Raum ein. Vor allem in den nicht ausgetrockneten Flusstälern gedeiht alles prächtig. Dementsprechend ist auch die Tierwelt. Ein Vielzahl farbenfroher Vögel, u. a. Kakadus, Reiher, Pelikane, Kraniche, leben in den bewaldeten Flusstälern, aber auch Mücken und Fliegen in ungeahnten Mengen. Außerdem gibt es hier auch Giftschlangen. Ca. 1,80 bis 2 Meter sind sie lang, schwarz oder braun, und der Biss wirkt in acht bis zwölf Minuten tödlich. Drei Stück habe ich von diesen Schlangen schon töten können. Auf eine wäre ich fast getreten. Vor Schreck habe ich sie nicht erwischt. Eine Spinne, »Redback« genannt, kann einem den Tod, bestimmt aber längere Zeit Hospital einbringen.

Die Australier sind viel offener und freier und ungezwungener. Das ist wirklich erfrischend für uns. Die Männer legen keinen großen Wert auf gepflegte Kleidung. Ein schmutziges und zerrissenes Hemd ist etwas Alltägliches und wird nicht beachtet.«

An dieser Stelle unterbricht der Auswanderer seinen Brief. Offenbar lässt ihm die Arbeit keine Zeit zum Schreiben. Am. 28. 4. setzt er, wie er seinem ehemaligen Lehrer penibel mitteilt, neu an.

»Inzwischen habe ich 500 Blumenzwiebeln gesetzt, und ich muss die Beete jetzt schnellstens einzäunen, sonst buddeln mir die Kaninchen die ganzen Zwiebeln wieder aus. Ja, auch wir haben hier unsere Sorgen, wenngleich sie auch ganz anderer Art sind als in Deutschland. Zum Beispiel: Wir müssen mit unserem Wasser sehr sparen, da wir nur Regenwasser zum Waschen und Trinken haben. Der River hat wohl gutes Wasser, aber nur, wenn er fließt. Im Moment steht das Wasser, und es ist alt und schmutzig. Grundwasser ist durch Brunnen nicht zu erreichen. Wahrscheinlich, weil der Grundwasserspiegel zu tief liegt.

Ganz in der Nähe ist eine kleine Quelle, deren Wasser aber immer wieder im Boden versickert. Ich will sehen, dass ich sie für uns nutzbar machen kann – und wenn es jeden Tag nur ein Eimer ist. Meine Frau freut sich sehr auf einen eigenen Gemüsegarten, den ich ihr in der nächsten Woche, wenn ich anfange zu pflügen, gleich mit herrichten werde. Wir haben große Absichten, die wir sicher schon in einigen Jahren verwirklicht haben werden.«

Am 15. 5. 1953 schreibt Hans Grässel nach Hamburg-Bergedorf:

»Der Boden ist von einem Siebentageregen aufgeweicht, so dass ich weder roden noch pflügen kann. Gestern wollte ich mal sehen, ob ich nicht mit dem Pflügen beginnen könnte, und der Erfolg war, nachdem ich ca. fünfzig Meter gepflügt hatte, dass der Traktor bis an die Achsen im Boden versank. Ich war in einen unterirdischen Regenabfluss geraten, den ich an der Oberfläche durch nichts feststellen konnte. Stundenlanges Buddeln ließ den Traktor nur weiter einsinken. Aus Angst vor einer Geldausgabe wollte ich ihn erst stecken lassen, bis der Grund ausgetrocknet ist. Aber da ich den Traktor noch für gewisse andere Dinge gebrauche, musste ich mich notgedrungen doch entschließen, jemand zu Hilfe zu holen. Mit einer Motorwinde haben wir ihn aus dem Matsch gezogen. Meine Frage nach den Kosten wurde mit dem häufig angewandten ›That will do‹ beantwortet, das wie ›Däddeldu‹ klingt, weil es ganz zusammengezogen wird. Es kamen doch immerhin drei Leute und zwei schwere Lkws angerollt. Sieben Tage ununterbrochen regnete es. Riesige Regenbäche rauschten zum River hinunter, der über die Ufer trat und die tiefliegenden Felder überschwemmte.

Regenfest angezogen und mit langen Gummistiefeln machten wir uns auf den Weg. Welche Gegensätze: zwei Meilen von unserem Haus gepflegte Hotels, riesige Golfplätze, beste Geschäfte (Bundanoon ist Treffpunkt des Kapitals von Sydney und Melbourne) und hinter unserem Haus Busch und Wildnis. Weil es so viel Neues zu sehen gab, haben wir uns auch prompt verlaufen. Keine Orientierungsmöglichkeiten, die Wolken hingen tief und verwehrten uns den Ausblick von höher gelegenen Punkten. Wenn wir nicht zufällig an einen der mannshohen Termitenhügel gelangt wären, der uns von früheren Ausflügen bekannt war, würden wir wohl noch heute im Busch herumkreuzen. Aber so viele landschaftlich hübsche Fleckchen und fast verwunschene Felspartien, in deren Klüften sich das Wasser sammelte und die Riesenfarne wuchsen, habe ich noch nie gesehen.

Leider oder Gott sei Dank sind wir hier von jeder Kultur abgeschnitten. Kein Radio, keine Zeitung. Wie zu Großmutters Zeiten sitzen wir abends bei einer Petroleumlampe, die uns so gemütlich warmes Licht ausstrahlt, dass wir uns nicht gern von ihr trennen. Im Zuge des Fortschritts erhalten wir nämlich in den nächsten Wochen Strom. Dann kommen aber auch größere Wünsche, z. B. einen Kühlschrank müsste man

In einem Auswandererbrief beschrieben: Küstenlandschaft zwischen Sydney und Melbourne

haben und einen Kocher, eine Waschmaschine, Bügeleisen, Toaströster usw., usw. …

Von all den Sachen müssen wir aber das meiste in das Reich der Träume verweisen, in den ersten Jahren wenigstens. Aber all die Dinge sind ja auch nicht so wichtig … Wir werden wohl noch lange zu zweit bleiben. Wichtiger ist es, dass wir erst einmal daran denken, ordentlich Geld zu machen, dass das Land in Schuss ist und wir uns durch einen guten Hühnerstall und andere kleine Dinge einen Nebenverdienst verschaffen. Außerdem verbilligen ja auch der Gemüsegarten, die Hühner und die Kuh das Leben, so dass wir hier nach zwei Jahren mehr sparen können als mancher Angestellte in Deutschland in zehn Jahren.

Wir dachten, als wir hierherkamen, wir müssten unbedingt einen Wecker haben. Also kauften wir uns einen Junghans-Wecker, aber für *nothing*, denn jeden Morgen werden wir durch ein Kookaburrapärchen geweckt, welches uns mit einem Höllengelächter aus den Betten jagt. Der Kookaburra ist ein putziger Vogel, etwa doppelt so groß wie ein Rabe. Er singt oder schreit nicht, sondern lacht ein Höllengelächter. Wir sollten uns gut mit ihm vertragen, weil er ein Erzfeind der Schlangen ist …

Papageien mit einem so bunten Federkleid wird man bei Hagenbeck wohl kaum finden … Ein prächtiger Sternenhimmel wie hier funkelt über Deutschland nicht. Ungezählte Sterne stehen am Himmel bis zum Horizont hinunter. Jetzt muss ich gerade an das Gedicht ›Der Mond ist aufgegangen‹ von M. Claudius denken. Genau dieselbe Stimmung haben wir abends hier, wenn der Nebel aus dem Rivertal steigt.

Über 14000 Meilen senden die herzlichsten Grüße, Hans Grässel und Frau.«

Auszug aus einem Brief vom 12. 6. 53:

»Ein kalter, scharfer Wind fegt über das Land. Unter besonders starken Windstößen erzittert unser Haus so stark, dass man es an den gefüllten Teetassen sehen kann. Einen Stapel Wellblech, den ich hier in unserem Haus gelagert hatte, hat der Wind auseinandergeblasen. Eine Platte musste ich mit aller Gewalt aus einem Baumstamm herausziehen, in den sie etwa zehn Zentimeter hineingerammt war. Vor einigen Wochen habe ich mir ein vierschrötiges Gewehr gekauft, und jeden Sonnabend gehe ich nun mit einigen Australiern zur Jagd.«

Am 1. 8. 53 beendet der deutsche Auswanderer die erste Serie von Briefen an seinen ehemaligen Lehrer:

»Der seit langem projektierte Anbau ist fertig geworden. Meine Frau ist glücklich, denn nun spielt sich das Leben nicht mehr in einem Raum ab. Es ist nicht schön, in einem Zimmer zugleich kochen, leben und schlafen zu müssen. Eine Woche lang haben wir jeden Tag eine Richtfeier gemacht. Weiterhin haben wir vier Acres mit Erbsen besät. Ich habe gepflügt, den Traktor x-mal auseinandergenommen, einen Trip an die Küste unternommen, manchmal auch nichts getan und ansonsten das beschauliche Leben eines Farmers geführt.

Für die Männer spielt sich das gesamte Gesellschaftsleben

in dem Pub ab, d. h. in der Bierhalle. So werden dort die tollsten Storys erzählt und die dicksten Witze. Man kann es sich ja leisten, denn Frauen kommen da ja nicht hinein, und die Barfrau scheint taub zu sein.

Für die Frauen gibt es den Vormittags- und Nachmittagsklatsch im Laden oder auf der Straße. Meistens geht es dann ums Wetter, die Gesundheit oder einen Dritten, der gerade nicht anwesend ist. Dann sind da noch die Meetings und Wohltätigkeitsveranstaltungen zugunsten des Roten Kreuzes, der Kirche und für das Krankenhaus, für blinde Kinder usw., usw. Manchmal gibt es auch einen Ball. Ein kaltes Buffet, im Stehen zu essen, Tee oder Kaffee oder Limonade machen die Sache so langweilig wie möglich. Wenn die Männer draußen in ihren Wagen nicht diverse Alkoholika hätten, denen sie von Zeit zu Zeit einen Besuch abstatten, würde ein solcher Ball wohl einer Trauerfeier gleichen.

Ein netter Raum und eine Kapelle sind wohl vorhanden, aber die Steifheit verschwindet nur selten einmal. An den Wänden des Tanzraumes stehen lange Stuhlreihen. Eine dieser Reihen ist nur den Ladys vorbehalten. Sobald ein neuer Tanz beginnt, stürzen sich die Männer wie die Wilden auf die andere Seite des Raumes, um ja noch eine Partnerin abzubekommen. Einen Tag nach dem Ball kann man dann in der Zeitung lesen, dass der Ball über die Maßen gut gefallen hat und die Stimmung ausgezeichnet war und dass die Frau des Farmers XYZ ein jadegrünes Kleid trug und ein Pelzcape, das mit ihrem zarten Teint außerordentlich gut harmonierte …

Ja, Uraustralier haben wir auch schon gesehen. Sie sehen nicht hässlich aus, aber auch nicht ansprechend. Die Kinder allerdings sind ganz entzückend. Die sogenannten Aborigines arbeiten wie die Weißen und erhalten dieselbe Bezahlung. Sie gehen in den Pub und trinken ihr Bier oder ihren Wein, und ich habe nicht den Eindruck, dass sie als Menschen zweiter Güte angesehen werden. Allerdings ist es verboten, Schnaps an sie auszuschenken. Da sie viel trinken und sehr viel Geld für unnützen Krimskrams ausgeben, sieht man sie häufig betteln. Meistens bitten sie um einen Shilling zum Schlafen, für den sie dann, falls sie einen bekommen, sich sofort ein Bier kaufen.

Ansonsten sind es aber alle gutmütige Kerle, die hier im Süden leben. Wie es mit denen im Norden bestellt ist, weiß ich nicht. Jedenfalls laufen sie da noch nackt oder halbnackt herum und leben dort noch wie zu Urzeiten. Die Glücklichen oder Unglücklichen, wer weiß das ... Wir fühlen uns jedenfalls glücklich hier und möchten mit keinem tauschen.«

30 »Bang! Das muss ein Torpedo gewesen sein« Geschichtsunterricht in der Kornkammer

Bonegilla. Nicht nur wegen seines südländischen Wohlklangs hat sich dieser Name bei uns eingeprägt. Fast jeder der Pioniere, die in den fünfziger Jahren nach Australien kamen, erwähnte diesen magischen Ort. Der erste war der Waldarbeitersohn Harry Maschke, der es im tropischen Darwin zum Unternehmer und Konsul brachte; zuletzt erzählte der an der Goldküste residierende Pensionär Götz Pütter stundenlang von seinem Start in Bonegilla.

Nun liegen sie also vor uns, die Wellblechbaracken, in denen Tausende von Auswandererkarrieren begannen. Der heftige Regen, der uns schon auf dem Weg zu diesem historischen Schauplatz begleitete, verwandelt die Rinnen neben den brüchigen Lagerstraßen in randvolle Kanäle. Das Wasser, das in Bächen von den Dächern pladdert, verdichtet sich vor dem kleinen Museum zu einem Vorhang, hinter dem die im Freien angebrachten Schautafeln bis zur Unkenntlichkeit verschwimmen. Auf zwei Besucher reduziert sich auf dem vor Feuchtigkeit triefenden, 130 Hektar großen Areal heute Vormittag das Publikumsinteresse: auf uns.

Weiterfahren? Ohne mit uns Blickkontakt aufzunehmen,

lädt uns ein für das Museum zuständiger, flink über die Pfützen hüpfender Bediensteter zum Bleiben ein. Er öffnet die schwere Tür zu den Exponaten und gewährt uns, indem er per Knopfdruck einen Schwarz-Weiß-Film auf einen Monitor zaubert, exklusiven Geschichtsunterricht.

»Sie kommen in ein großes, fremdes Land«, erklärt der für die Immigration zuständige Minister, als er in dem Film eines der ersten Auswandererkontingente aus Europa in Bonegilla begrüßt. »Aber wir werden Sie innerhalb der nächsten fünf Jahre zu Australiern machen«, prophezeit er. Die Hindernisse, die sich der Integration in den Weg stellen, spart die Dokumentation keineswegs aus. »Der Geruch von Angst«, sagt einer der Einwanderer, »durchwaberte das Lager.« Bereits 1947, im Jahr der Eröffnung Bonegillas, warnt eine australische Zeitung: »Die Immigranten bedrohen den hohen Lebensstandard des Landes.« Weil sie mit der Verpflegung nicht einverstanden sind, zetteln italienische Bewohner 1952 einen Aufstand an.

Die Pioniere aus der Bundesrepublik werden in dem Report als Sonderfall behandelt. Das liegt an der sensiblen Situation, in die sie so kurz nach dem Zweiten Weltkrieg geraten. »Viele trauten sich nicht, in der Öffentlichkeit Deutsch zu sprechen«, heißt es in dem Kommentar, »nicht einmal untereinander. Als es eine Gruppe in der Straßenbahn tat, wurde sie von Einheimischen angeherrscht: ›Sprecht gefälligst Englisch!‹« Ein anderer Immigrant findet sich unvermittelt in einer Zelle wieder. Der Grund für seine Verhaftung: Er trug eine Lederhose – und die, so der Bericht, »galt als Naziuniform«.

Die Landschaft, die uns über Tausende von Kilometern mit ihrer Vielfalt beglückte, wird eintöniger auf dem Weg von Bonegilla in Richtung Melbourne. Nicht ein einziges Blatt sprießt an den Zweigen der Eukalyptusbäume, von denen manche nur noch mit der Spitze aus dem aufgestauten Murray River ragen, einer der Lebensadern des Kontinents. Stoisch kauende Holsteiner Kühe und zu riesigen Rädern geformtes Heu säumen die Pisten, die schnurgerade durch Australiens Kornkammer führen.

Nach einer halben Tagesreise erreichen wir das wegen seiner hochwertigen Milchprodukte im ganzen Land bekannte Städtchen Tatura. Eine unter dem Ortschild angebrachte Inschrift charakterisiert den Ort lapidar: »Erde. Sonne. Wasser.« Das Bild über dem Bett in unserem Motelzimmer zeigt die Porträts eines Bullen und eines Schafbocks.

Unsere Neugier richtet sich ganz auf das Museum im Herzen der Gemeinde. Seine Exponate geben Auskunft über das Internierungslager, das der Staat während des Zweiten Weltkriegs in der Umgebung Taturas einrichtete, und in dem auch einige Tausend Deutsche untergebracht waren: Soldaten, die in britische Gefangenschaft gerieten und nach Australien verschifft wurden, und Einwanderer, die man für Sympathisanten oder gar Handlanger der Nazidiktatur hielt. Nachdem wir uns über Ausbruchsversuche, die Gründung einer Theatergruppe und die Verbrüderung mit Angehörigen des Wachpersonals informiert haben, entdecken wir zwei Geschichten, die in der Lagerchronik eher eine Nebenrolle spielen, aber mit geradezu atemberaubender Deutlichkeit die zerstörerische Hysterie und die Absurditäten zu Zeiten eines Krieges offenbaren. Am Ende bleibt uns nur noch das Staunen darüber, dass über diese Fälle im deutschsprachigen Raum so wenig bekannt ist.

Im Sommer 1939, so der harmlose Auftakt des ersten der beiden Dramen, beginnt der Wiener Mozart-Chor, damals eine der berühmtesten Gesangsgruppen der Welt, eine Konzertreise durch Australien. Nach einem Auftritt der zwischen neun und vierzehn Jahre alten Jungen in Melbourne begeistert sich ein Kritiker über ihre »saphirblauen Samtanzüge«, ihre »puppenhaften Gesichter« und ihre »filigrane Kunst«.

Am 2. September 1939 geben die zwanzig Knaben in der westaustralischen Hauptstadt Perth ihr Abschiedskonzert. Es fällt genau zwischen zwei der markantesten Daten der jüngeren Weltgeschichte: den Einmarsch der deutschen Truppen in Polen am 1. September und die britische Kriegserklärung an das Hitler-Regime am 3. September. Australien, Londons Verbündeter, belegt alle deutschen Schiffe, die in seinen Häfen ankern, mit einem Ausreiseverbot. Das gilt automatisch auch für den Dampfer, der den Mozart-Chor zurück nach Europa bringen soll.

Die Sänger, die wochenlang das Publikum mit ihrem kindlichen Charme verzauberten, sitzen schon auf gepackten Koffern, als ein Dekret, das keine Differenzierung kennt, sie über Nacht zu »feindlichen Personen« erklärt. Begleitet von dem Dirigenten Georg Gruber, landet einer von ihnen sogar im Internierungslager von Tatura. Die anderen finden drei Jahre lang Unterschlupf beim Erzbischof von Melbourne, der sie für seine liturgischen Zwecke einspannt und ihnen im Gegenzug eine gediegene Bildung angedeihen lässt.

Der Dirigent belebt den Alltag im Camp derweil durch seine musikalischen Aktivitäten. Allerdings muss er erhebliche künstlerische Abstriche machen. In einer Chronik heiß es: »Der brillante Chorleiter, dessen Wunderknaben mit ihren silbernen Stimmen einst die Welt begeisterten, hatte es nun mit gröberen Typen zu tun.« Deren bevorzugtes Repertoire: Marschlieder. Dem himmlischen Gesang seiner ehemaligen Schüler kann Georg Gruber nur noch lauschen, wenn er in seiner Baracke den australischen Radiosender ABC einschaltet. 1947, also zwei Jahre nach Kriegsende, schicken die Behörden ihn zurück nach Wien.

Die Mehrzahl der Chorknaben, denen der Stimmbruch längst den gesanglichen Schmelz raubte, bleibt in Australien. Einer eröffnet ein Chinarestaurant, ein anderer arbeitet als Buchhalter. Versicherungsmakler, Uhrmacher, Mechaniker oder Chemiker sind andere Berufe, über die sich diese außergewöhnlichen Einwanderer in die Gesellschaft integrieren. Nur einer von ihnen, ein gefeierter Opernsänger, macht eine

Karriere im angestammten Metier. Wenn sich die Überlebenden einmal im Jahr treffen, sind sie sich darüber einig, dass die Diskriminierung durch die australischen Behörden sie letztlich vor den Kriegsgräueln in Europa bewahrte.

Wir rätseln noch, warum sich offenbar noch kein Regisseur dieses Stoffes angenommen hat, als uns bereits die zweite filmreife Geschichte gefangennimmt. Bei ihr überwiegen allerdings die tragischen Momente, zumal sie am 9. November 1938, dem Tag der sogenannten Reichskristallnacht, beginnt.

Die antisemitischen Ausschreitungen sind für Tausende von Juden der letzte Anstoß, sich schleunigst aus ihrer deutschen Heimat abzusetzen. Großbritannien ist das Land, das sich ihnen am großzügigsten öffnet. Doch als London eine Invasion durch Hitlers Armee befürchtet, stellt es in seiner Hysterie auch die deutschsprachigen jüdischen Emigranten unter den Generalverdacht der Spionage. Etwa 2000 von ihnen werden im Juli 1940 als »unerwünschte Personen« auf

Im Tal der toten Bäume: Landschaft zwischen dem Auswanderercamp Bonegilla und dem Internierungslager Tatura

das Kriegsschiff »Dunera« verfrachtet, das Kurs in Richtung Australien nimmt.

Die Liste der Passagiere, denen man das Ziel der Reise verschweigt, liest sich wie ein Who's who der künstlerischen und intellektuellen Crème Europas. Dr. Richard Ullmann, Philosoph und Humanist, hat an der Sun-Yat-Sen-Universität in Kanton gelehrt. Dr. Leonhard Adam, ehemals Richter in Deutschland, gilt als einer der weltweit besten Kenner primitiver Kulturen. Dr. Felix Behrend genießt internationales Ansehen als Mathematiker. Heinz Heckroth entwarf die Bühnenbilder für berühmte Ballettaufführungen.

Der Literat Kurt Regner machte sich auch als engagierter Antifaschist einen Namen. Auf Intellektuelle wie ihn hebt ein zeitgenössischer Kommentar ab: »England entledigt sich genau in dem Moment der geistigen Elite Europas, in dem es diese Kraft dringend für den Kampf gegen den Nationalsozialismus bräuchte.«

Gegen die Deportation des weltbekannten Pianisten Peter Stadlen protestieren bei der britischen Regierung Prominente wie der Schriftsteller Thomas Mann, der Geigenvirtuose Yehudi Menuhin und die amerikanische Präsidentengattin Eleanor Roosevelt. Als das Innenministerium in London ihrer Eingabe stattgibt, befindet sich der Künstler bereits auf hoher See. Immerhin gelingt es ihm, die Partitur einer Händel-Oper vor dem Zugriff durch das britische Wachpersonal zu retten. Um ganz sicherzugehen, überträgt er sie Note für Note auf Toilettenpapier.

Das brutale Vorgehen der militärischen Aufseher wirft einen tiefschwarzen Schatten auf die zweimonatige Passage von Liverpool nach Melbourne. Vor dem Hintergrund des Naziterrors mag der Fall zu einer Fußnote der Geschichte schrumpfen. Für die unmittelbar Betroffenen aber nimmt er die Ausmaße einer Katastrophe an. Ein »schwimmendes Konzentrationslager« nennt eine Chronik später das Schiff.

Der Terror beginnt bereits auf dem Weg zu den hoffnungslos überbelegten und hygienisch unzumutbaren Unterkünften. »Die Soldaten«, so die Chronik, »rissen den Passagieren die Ringe von den Fingern und die Uhren von den Armen. Selbst falsche Zähne wurden konfisziert. Die Violine, die man einem der Passagiere abnahm, wurde über Bord geworfen. Das Gleiche galt für ein Romanmanuskript, das Produkt jahrelanger Arbeit. Auf dem Boden türmten sich religiöse Gegenstände wie Gebetsschals und Thorarollen. Der Stock des Feldwebels bewegte sich mit der Geschwindigkeit einer Windmühle.« (Zur Entschuldigung wird später vorgebracht, dass viele der Bewacher gerade schlimme Erfahrungen im Krieg gegen die Deutschen gemacht hatten und zudem über die Herkunft der Deportierten nur unzureichend informiert waren.)

Den Augenblick, in dem eine plötzliche Druckwelle das Schiff erschüttert, hält der Passagier Kurt Lewinski in einer Notiz fest: »Bang! Das muss ein Torpedo gewesen sein. Mir ist das egal. Mir ist alles egal. Ich bin doch sowieso schon so gut wie tot. Bang! Das war ein zweiter Torpedo. Die U-Boote der Nazis gehen auf Nummer sicher.«

Tatsächlich wird die »Dunera« von einem deutschen Kriegsschiff attackiert. Doch es verfehlt knapp sein Ziel. Als er wieder Hoffnung schöpft, überträgt Kurt Lewinski die Anschriften von seinen in der ganzen Welt verstreuten Verwandten auf einen schmalen Streifen Papier, den er in einem Strumpf versteckt. Er tut dies aus Angst, dass ihm die Wächter sein überlebenswichtiges Adressbuch wegnehmen könnten.

Je länger die gespenstische Überfahrt dauert, desto intensiver wehren sich die internierten Juden gegen die Gefahr der geistigen Apathie. Dr. Franz Borkenau, ein österreichischer Historiker, gibt im Chaos des Bordlebens Lektionen zu Fragen zeitgenössischer Politik. Der Philosoph Gerd Buchdahl, der nach dem Krieg in Cambridge lehren wird, schart eine Gruppe um sich, in der, so die Chronik, »mit Inbrunst diskutiert wird«. Der Bühnenbildner Heinz Heckroth entwirft ein neues Ballett. Ein anderer Künstler komponiert eine »Dunera«-Messe und organisiert einen Chor, der sie singt.

Allmählich dämmert es den Passagieren, dass sie nach Australien unterwegs sind und dort nicht die Freiheit auf sie wartet. Also arbeiten sie schon mal die Verfassung für ein Lagerparlament aus.

Die pessimistischen Prognosen erweisen sich als realistisch. So empfängt die Presse das Schiff mit bösen Schlagzeilen. »Diese Männer sind gefährlich«, titelt der in Sydney erscheinende *Daily Telegraph*. Der Hintergrund: Man hat in Australien nicht nur Angst vor Nazis, sondern auch vor Kommunisten. Und als solche werden die anreisenden Intellektuellen offenbar automatisch eingestuft. Dass es sich in der Mehrzahl um Juden handelt, die vor dem Faschismus geflohen sind, verschweigen die Blätter. Einer von ihnen trägt als Erinnerung sogar einen Stein bei sich, der von einer während der Kristallnacht niedergebrannten Synagoge stammt.

Das Elixier der Freundlichkeit, das den entwurzelten Juden so lange verwehrt blieb, wird ihnen endlich auf der Zugfahrt zu ihrem Internierungslager zuteil. Zum ersten Mal hören sie wieder Wörter wie »please« oder »thank you«. In der Tatura-Chronik heißt es: »Das Wachpersonal merkte schnell, dass es sich um dufte und aufrechte Typen handelte und keineswegs um Nazis.« Da viele von ihnen Englisch beherrschen, kommt man schnell ins Gespräch, und man lacht gemeinsam über die komischen Kängurus, die hoppelnd mit dem Zug mitzuhalten versuchen. Einer der Betroffenen erinnert sich später an die Aufforderung seines Wächters: »Hey, Kumpel: Halt doch mal meine Knarre. Ich will mir 'ne Zigarette drehn.«

Kaum sind sie im Lager eingetroffen, setzen die Gefangenen ihre auf dem Schiff konzipierte Verfassung in Kraft. Sie gründen eine Zeitung und prägen ihre eigenen Münzen. Ein Schuhmacher eröffnet eine Werkstatt. Zwei ehemalige Chefköche aus Wien bereichern die Küche. Aus einem Klotz Feuerholz wird eine Violine geformt, aus einem Stück Karton ein Xylophon. Es ist ein relativ liberales Leben – aber es bleibt eine Existenz hinter Stacheldraht.

Erst Anfang 1942, nachdem der britische Premierminister Winston Churchill die Behandlung der »Dunera«-Juden als »Fehler« bezeichnet hat, endet die auf Hysterie, Vorurteilen und Missverständnissen beruhende Gefangenschaft. 913 der 2000 jüdischen Insassen ziehen es vor, auf dem Kontinent zu bleiben, der sie trotz aller Diskriminierungen vor den Todesfabriken Adolf Hitlers bewahrte. Mehr als 500 treten in den Dienst der australischen Armee. Von den Juden, die sich zu einer Rückkehr nach England entschließen, sterben 47 auf hoher See. Ihr Schiff wird von einem Torpedo versenkt.

31 »Josef repariert alles«
Finale in Melbourne

Wehmut kommt auf, als wir uns den Bürotürmen nähern, die Melbournes pulsierende City markieren. Nach 13 974 Kilometern durch Wüsten und Regenwälder, Schluchten und Buchten heißt es: Auto abgeben, Schlüssel überreichen, ins Taxi umsteigen. Die Landschaft, die uns samt ihrer einzigartigen Kreaturen für ein Vierteljahr in ihren Bann zog, wird zum Gegenstand der Erinnerung, nicht mehr der Eroberung.

Doch unser Ziel in der 3,3-Millionen-Einwohner-Metropole ist gottlob noch nicht der Flughafen, sondern die mit soliden Einfamilienhäusern und sommerlich duftenden Gärten ausgestattete Gladwyn Avenue im Vorort East Bentleigh. Der Werkstattbesitzer Josef Koller, den wir aus gemeinsamen Jahren in Peking kennen, wohnt dort mit seiner aus der Schweiz stammenden Frau Karin und der vierzehn Jahre alten Tochter Nadja. Die Woche, die wir bei diesem Großmeister der Gastfreundschaft verbringen, soll dazu beitragen, das aus einer Vielfalt an Impressionen und Interviews geformte Bild abzurunden und Mutmaßungen hier und da zu Gewissheiten reifen zu lassen.

Josef Koller, 1950 in Kroatien geboren, kommt als Neunjähriger mit seinen Eltern in das schwäbische Dorf Biberach an der Biber. Die großbürgerliche Familie, die vor den Repressionen im kommunistischen Jugoslawien floh, wird beim »Pfennig-Michel« einquartiert, einem Bauern, der zusammen mit dem Pfarrer, dem Müller, der Lehrerin, dem Schmied und dem Bürgermeister über die Gemeinde und ihre rund 600 Bürger herrscht. »Die waren alle noch tiefbraun und haben am 20. April sogar Hitlers Geburtstag gefeiert«, erinnert sich Josef Koller. »Uns Flüchtlinge bezeichnete man als ›Saubagage‹. Deswegen brachte man uns auch im ›Stüble‹ unter, dem Hinterhaus für die Bediensteten.«

Die Hänseleien in der Schule, das ewige Gezeter des Bauern, die Niedergeschlagenheit der Eltern – Josef Koller ist zwölf, als er sich entschließt, einfach mal abzuhauen aus der klaustrophobischen Enge des Dorfes. Der um einige Jahre älter wirkende Knabe stellt sich an die Autobahn und trampt, die Grünen Grenzen Österreichs und Italiens zu Fuß überwindend, nach Rom. Nach einigen berauschenden Tagen und Nächten in der Weltstadt am Tiber kehrt er zurück nach Biberach an der Biber – aber nicht reumütig, sondern sofort beseelt von neuem Fernweh. »Ich wollte unbedingt dorthin, wo die Elefanten sind«, erinnert er sich.

Aber statt in Indien, wo er die Elefanten vermutet, landet Josef Koller zunächst in der Fuggerstadt Weißenhorn, wo er eine Lehre als Autoschlosser absolviert. Da es dort ähnlich repressiv zugeht wie in seinem fünf Kilometer entfernten Heimatort, nutzt er die erstbeste Chance, ins Ausland zu gehen. Ein Unternehmer, der Baumaschinen produziert, bietet sie ihm. Erst transportiert er das sperrige Gerät auf abenteuerlichen Wegen mit Lkws in den Irak. Dann leitet er dort für einige Jahre mitten in der Wüste eine Großbaustelle.

Als die Volksrepublik China sich ökonomisch öffnet und auch deutsche Firmen der Magie dieses scheinbar grenzenlosen Marktes nicht widerstehen können, lässt sich Josef Koller als Repräsentant mehrerer Unternehmen in Peking nieder. Vom Betonmischer bis zum Feuerwehrauto reicht sein Sortiment. Zermürbt von den rauen, oft betrügerischen Geschäftspraktiken und entsetzt über die politische Unterdrückung in der Volksrepublik, kehrt er Peking kurz nach der Niederschlagung des Volksaufstandes am 4. Juni 1989 den Rücken. Sein Ziel: Australien – der Kontinent, der Europäern trotz der riesigen Entfernung näher liegt als das neue Wunderland im Fernen Osten.

In Melbourne lässt sich der Auswanderer in eine Partnerschaft mit einer südkoreanischen Maschinenfabrik ein – und verliert 1994 durch unglückliche ökonomische Umstände sein gesamtes Kapital. Exakt an diesem Punkt nimmt die Geschichte wieder Züge an, die typisch sind für das Naturell von Auswanderern und den Charakter ihrer Wahlheimat Australien.

»Nach der Pleite«, erinnert sich Josef Koller, »ging ich als einsamster Mensch der Welt am Strand spazieren und fragte mich immer wieder: was nun? Plötzlich kam mir mein Motorboot in den Sinn, das ich aus der Konkursmasse gerettet hatte. Für dieses Boot hatte ich spezielle, den Rücken schonende Sitze konstruiert. Von anderen Bootsbesitzern hörte ich immer wieder: ›So etwas müsste man auch haben!‹ Und so sagte ich mir am Ende meines Spaziergangs: ›Mensch, Josef, vielleicht hast du eine Marktlücke entdeckt!‹«

Wochenlang streift der mittellose Unternehmer, der einst mit einem einzigen Deal Millionen machte, über die Schrottplätze von Melbourne, findet hier einen Motor, baut dort einen Zylinder aus einem alten Bagger aus. Nachdem er genügend Einzelteile zusammenhat, konstruiert er eine in ihrer archaischen Technik einmalige Maschine und produziert in einer kleinen Werkstatt den ersten gefederten Bootssitz. Da seine paar Freunde als Kundschaft nicht ausreichen, entschließt er sich zu einem ungewöhnlichen Schritt: Er wählt die Nummer der Firma »International Marines«, eines der größten Bootshersteller der Welt, und bittet die Telefonistin, ihn ins Büro des Tycoons Barry Spooner durchzustellen. Das ist so, als würde ein Wolfsburger Kfz-Mechaniker telefonisch um ein Gespräch mit dem allmächtigen VW-Boss Ferdinand Piëch ersuchen.

»Bei VW«, vermutet Josef Koller, »wäre ich über das Vorzimmer nicht hinausgekommen. Bei dem Konzern in Melbourne stellte mich die Sekretärin tatsächlich sofort zu ihrem Chef durch. Ich sagte ihm: ›Ich kann Ihnen etwas anbieten, was Sie noch nicht haben, wofür es aber einen Markt gibt.‹ Er antwortete: ›Dann kommen Sie in Gottes Namen mit Ihrem Produkt bei mir vorbei‹.«

Der Tüftler aus Biberach, der sich wie die Australier am liebsten leger kleidet, ringt sich zu Schlips und Anzug durch und präsentiert dem Unternehmer seine Konstruktion. »Ich stieß auf einen Typen, der mich mehr an einen Arbeiter erinnerte als an einen Multimillionär. Er hat offenbar nicht vergessen, dass er selbst von ganz unten kam und sich wohl gesagt: ›Dem gibst du eine Chance! Dem hilfst du auf die Sprünge!‹ Jedenfalls meinte er schon nach kurzer Zeit: ›*Okay, I give you a go!* Liefere mir vierzehn Sitze. Aber es muss schnell gehen!‹«

Josef Koller weiß: Wenn er beim Marktführer versagt, hat er sich die Zukunft verbaut. Um bei diesem »Roulettespiel«, wie er den Auftrag nennt, nicht zu verlieren, steht er tage- und nächtelang an seiner Werkbank, justiert und fräst, schweißt und poliert. Der Kunde ist mit den Sitzen so zufrieden, dass er sofort Ware nachbestellt. Noch heute gehört dieser Konzern zu den zuverlässigsten Abnehmern Josef Kollers, der sein exklusives Sortiment innerhalb von vierzehn Jahren auf 42 Produkte erhöht, ein bahnbrechendes hydraulisches Steuerungssystem für Motorjachten erfindet und mit seiner Firma

Erfindergeist im Kleinbetrieb: Konstrukteur Josef Koller mit seiner Frau Karin und Tochter Nadja

»Waterworld« als Sponsor bei Bootsrennen auftritt. Aus den so unterschiedlichen Geschäftspartnern werden Männerfreunde – ein australisches Happy End.

Der Dezembertag, an dem wir Josef Koller von morgens bis abends begleiten, führt uns eine andere landestypische Realität vor Augen: die Mechanismen einer trotz aller Konflikte funktionierenden multikulturellen Gesellschaft und die Funktion, die deutsche Auswanderer in diesem sozialen Geflecht erfüllen. Auf dem Weg zur Werkstatt im Stadtteil Cheltenham, der an einem Zentrum für chinesische Medizin, einer Ladenkette mit portugiesischen Spezialitäten und einem buddhistischen Tempel vorbeiführt, schauen wir kurz in einem Büro vorbei, in dem »Toni, der Sizilianer« residiert.

Der Sohn eines Fischers, der vor der Armut in seiner südeuropäischen Heimat nach Australien floh, avanciert zu einem der erfolgreichsten und bekanntesten Rechtsanwälte Australiens. Josef Koller stattet seine Luxusjacht mit exklusivem Zubehör aus. Der 72 Jahre alte Millionär, der normalerweise ökonomische Giganten vertritt und auch die UNO in New York berät, honoriert es durch gelegentlichen juristischen Beistand. So hilft er seinem deutschen Kumpan mit brillanter Rhetorik aus der Bredouille, als der wegen einer kniffligen Steuersache vor Gericht steht. Ein verlorener Prozess hätte die Aufenthaltsgenehmigung kosten können.

Die festlich verpackte Weinflasche auf dem Schreibtisch in Josef Kollers Werkstatt ist das Geschenk eines vietnamesischen Geschäftsfreundes. Die Chemikalien für das Elektrobad, das seinen Produkten den finalen Glanz verleiht, besorgt sich der deutsche Einwanderer bei einem Libanesen. Der Mitarbeiter, der gerade eine Bootsleiter zusammenschweißt, stammt aus Mazedonien. »A good country« nennt der 26-Jährige seine neue Heimat.

Der Kunde, der bei Josef Koller einen neuen Sitz bestellt, gehört der Minderheit der Aborigines an. Er entwirft und baut Swimmingpools für die weitläufigen Grundstücke der Vororte und liefert mit seinem unternehmerischen Erfolg ein beglückendes Gegenbeispiel zu dem sozialen Elend, in dem die Mehrheit der Aborigines existiert. »Das Meer«, sagt Peter Burns, »ist meine Heimat.« Und es folgt eine Naturbeschreibung wie aus der Feder Ernest Hemingways.

»Ich kreuze mit meinem Boot vor der Küste von New South Wales, als ich am Horizont so etwas wie eine Rauchfahne sehe. Ich frage mich: Rauch? Mitten auf dem Meer? Ich lenke mein Boot an diese Stelle ... Und was sehe ich? Einen riesigen Wal. Er kommt so nah an mein Boot heran, dass ich ihn berühren könnte. Er blickt mich mit seinen großen Augen an – und auch ich fixiere ihn. Keine Frage: Wir unterhalten uns – stumm. Und wir verstehen uns. Ich spüre die Kraft der Natur. Mir läuft ein Schauer über den Rücken. Und dann kommen die Delfine. Sie kreisen dreimal um mein Boot und bringen es zum Schwanken. Sie spielen mit meinem Boot – und mit mir.«

 »Fischen Sie auch?«

»Ja, Thunfisch vor allem. Mit dem Fisch zu kämpfen, ist ein großartiges Gefühl. Aber wenn ich den Kampf gewonnen habe, gebe ich ihm die Freiheit zurück.«

Mittagspause. Auf einem schattigen Flecken vor der Werkstatt trifft Josef Kollers Personal auf die Mitarbeiter seines Nachbarn, eines Spezialisten für Alarmanlagen. Peter Petronis Vorfahren kamen aus Italien nach Melbourne. An seiner Rezeption sitzt eine Vietnamesin. Seine Bürochefin hat einen indischen Hintergrund. Von seinen vier Arbeiterinnen stammen zwei aus Sri Lanka, die beiden anderen aus Kroatien und Papua-Neuguinea. Die Croissants, die den Lunch krönen, liefert die französische Bäckerei am Ende der Straße. Wenn dort etwas hakt mit der Maschine, ruft man den Kollegen aus Deutschland. »Josef repariert alles«, heißt es in dem »Global Village« am Rande der Metropole.

Früher Nachmittag. Wir begleiten Josef Koller zu einer Werkstatt, in der er Stahlteile fräsen lässt. Diesen profanen Vorgang könnte man ignorieren, wenn der Besitzer nicht der Prototyp des deutschen Meisters wäre, dessen Gewissenhaftigkeit die Australier manchmal belächeln, aber im Grunde hoch schätzen. Er heißt Peter Hoppner, stammt aus Tübingen und kam 1966 im Alter von neunzehn Jahren nach Melbourne, wo er sich sein erstes Geld mit dem Schleppen von Mehlsäcken verdiente und sich monatelang fast nur von Marmeladenbroten ernährte. Dass er die handwerkliche Akribie in Person ist, drückt sich in dem Spitznamen aus, den ihm seine Kunden wie ein Prädikat verliehen haben: »Peter Perfect«. Auch der Name dieses Familienbetriebes verpflichtet zu höchstem Standard: »Perfect Industries«.

Die Perfektion geht dem gelernten Dreher sogar über die Karriere. Das beweist er Mitte der neunziger Jahre, als er in Deutschland seinen kranken Vater pflegt und ihm ein Unternehmer anbietet, im arabischen Raum ein Trinkwasserprojekt zu leiten. Seine Zusage macht Peter Hoppner von einer Bedingung abhängig: ein Jahr Praktikum in der Werkstatt der Firma. »Jeden einzelnen Handgriff, den ich später von meinen Arbeitern verlangen würde«, erinnert er sich, »wollte ich selbst ausgeführt haben.« Das Management kann sich aus zeitlichen Gründen dazu nicht durchringen – und erhält von seinem Wunschkandidaten eine Absage.

Später Nachmittag. Die Autoreparatur um die Ecke, die ein Grieche namens Lou zusammen mit einem Lehrling betreibt, lädt ihre Kunden zum Ausklang des Jahres zum Barbecue. Den Spieß für den Hammel und die Hähnchen hat Josef Koller aus Resten seiner Produktion geformt. Als Gegenleistung wird sich der Gastgeber seines Pritschenwagens annehmen.

Vor der Hebebühne parliert der Medienwissenschaftler mit dem Arbeiter, der Fabrikant mit der Buchhalterin, der Winzer mit Toni, dem berühmten Juristen. Die Passanten, die vor einem Platzregen in den Eingang flüchten und einen Blick in die zum Pub umfunktionierte Werkstatt werfen, werden sofort integriert in den Kreis.

Nach dem dritten, vierten Glas Wein neigt man in solchen, von schrankenloser Heiterkeit geprägten Momenten zu der Illusion, in Australien habe sich der Traum von der egalitären Gesellschaft verwirklicht. Toni, der Sizilianer, beflügelt diese Vorstellung, als er nach einem kräftigen Zug aus seiner kubanischen Zigarre verkündet: »Ob du König bist oder Bettler, das macht hier keinen Unterschied. Hauptsache, das Essen schmeckt und das Bier ist gekühlt.«

Mit der Bemerkung, die er sofort hinterher schickt, macht der Millionär deutlich, dass dem mediterranen Pathos eine Prise ironischer Übertreibung beigemischt war. »Natürlich«, stellt er klar, »existiert auch in Australien eine Klassengesellschaft. Aber sie reduziert die künstlichen Hürden wie Etikette, Rituale oder Neid auf ein Minimum.«

»Und welche Rolle spielen die deutschen Einwanderer in dieser Gesellschaft?«

»Eine sehr konstruktive. Gott sei dank haben die Behörden nach dem Krieg bei jedem Antragsteller auch die politische Vergangenheit überprüft. Das heißt: Die Zahl der alten Nazis, die in Australien Unterschlupf fanden und Familien gründeten, hält sich in engen Grenzen. Es waren weitaus weniger als zum Beispiel in Chile oder Argentinien.«

»Bedeutet dies, dass die unselige Verknüpfung von deutscher Perfektion und reaktionärem Gedankengut, von Rechtschaffenheit und Scheuklappe für dieses Land nie eine Gefahr darstellte?«

»Es mag Einzelfälle gegeben haben und geben – aber gefährlich ist das nicht.«

In den Blick Josef Kollers, unseres Weggefährten aus Pekinger Tagen, mischt sich gegen Ende der Fete Melancholie. Wir wissen, dass er seit Monaten mit sich ringt, ob er seine Firma nach Jahren der Plackerei verkaufen und mit einem finanziellen Polster in die Heimat zurückkehren soll. Auf die noch immer in aufrichtiger Kumpelhaftigkeit schwimmende Gesellschaft weisend, sagt er ungefragt: »Das hier würde ich natürlich sehr vermissen.«

Und dann beginnt Josef Koller von dem eigenen Boot zu schwärmen, das er sich in seiner Werkstatt gerade baut. Zum Hochseefischen eigne es sich, bis hinaus nach Tasmanien könne man damit fahren, und ein Liegeplatz sei überhaupt kein Problem. Wie es scheint, geht in diesem Moment auch unser Freund in Melbourne vor Anker.

Protokolle

Kap. 2 *Helmut Schimmel, 68*
Kap. 5 *Katja Pfetzing, 30*
Kap. 10 *Roswitha Denkewitz, 56*
Kap. 12 *Michael Bauer, 35*
Kap. 15 [*Engelhard Weigl & Ewe Buck-Weigl*]
Kap. 16 *Ingo Weber, 39*
Kap. 19 *Dorothee Crawley, 41*
Kap. 22 *Jens Röstel, 26*
Kap. 24 *Albert Wiedemann, 64*
Kap. 25 [*Martin & Regina Bartsch*]
Kap. 26 *Annette Baldauf, 42*
Kap. 28 [*Ralf & Kristina Haese*]

Bildnachweis